L'ECCLÉSIASTE À LA CONFLUENCE DU JUDAÏSME ET DE L'HELLÉNISME

Deux siècles d'histoire des études comparées du Qohélet et des vestiges littéraires et philosophiques grecs

CAHIERS DE LA REVUE BIBLIQUE

93

L'ECCLÉSIASTE À LA CONFLUENCE DU JUDAÏSME ET DE L'HELLÉNISME

Deux siècles d'histoire des études comparées du Qohélet et des vestiges littéraires et philosophiques grecs

par

Paul-Marie Fidèle CHANGO

PEETERS
LEUVEN – PARIS – BRISTOL, CT

2019

Du même auteur dans les Collections
de l'*École biblique et archéologique française de Jérusalem*

Qohélet et Chrysippe au sujet du temps. Εὐκαιρία, αἰών et les lexèmes **את** *et* **עלם** *en Qo 3,1-15* (Cahiers de la Revue Biblique, 81) 2013.

A Catalogue record for this book is available from the Library of Congress.

ISBN 978-90-429-3874-8
eISBN 978-90-429-3875-5
D/2019/0602/8

Préface

L'histoire comparée des religions est une discipline universitaire relativement récente. En effet, c'est en 1874 que la première chaire d'histoire des religions est créée à l'Université de Genève. Par contre, la comparaison entre les cultures ou les religions s'inscrit dans une histoire bien plus ancienne, comme en témoignent, entre autres, les *Histoires* d'Hérodote. En fait, la comparaison est une pratique intellectuelle qui remonte à la nuit des temps et qui plonge ses racines dans les premiers stades du développement de l'enfant. Étant au centre de la connaissance humaine, la comparaison est donc incontournable. D'ailleurs, comprendre un texte, quel qu'il soit, n'est jamais rien d'autre que de le mettre en relation avec des textes et des contextes différents. En effet, nul ne peut lire un texte en faisant abstraction de sa mémoire littéraire. L'histoire des interprétations du *Qohélet*, notamment celles qui visent à retracer les influences des cultures non bibliques sur le *Qohélet*, illustre ce fait avec éloquence. Cela dit, comparaison n'est pas raison. Ce dicton est particulièrement valable dans le domaine de l'exégèse biblique où les approches comparatistes ne rendent pas toujours justice aux textes qui sont comparés. C'est ce qu'illustre très bien ce livre du professeur Paul-Marie Fidèle CHANGO, qui vise un triple objectif : identifier les différents passages du *Qohélet* dans lesquels les exégètes, de 1784 à nos jours, ont retracé des influences de la culture grecque, et ce, au niveau du vocabulaire, des idées, du style et du genre littéraire (premier chapitre) ; présenter les arguments qui réfutent une influence grecque sur le livre de *Qohélet* (deuxième chapitre) ; récapituler de manière critique l'ensemble des arguments en faveur ou contre l'idée d'une influence grecque sur le *Qohélet* (troisième chapitre).

En mettant à profit ses connaissances tant des langues anciennes que du *Qohélet* et de la vaste culture grecque, Paul-Marie Fidèle CHANGO effectue cet état de la recherche avec rigueur, clarté et pédagogie. On découvre grâce à lui que les multiples rapprochements proposés au cours des décennies entre le *Qohélet* et les vestiges littéraires et philosophiques grecs indiquent que le comparatisme, en participant à l'explication et à la compréhension des textes, relève en bonne partie du mécanisme de l'histoire des effets du texte (Wirkungsgeschichte). En d'autres mots, les textes grecs que d'aucuns identifient comme des sources d'inspiration du *Qohélet* témoignent souvent des mémoires littéraires des lecteurs et non de la seule mémoire littéraire de l'auteur du *Qohélet*. C'est ce qu'illustrent bien certaines réfutations présentées dans le deuxième chapitre, qui sont endossées par Paul-Marie Fidèle CHANGO dans le troisième chapitre. Ces réfutations d'une influence grecque sur le *Qohélet* indiquent en quelque sorte que ce n'est pas seulement sur le rapport texte-auteur qu'il convient de s'interroger, mais aussi sur le rapport texte-lecteur. En effet, au terme de cette impressionnante histoire du comparatisme présentée dans les deux premiers chapitres, force est de reconnaître que l'analyse comparée requiert un observateur actif pour construire la comparaison, car l'influence d'un texte sur un autre ou la similitude entre deux idées ne se présentent jamais comme un « déjà donné là » qu'il suffirait de remarquer et de noter. L'exégète qui lit le *Qohélet* doit être d'autant plus actif et sagace qu'il sait que l'énoncé répété qui vient d'un texte étranger ou d'une culture orale étrangère a été inévitablement altéré et métamorphosé du simple fait qu'il a été intégré et assimilé à la nouvelle texture du texte porteur. Pour le dire dans le vocabulaire de l'historien des religions, il n'y a jamais de reprise sans réinterprétation, c'est-à-dire sans appropriation des contenus culturels et religieux exogènes par le biais des catégories de pensée de sa propre culture et de sa propre tradition religieuse. Or, c'est justement ce travail de réinterprétation qui rend si difficile l'identification précise des influences sur le *Qohélet*, qu'elles soient directes ou indirectes, négatives ou positives.

On conviendra donc qu'il n'y a jamais d'emprunt sans réinterprétation ; est-ce à dire qu'il est impossible de vérifier si les mémoires littéraires des exégètes correspondent vraiment à celle qui est véhiculée par le *Qohélet* ? Paul-Marie Fidèle CHANGO ne le croit pas. Au contraire, dans son troisième et dernier chapitre, il conclut que maints textes du *Qohélet*, notamment dans les chapitres 1, 2, 3, 6 et 7, ont été influencés par diverses doctrines philosophiques grecques. Par contre, il est plus prudent au sujet du vocabulaire hébraïque du *Qohélet*. Enfin, il se montre encore plus critique en ce qui concerne une influence grecque sur le genre littéraire et la structure du *Qohélet*, puisqu'il rejette, avec d'excellents arguments inspirés de la critique structurelle, la thèse selon laquelle le *Qohélet* serait construit sous la forme d'un palindrome et serait, par conséquent, influencé par la forme d'argumentation des philosophes cyniques.

Bien entendu, Paul-Marie Fidèle CHANGO reconnaît que le débat relatif aux influences grecques sur le *Qohélet* est loin d'être clos. En effet, pour être réellement convaincante, une étude comparée devrait idéalement respecter les étapes suivantes : 1- une analyse littéraire méticuleuse qui vise à comprendre chacun des textes bibliques et grecs comparés ; en effet, seul un comparatisme de type symétrique, qui place les textes grecs et bibliques à équidistance et qui leur réserve le même traitement, limite les effets d'optique ; 2- une analyse comparée qui vise à mettre en évidence non seulement les convergences entre les textes comparés, mais aussi et surtout les divergences ; après tout, les textes ne peuvent être comparés que s'ils présentent des divergences, car comparer deux textes identiques est dépourvu de sens ; 3- une analyse qui vise à montrer comment l'auteur du *Qohélet*, dont on ne connaît ni l'identité ni son époque précise (à mon avis, la seule certitude — qui ne fait même pas l'unanimité ! — est que le livre doit être situé dans la période du Second Temple, quelque part entre le cinquième et le troisième siècle) ni son lieu de rédaction (une région syro-phénicienne, la Judée ou la ville de Jérusalem ?), aurait pu connaître les textes grecs. Il va de soi qu'une telle étude comparée aurait exigé plusieurs centaines de pages supplémentaires et, surtout, plusieurs autres années de recherche ! C'est ce dont témoigne avec éloquence la thèse de doctorat de Paul-Marie Fidèle CHANGO, qui présente une méticuleuse analyse comparée de type généalogique et symétrique sur le thème du temps en *Qohélet* 3,1-15 et Chrysippe[1].

Par ailleurs, Paul-Marie Fidèle CHANGO reconnaît avec raison que l'influence du monde grec sur le *Qohélet* n'exclut pas la reconnaissance d'une influence mésopotamienne et égyptienne. Doit-on alors en conclure que les nombreux parallèles entre le *Qohélet* et les cultures anciennes, aussi bien celles de la Grèce que celles de la

---

[1] PAUL-MARIE FIDÈLE CHANGO, *Qohélet et Chrysippe au sujet du temps. Εὐκαιρία, αἰών et les lexèmes את et עלם en Qo 3,1-15*, CahRB 81, Paris, Gabalda, 2013, 181 p.

Mésopotamie et de l'Égypte, indiquent simplement que des situations semblables produisent des réflexions semblables ? Ou faut-il simplement expliquer les nombreuses similitudes entre le *Qohélet* et les cultures anciennes par le caractère international et universel de la sagesse et de la philosophie ? Quelles que soient les réponses données à ces questions, celles-ci indiquent bien que l'analyse comparée ne devrait pas être limitée à un comparatisme de type généalogique. En effet, le *Qohélet* mériterait aussi d'être soumis à un comparatisme de type analogique, lequel vise non pas à montrer un rapport de filiation entre le texte biblique et les cultures avoisinantes ou lointaines, mais plutôt à donner une meilleure compréhension de la singularité des textes comparés, et ce, par le dépaysement qu'offre l'étude de textes qui proviennent de contextes totalement différents. Je suis persuadé que ce comparatisme de type symétrique, qui limite les effets d'optique en plaçant les textes comparés à équidistance, et de type analogique à visée heuristique, encore trop peu pratiqué par les exégètes qui étudient le *Qohélet*, offrirait un heureux complément au comparatisme de type strictement généalogique. Est-il permis d'espérer que le professeur Paul-Marie Fidèle CHANGO devienne lui-même l'artisan de ce type de comparatisme qui exige une fine connaissance de la Bible aussi bien que des textes extrabibliques ? Après avoir lu cette étude ainsi que celle qui porte sur Qo 3,1-15 et Chrysippe, la question mérite, sans aucune hésitation, une réponse positive.

Jean-Jacques Lavoie
Professeur au département de sciences des religions de l'Université du Québec à Montréal

Liste des sigles et des abréviations

AB : Anchor Bible
ABD : D. N. FREEDMAN (éd.), *Anchor Bible Dictionary*, 6 vol., New York NY, Doubleday, 1992
ABR : Australian Biblical Review
ABRL : The Anchor Bible Reference Library
AF : ArchivioFilos
AIL : Ancient Israel and its Literature
AnBib : Analecta Biblica
ANET : Ancient Near Eastern Texts
AnOr : Analecta Orientalia
ANRW : Aufstieg und Niedergang der römischen Welt
Ap. J.-C. : Après Jésus-Christ
AT : Ancien Testament
ATD : Das Alte Testament Deutsch
ATF : Australasian Theological Forum
Av. J.-C. : Avant Jésus-Christ
BASOR : Bulletin of the American Schools of Oriental Research
BBB : Bonner Biblische Beiträge
BBC : Blackwell Bible Commentaries
BBR : Bulletin for Biblical Research
BCILL : Bibliothèque des Cahiers de l'Institut de Linguistique de Louvain
BEATAJ : Beitrage zur Erforschung des Alten Testaments und des antiken Judentums
BEHE SSR = Bibliothèque de l'École Pratique des Hautes Études, Section des Sciences Religieuses (Paris)
BeO : Bibbia e Oriente
BETL : Bibliotheca Ephemeridum Theologicarum Lovaniensium
BH : Biblical Hebrew
BHQ : Biblia Hebraica Quinta

Bib : Biblica
BibInt : Biblical Interpretation
BIG : Bibliothèque de l'Information Grammaticale
BiTod : The Bible Today
BiViChr : Bible et Vie Chrétienne
BKAT : Biblischer Kommentar Altes Testament
BLS : Bible and Literature Series
BN : Biblische Notizen
BpW : Berliner philologische Wochenschrift
BR : Biblical Research
BSOAS : Bulletin of the School of Oriental and African Studies
BWANT : Beiträge zur Wissenschaft vom Alten und Neuen Testament
BZ : Biblische Zeitschrift
BZAW : Beihefte zur ZAW
CAG : Commentaria in Aristotelem Graeca
CAH : Cambridge Ancient History
CahRB : Cahiers de la Revue Biblique
CAT : Commentaire de l'Ancien Testament
CBQ : Catholic Biblical Quarterly
CC : Continental Commentaries
CCS : Continental Commentary Series
CChr.SL : Corpus Christianorum. Series Latina
Cf. : Confer
Coll. : Collection
CRAIL : Comptes rendus de l'Académie des Inscriptions et Belles-Lettres
CSANT : Commentario storico ed esegetico all'Antico e al Nuovo Testamento
CrStHB : Critical Studies in the Hebrew Bible
CUF : Collection des Universités de France. Les Belles Lettres
CurTM : Currents in Theology and Mission
DDB : Desclée De Brouwer
DJD : Discoveries in the Judaean Desert (of Jordan)
D. L. : DIOGÈNE LAËRCE, *Vies et doctrines des philosophes illustres,* Traduction française sous la direction de MARIE-ODILE GOULET-CAZÉ, Introductions, traductions et notes de J.-F. BALAUDÉ — L. BRISSON — J. BRUNSCHWIG — T. DORANDI — M.-O. GOULET-CAZÉ — R. GOULET — M. NARCY, Coll. La Pochothèque, Paris, Le Livre de Poche, 1999

EB : Echter Bibel
Éd. : Éditeur(s) ; Édition(s)
Éd./Trad. : Éditeur(s)/Traducteur(s)
EDB : Edizioni Dehoniane Bologna
EdF : Erträge der Forschung
EJM : Etudes sur le Judaïsme Médiéval
EstBib : Estudios Bíblicos
Et al. : *et alii*
EtB : Études bibliques
EtB.NS : Études bibliques. Nouvelle série
ETL : Ephemerides Theologicae Lovanienses
ETR : Etudes Théologiques et Religieuses
FAT : Forschungen zum Alten Testament
FRLANT : Forschungen zur Religion und Literatur des Alten und Neuen Testaments
G : Grec ancien[2]
GF : Garnier-Flammarion
G^{Mss} : Plusieurs témoins du G
GTJ : Grace Theological Journal
HALAT : Hebräisches und aramäisches Lexikon zum Alten Testament
HAR : Hebrew Annual Review
HAT : Handbuch zum Alten Testament
HBS : Herders Biblische Studien
HCOT : Historical Commentary on the Old Testament
Hen : Hénoch
Hie^{lem} : Saint Jérôme
HSAT : Heilige Schrft des Alten Testamentes
HSS : Harvard Semitic Studies
HTB : Histoire du Texte Biblique
HThKAT : Herders Theologischer Kommentar zum Alten Testament
HTR : Harvard Theological Review
HUCA : Hebrew Union College Annual
HUCM : Monographs of the Hebrew Union College
ICC : International Critical Commentary
Int : Interpretation
IOSCS : International Organization for Septuagint and Cognate Studie

[2] Pour les différents sigles G, M, S, T et V nous nous alignons sur l'option faite par le comité éditorial de la *BHQ*. Cf. A. SCHENKER *et al.* (éd.), *Megilloth*, BHQ 18, Stuttgart 2004, p. LXXVII-LXXX.

ITC : International Theological Commentary
JBL : Journal of Biblical Literature
JBQ : Jewish Bible Quarterly
JJS : Journal of Jewish Studies
JNES : Journal of Near Eastern Studies
JNSL ou JNWSL : Journal of Northwest Semitic Languages
JPSTC : Jewish Publication Society Torah Commentary
JSem : Journal for Semitics
JSOT : Journal for the Study of the Old Testament
JSOT.SS : Journal for the Study of the Old Testament. Supplement Series
JSS : Journal of Semitic Studies
JTS : Journal of Theological Studies
JTS (n.s.) : Journal of Theological Studies (new series)
KAT : Kommentar zum Alten Testament
KeHAT : Kurzgefasstes exegetisches Handbuch zum Alten Testament
KHAT : Kurzer Hand-Kommentar zum Alten Testament
LA : Liber Annuus
LeDiv : Lectio divina
LHBOTS : Library of Hebrew Bible/Old Testament Studies
LHT : Littérature Histoire Théorie
Litt. : Littéralement
LTP : Laval Théologique et Philosophique
M : Texte massorétique
MSL : Mémoires de la Société de Linguistique de Paris
NCCHS : A New Catholic Commentary on Holy Scripture
NEchtB : Neue Echter Bibel
NICOT : New International Commentary on the Old Testament
NJBC : The New Jerome Biblical Commentary
NT : Nouveau Testament
NZSTh : Neue Zeitschrift für Systematische Theologie
OBO : Orbis Biblicus et Orientalis
ODNB : M. COLIN — H. BRIAN (éd.), *Oxford Dictionary of National Biography*, Oxford, Oxford University Press, 2004
OLA : Orientalia Lovaniensia Analecta
OLP : Orientalia Lovaniensia Periodica
OLZ : Orientalistische Literaturzeitung
OPA : Œuvres de Philon d'Alexandrie
Or : Orientalia

OTE : Old Testament Essays
OTL : Old Testament Library
OTM : Oxford Theological Monographs
OTRM : Oxford Theology and Religion Monographs
PMLA : Publications of the Modern Language Association of America
PSV : Parola, Spirito e Vita
PUF : Les Presses universitaires de France
RAC : Reallexikon für Antike und Christentum
RB : Revue Biblique
RBS : Rhetorica biblica et Semitica
RECAPO : Revue d'études des civilisations anciennes du Proche-Orient
RechSR : Recherches de Science Religieuse
REJ : Revue des Études Juives
ReSR : Revue des Sciences Religieuses
RGVV : Religionsgeschichtliche Versuche und Vorarbeiten
Rhet. Stud. : Rhetorische Studien
RHPR : Revue d'Histoire et de Philosophie Religieuses
RivB : Rivista Biblica
RivB.Sup : Supplementi alla Rivista Biblica
RPL : Revue philosophique de Louvain
RSPT : Revue des Sciences Philosophiques et Théologiques
RTL : Revue théologique de Louvain
RTP : Revue de Théologie et de Philosophie
S : Syriaque
SANT : Studien zum Alten und Neuen Testament
SB : Sources Bibliques
SBF Analecta : Studium Biblicum Franciscanum Analecta
SBL : Society of Biblical Literature
SBLDS : SBL Dissertation Series
SBLTT : Society of Biblical Literature Texts and Translations
SBS : Stuttgarter Bibelstudien
SBT : Studies in Biblical Theology
SBTh ou StuBT : Studia Biblica et Theologica
SC : Sources chrétiennes
ScEs : Science et Esprit
SJOT : Scandinavian Journal of the Old Testament
SJT : Scottish Journal of Theology
SKK-AT : Stuttgarter Kleiner Kommentar Altes Testament
SKK-NT : Stuttgarter Kleiner Kommentar Neues Testament

Spéc. : Spécialement
SPIB : Scripta Pontificii Instituti Biblici
SSU : Studia Semitica Upsaliensia
STDJ : Studies on the Texts of the Desert of Judah
SubBi : Subsidia biblica
S.V.F. : Stoicorum veterum fragmenta
T : Targum
TDOT : Theological Dictionary of the Old Testament
THAT : Theologisches Handwörterbuch zum Alten Testament
Trad. : Traducteur(s)
TIS : The Information Society
TSK : Theologische Studien und Kritiken
TThZ : Trierer theologische Zeitschrift
TWAT : Theologisches Wörterbuch zum Alten Testament
TWNT : Theologisches Wörterbuch zum Neuen Testament
TZ : Theologische Zeitschrift
UF : Ugarit-Forschungen
V : Vulgate
Vol. : Volume(s)
VT : Vetus Testamentum
VTSup : Vetus Testamentum. Supplements
WBC : Word Biblical Commentary
ZAH : Zeitschrift für Althebraistik
ZAW : Zeitschrift für die Attestamentliche Wissenschaft
ZBK : Zürcher Bibelkommentar
ZThK : Zeitschrift für Theologie und Kirche

INTRODUCTION

De nos jours, selon les bases de données archéologiques[3], on fait remonter jusqu'au XIe siècle av. J.-C. la datation des traces de rencontres entre la Grèce et le Proche Orient. En effet, comme le signale Ephraim Stern[4], à Tyr, à Tel Hadar et à Tel Dor, on a retrouvé des récipients dont l'époque de fabrication est à situer au XIe siècle av. J.-C. et dont intégralement l'origine grecque est incontestable. Parallèlement, dans le territoire de Juda, Otto Kaiser[5] a identifié des éléments fiables permettant de vérifier et de confirmer l'hypothèse

---

[3] Cf. A. FANTALKIN, « Identity in the Making : Greeks in the Eastern Mediterranean during the Iron Age », A. VILLING — U. SCHLOTZHAUER (éd.), *Naukratis : Greek Diversity in Egypt. Studies on East Greek Pottery and Exchange in the Eastern Mediterranean,* Coll. The British Museum Research Publication 162, London, 2006, p. 199-208 ; J. BOARDMAN, « Aspect of Colonization », *BASOR* 322 (2001) p. 33-42 ; I. MORRIS, *Archaeology as cultural History : Words and Things in Iron Age Greece*, Oxford, Blackwell, 2000 ; J. C. WALDBAUM, « Greeks in the East or Greeks and the East ? Problems in the Definition and Recognition of Presence », *BASOR* 305 (1997) p. 1-17 ; E. STERN, « Between Persia and Greece : Trade, Administration and Warfare in the Persian and Hellenistic Periods (539-63 B.C.E) », T. E. LEVY (éd.), *The Archaeology of Society in the Holy Land*, London, Leicester University Press, 1995, p. 432-445 ; M. R. POPHAM, « Precolonisation : early Greek Contact with the East », G. R. TSETSKHLADZE — F. DE ANGELIS (éd.), *The Archaeology of Greek Colonisation : Essays dedicated to Sir John Boardman*, Oxford, Oxford University Committee for Archaeology, 1994, p. 11-34 ; J. C. WALDBAUM, « Early Greek Contacts with the Southern Levant, ca 1000-600 B.C.. The Eastern Perspective », *BASOR* 293 (1994) p. 53-66 ; A. MAZAR, *Archaeology of the Land of the Bible. 10,000-586 B.C.E.*, Coll. ABRL, New York NY, Doubleday, 1990 ; J. BOARDMAN, *The Greeks overseas : The early Colonies and Trade*, New York NY, Thames & Hudson, 1980.

[4] Cf. E. STERN — A. LEWINSON-GILBOA — J. AVIRAM (éd.), *The New Encyclopedia of Archaeological Excavations in the Holy Land* 5 vol., Israel Exploration Society & Carta — Biblical Archaeology Society, Jerusalem — Washington D.C., 1992-1993, 2008 ; E. STERN, *Archaeology of the Land of the Bible. Volume II. The Assyrian, Babylonian and Persian Periods 732-332 BCE*, ABRL, New York NY — London — Toronto — Sydney — Auckland, Doubleday, 2001, p. 217-227.

[5] Cf. O. KAISER, *Zwischen Athen und Jerusalem. Studien zur griechischen und biblischen Theologie, ihrer Eigenart und ihrem Verhältnis*, Berlin — New York NY, 2003, p. 7.

historique des premières rencontres entre Grecs et Judéens autour du VIIe siècle av. J. C. et ses conclusions sont désormais d'une plausibilité sans conteste. Dans le même sens, Israël Finkelstein et Neil Asher Silberman[6] relèvent plusieurs arguments qui s'avèrent convaincants en faveur de la thèse de l'influence que la littérature homérique a exercée sur les auteurs-rédacteurs, au VIIe siècle av. J.-C., en l'occurrence sur les récits bibliques évoquant les philistins. Ainsi plusieurs travaux, mis à jour dans les domaines de l'archéologie, fournissent diverses preuves d'une profonde interpénétration constructive et enrichissante entre le monde biblique et la culture grecque.

De plus, Hengel[7] (1969) a profondément renouvelé l'approche savante des points de rencontre entre judaïsme et hellénisme durant la première période du judaïsme rabbinique et des origines chrétiennes. Son ouvrage[8], *Judentum und Hellenismus* est qualifié par Lester Lee Grabbe en ces termes lapidaires :

> « the most significant work to deal with Judaism in its relationship to Hellenism, although it builds on and is influenced by early authors, especially Bickerman[9] ».

Hengel prend modèle et appui sur les travaux de Schürer[10] (1885) qui commence l'histoire du judaïsme au dernier siècle du règne de la dynastie séleucide (175 av. J.-C. – 63 ap. J.-C.) et va jusqu'à 135 ap. J.-C. Pourtant, Hengel n'omet pas la période perse (538 – 333 av. J.-C.) et le début de la période hellénistique (333 av. J.-C. – 63 ap. J.-C.). Pour la plupart de ses prédécesseurs dans les investigations sur

---

[6] Cf. I. FINKELSTEIN — N. A. SILBERMAN, *Les rois sacrés de la Bible. À la recherche de David et Salomon*, P. Ghirardi (trad.), Paris, Bayard, 2006, p. 7-9, 185-196, 271-273 ; IDEM, *La Bible dévoilée : les nouvelles révélations de l'archéologie*, P. Ghirardi (trad.), Paris, Bayard, 2002.

[7] Cf. M. HENGEL, *Judentum und Hellenismus : Studien zu ihrer Begegnung unter besonderer Berücksichtigung Palästinas bis zur Mitte des 2 Jh.s v.Chr.*, WUNT 10, Tübingen, 1969, ²1973, ³1988.

[8] Dans les premières pages dudit livre il ne manque pas de resituer tous ses prédécesseurs en remontant jusqu'à Johann Gustav Droysen. Cf. M. HENGEL, *Judentum und Hellenismus* I, p. 1-5 ; J. G. DROYSEN, *Histoire de l'hellénisme* 2 vol., Paris, Jérôme Millon, [1833-1843] 2005.

[9] L. L. GRABBE, *Judaism from Cyrus to Hadrian*, vol. I-II, Minneapolis MN, 1992, p. 148.

[10] Cf. E. SCHÜRER, *The History of the Jewish People in the Age of Jesus Christ (175 B.C. – A.D. 135)*, vol. I, II, III, GÉZA VERMÈS — FERGUS MILLAR (éd.), Édinburgh, [1885] 1973 – 1979.

l'histoire du judaïsme et de l'hellénisation de la Palestine, il était évident et nécessaire de considérer de manière distincte le judaïsme et l'hellénisme. Pour Hengel, au contraire, à une certaine époque de l'histoire, Judaïsme et Hellénisme n'étaient plus deux entités strictement séparées qui s'excluaient mutuellement. Aussi écrit-il en toutes lettres au sujet du *Qohélet* :

> « the spirit of the new era, and even direct influence of Greek thought, can be seen to some extent also in Hebrew Wisdom literature. This is especially true of the often puzzling book of Ecclesiastes [...] For nearly every verse parallels can be cited from Greek poetry and popular philosophy[11] ».

En définitive, les découvertes et affirmations scientifiques de Hengel ont positivement bouleversé les résultats des recherches relatives à l'histoire des contacts entre les écoles philosophiques hellénistiques et le judaïsme palestinien. Cependant, au sujet de l'impact de la littérature grecque sur la littérature juive écrite en langues grecque ou sémitique, il convient de reconnaître avec Grabbe (1992) :

> « whereas Greek influence on Jewish literature in Greek is easy to demonstrate, it is more difficult to show it regarding literature in the Semitic languages[12] ».

C'est pourquoi, investir et explorer, ne serait-ce qu'à la lumière du *Qohélet*, toutes les possibilités de rapport entre la *sagesse biblique* et la *sagesse philosophique d'origine grecque* devient une œuvre dont la pertinence intrinsèque ne saurait être mise en doute. C'est dans cette perspective que nous avons choisi un champ d'investigation qui est beaucoup plus restreint et qui consiste à établir l'histoire des études comparées du *Qohélet* et des vestiges littéraires et philosophiques du monde grec durant les deux siècles derniers.

Bien entendu, la question des affinités entre le *Qohélet* et la culture grecque est inséparable des considérations relatives à la date de composition du livre. À ce sujet, nous adhérons au consensus général qui, depuis plus d'un siècle, prédomine dans l'aréopage des exégètes

---

[11] M. HENGEL, « The Interpenetration of Judaism and Hellenism in the pre-Maccabean Period », *The Cambridge History of Judaism*, vol. II, London — New York NY, 1989, p. 222-223 ; IDEM, *Judentum und Hellenismus*, p. 213-215, 220-240.

[12] L. L. GRABBE, *Judaism from Cyrus to Hadrian*, vol. I-II, p. 152-153.

sur une datation de *l'Ecclésiaste* « du milieu du IIIe siècle av. J.-C., période de la traduction de la Torah en langue grecque à Alexandrie et période pendant laquelle l'hellénisation du judaïsme commencée à la fin du IVe siècle av. J.-C. avec l'installation des monarchies hellénistiques était incontestablement avancée[13] ».

Comme nous l'avons déjà démontré dans un précédent ouvrage[14], dont nous ne faisons nullement abstraction des arguments en faveur de cette datation de l'œuvre, « la pensée du *Qohélet*, tout en gardant un lien étroit avec certaines affirmations attestées dans les livres bibliques, en l'occurrence dans les livres sapientiaux de l'AT, présente une originalité radicale dans le contexte vétérotestamentaire[15] » et, dans les tentatives d'identification et d'explication de ses points d'originalité, certains exégètes, tout en reconnaissant sa spécificité, « soulignent une parenté entre *Qohélet* et la sagesse mésopotamienne, tandis que d'autres, nombreux de nos jours, détectent des traits qui rappellent des courants de la philosophie hellénistique[16] ».

Les premiers auteurs de l'époque moderne et contemporaine qui se sont interrogés de manière innovatrice et décisive sur les affinités littéraires et philosophiques entre le livre et le monde grec remontent

---

[13] P.-M. F. CHANGO, *Qohélet et Chrysippe au sujet du temps*, p. 23. Cf. aussi : M. GILBERT, *Les livres sapientiaux*, Coll. Mon ABC de la Bible, Paris, Cerf, 2017 ; J.-J. LAVOIE, « Où en sont les études sur le livre de Qohélet ? », *LTP* 69 (2013) p. 95–133 ; A. SCHOORS, *Ecclesiastes*, HCOT, Leuven — Paris — Walpole MA, Peeters, 2013, p. 2-7 ; L. MAZZINGHI, *Il Pentateuco sapienziale. Proverbi, Giobbe, Qohelet, Siracide, Sapienza. Caratteristiche letterarie e temi teologici*, Bologna, EDB, 2013, p. 145-150 ; IDEM, *Ho cercato e ho esplorato. Studi sul Qohelet*, Bologna, 2001, p. 67-76 ; W. C. DELSMAN, *Die Datierung des Buches Qoheleth. Eine sprachwissenschaftliche Analyse*, Nijmegen, Nijmegen University Press, 2000.

[14] P.-M. F. CHANGO, *Qohélet et Chrysippe au sujet du temps*.

[15] *Ibidem*, p. 131-132. Cf. S. WEEKS, « Why is it so difficult to read Ecclesiastes ? », S. C. JONES — C. R. YODER (éd.), *"When the Morning Stars sang" Essays in Honor of Choon Leong Seow on the Occasion of his Sixty-Fifth Birthday*, BZAW 500, Berlin — Boston MA, De Gruyter, 2018, p. [163]-176 ; J. VERMEYLEN, « Sagesse biblique et culture hellénistique : de Qohélet à Philon d'Alexandrie », C. VIALLE — J. MATTHEY — M.-H. ROBERT *et al.* (éd.), *Sagesse biblique et mission*, Paris, Cerf, 2016, p. 26-29 ; M. GILBERT, *L'antique sagesse d'Israël : études sur Proverbes, Job, Qohélet et leurs prolongements*, EtB.NS 68, Pendé, Gabalda, 2015 ; IDEM, *Ben Sira : recueil d'études*, BETL 264, Leuven — Paris — Walpole MA, Peeters, 2014, p. 311-329 ; S. JAPHET, « Freedom of Spirit : The Legacy of Qoheleth "for the Generations". A new Look at Qoheleth's Canonization », M. L. GROSSMAN (éd.), *Built by Wisdom, established by Understanding*, Bethesda MD, University Press of Maryland, 2013, p. 227-240 ; R. B. Y. SCOTT, *Proverbs. Ecclesiastes*, AB 18, Garden City NY, 1965, 191.

[16] M. GILBERT, « Qohélet ou la difficulté de vivre », *Études* 398 (2003/5) p. 640.

aux alentours de 1784[17]. Aussi nos enquêtes d'histoire des recherches exégétiques se déploieront-elles sur la période allant de cette date jusqu'à nos jours, soit sur deux siècles environ.

À cet effet, au premier chapitre, nous ferons un exposé détaillé des conjectures et des théories alléguées, depuis les années 1780 jusqu'à présent, au sujet des affinités du *Qohélet* avec les vestiges littéraires et philosophiques du monde grec. Sans prendre une allure pléonastique, signalons d'ores et déjà que dans la deuxième partie de ce premier chapitre nous émettrons, quand cela s'impose, nos avis critiques sur les données considérées. Ensuite, au deuxième chapitre, nous donnerons — non sans invoquer nos propres observations — une rigoureuse présentation des *critiques et des réfutations*[18] qui, de fond en comble,

---

[17] Nous estimons que les enquêtes ont commencé — comme nous expliquerons plus loin, au début du chapitre premier — avec John Henry van der Palm, contrairement à Luca Mazzinghi qui fait plutôt remonter l'origine du débat à Gregor Zierkel. Cf. J. H. VAN DER PALM, *Ecclesiastes philologice et critice illustratus*, Leyden, 1784 ; K. J. DELL, *Interpreting Ecclesiastes : Readers Old and New*, CrStHB 3, Winona Lake IN, Eisenbrauns, 2013 ; E. S. CHRISTIANSON, « Ecclesiastes in premodern Readings : before 1500 C. E. », M. J. BODA — T. LONGMAN III — C. G. RATA (éd.), *The Words of the Wise are like Goads : engaging Qohelet in the 21st Century*, Winona Lake IN, Eisenbrauns, 2013, p. 3-36 ; H. DEBEL, « More Transformations in Biblical Studies : Changing Tendencies in Reading the Book of Qohelet », *JNSL* 37 (2011) p. 1-25 ; E. S. CHRISTIANSON, *Ecclesiastes through the Centuries*, BBC, Malden MA, Blackwell Pub., 2007 ; L. MAZZINGHI, « Qohelet tra giudaismo ed ellenismo. Un'indagine a partire da Qo 7,15-18 », G. Bellia — A. Passaro (éd.), *IL libro del Qohelet. Tradizione, redazione, teologia*, Milano, Paoline, 2001, p. 93 ; G. C. BARTHOLOMEW, *Reading Ecclesiastes : Old Testament Exegesis and Hermeneutical Theory*, AnBib 139, Roma, Editrice Pontificio Istituto Biblico, 1998 ; I. J. J. SPANGENBERG, « A Century of Wrestling with Qohelet. The Research History of the Book illustrated with a Discussion of Qo 4,17-5,6 », A. SCHOORS (éd.), *Qohelet in the Context of Wisdom*, BETL 136, Leuven, Leuven University Press, 1998, p. 61-91 ; G. ZIRKEL, *Untersuchungen über den Prediger* : *nebst kritischen und philologischen Bemerkungen*, Würzburg, 1792.

[18] Cf. K. POPPER, *Conjectures et réfutations. La croissance du savoir scientifique*, Michelle-Irène — M. B. de Launay (trad.), Paris, Payot, 1994 : voir le chapitre sur « Vérité, rationalité et progrès de la connaissance scientifique » ; IDEM, *La logique de la découverte scientifique*, Paris, Payot, 1973 : voir le chapitre sur « Les degrés de falsifiabilité », p. 112 et suivantes. Les concepts comme « falsifiabilité », « falsifiable », « falsifiant », « falsification » qui interviennent dans certaines éditions en Français des œuvres de Karl Raimund Popper sont des traductions littérales des terminologies anglaises liées aux thèses poppériennes sur le *faillibilisme, le falsificationnisme et le criticisme*. Ils renvoient en Français courant à « réfutabilité », « réfutable », « réfutation ».

ont permis non seulement une *évaluation corroborante*[19] mais aussi une confirmation de la pertinence des théories élaborées. Enfin, au troisième chapitre, nous tenterons d'établir une récapitulation prospective[20] quitte à[21] indiquer nettement, les acquis épistémologiques et les probables horizons heuristiques des études comparées du *Qohélet* et des données littéraires et philosophiques d'origine grecque.

---

[19] Cf. K. POPPER, *La logique de la découverte scientifique*, p. 271. Pour plus de détails sur cette notion tirée de l'épistémologie poppérienne, voir : « La corroboration ou : comment une théorie résiste à l'épreuve des tests », *Ibidem*, p. 256 et suivantes.

[20] Cf. G. HOTTOIS, *Philosophies des sciences, philosophies des techniques*, Coll. du Collège de France, Paris, Odile Jacob, 2004 ; T. KUHN, *La structure des révolutions scientifiques*, Paris, Flammarion, 1972 ; G. BACHELARD, *La philosophie du non. Essai d'une philosophie du nouvel esprit scientifique*, Paris, PUF, 1940.

[21] Cf. D. BERGEZ — V. GÉRAUD — J.-J. ROBRIEUX, *Vocabulaire de l'Analyse Littéraire*, Coll. Cursus, Paris, Dunod — Armand Colin, 2016 ; J. DUBOIS — M. GIACOMO — L. GUESPIN — C. MARCELLESI (éd.), *Le dictionnaire de linguistique et des sciences du langage*, Coll. Langue française, Paris, 2013 ; C. GUIMIER, « La locution prépositive *quitte à* en français moderne : origine et emplois », *Modèles linguistiques* 64 (2011) p. 137-164.

CHAPITRE PREMIER
CONJECTURES ET THÉORIES SUR LES AFFINITÉS DU *QOHÉLET* AVEC LES VESTIGES LITTÉRAIRES ET PHILOSOPHIQUES GRECS

L'observation des éléments de rapprochement entre le *Qohélet* et la culture grecque nous amènera, dans ce chapitrc, à considérer *trois aspects majeurs* : tout d'abord, *le vocabulaire* du livre ; ensuite, *les idées* développées dans l'ouvrage ; et enfin, *le genre littéraire* de l'œuvre. En présentant chacune de ces trois catégories — *vocabulaire* ; *idées* ; *genre littéraire* — notre développement s'articule à partir d'une *série de subdivisions* qui, sans être arbitrairement calquées sur les délimitations[22] des différentes péricopes du *Qohélet*, s'en inspirent de manière à passer rigoureusement en revue tous les versets du livre qui ont été mis en rapport avec le monde grec. Autrement dit, les péricopes du livre auxquelles nous ne faisons pas explicitement référence à travers les *subdivisions* inhérentes à chacune de ces trois rubriques précitées — *vocabulaire* ; *idées* ; *genre littéraire* — sont celles qui, dans l'histoire des recherches, n'interviennent pas systématiquement dans les études comparées du *Qohélet* et du monde grec.

---

[22] Cf. J. JARICK, « The rhetorical Structure of Ecclesiastes », IDEM (éd.), *Perspectives on Israelite Wisdom : Proceedings of the Oxford Old Testament Seminar*, London — New York NY — New Delhi, Bloomsbury, 2016, p. [208]-231 ; P. J. GENTRY, « The Aristarchian Signs in the textual Tradition of LXX Ecclesiastes », K. DE TROYER — T. M. LAW — M. LILJESTRÖM (éd.), *In the Footsteps of Sherlock Holmes*, CBET 72, Leuven — Paris — Walpole MA, Peeters, 2014, p. [463]-478 ; V. D'ALARIO, *Il libro del Qohelet. Struttura letteraria e retorica*, Bologna, 1992, ^{2}1993.

1. Le langage et le vocabulaire du *Qohélet* appréhendés comme des indices phénoménologiques de convergences avec les vestiges littéraires et philosophiques grecs

À l'époque moderne, tout commence en 1784 quand un exégète, John Henry van der Palm[23], défend, sans ambigüité, la thèse des influences grecques sur le *Qohélet*. En effet, s'inspirant des idées des critiques, en particulier de Johann Gottfried Eichhorn[24] (1753-1827), qui affirmaient que l'auteur du *Qohélet* s'était servi de concepts étrangers à la langue hébraïque pour forger son propre vocabulaire, van der Palm (1784) attire l'attention sur le grec.

Puis les travaux de van der Palm, au sujet du langage et du vocabulaire du *Qohélet*, ont été profusément et diversement mis en valeur par une grande variété d'auteurs non seulement des XVIIIème et XIXème siècles (Zirkel[25], Hitzig et Nowack[26], Kleinert[27], Grätz[28], Tyler[29], Plumptre[30], König[31], Palm[32], Pfleiderer[33], Kuenen[34], Wildeboer[35],

---

[23] J. H. VAN DER PALM, *Ecclesiastes philologice et critice illustratus*, p. 20-33. Le contexte historique et les événements qui marquent l'excellence et la qualité des travaux de van der Palm en 1784 nous sont relatés par NICOLAAS BEETS. Cf. N. BEETS, *Life and Character of J. H. Van Der Palm*, J. P. Westervelt (Trad.), New York NY, 1865.

[24] J. G. EICHHORN, *Allgemeine Bibliothek der biblischen Literatur*, 10 vols., Leipzig, 1787-1801 ; IDEM, *Einleitung in das Alte Testament*, 5 vols., Leipzig, 1780-1783 ; IDEM, *Einleitung in die apokryphischen Bücher des Alten Testaments*, Göttingen, 1795.

[25] G. ZIRKEL, *Untersuchungen über den Prediger*, p. 46-56, 149-152.

[26] F. HITZIG — W. NOWACK, *Der Prediger Salomos erklärt*, KEHAT 7, Leipzig, 1847, [2]1883.

[27] P. KLEINERT, *Der Prediger Salomo*, Berlin, 1864 ; IDEM, « Sind im Buche Koheleth ausserhebräische Einflüsse anzuerkennen ? », *TSK* (1883) p. 761-782.

[28] H. GRÄTZ, *Koheleth oder der salomonische Prediger*, Leipzig, 1871, p. 179-182.

[29] T. TYLER, *Ecclesiastes*, London, 1874, [2]1899, p. 88-91.

[30] E. H. PLUMPTRE, *Ecclesiastes, or the Preacher*, Cambridge, 1881, p. 33-35.

[31] F. E. KÖNIG, *Historisch-comparative Syntax der hebräischen Sprache. Schlusstheil des Historisch-kritischen Lehrgebäudes des hebräischen*, Leipzig, 1897, §. 372i, 397a.

[32] A. PALM, *Qoheleth und die nacharistotelische Philosophie*, p. 55-56.

[33] E. PFLEIDERER, *Die Philosophie des Heraklit von Ephesus im Lichte der Mysterienidee*, Berlin, 1886, p. 276-280.

[34] A. KUENEN, *Historisch-kritische Einleitung in die Bücher des Alten Testaments*, III Teil, ii Stück, Leipzig, 1894, p. 25-40.

[35] D. G. WILDEBOER, *Der Prediger*, KHAT 17, Tübingen — Freiburg, 1898, p. 114.

Siegfried[36]) mais aussi des XXème et XXIème siècles (notamment Barton[37], Braun[38], Lohfink[39], Michaud[40] et Rudman[41]).

Notre exposé des résultats de leurs écrits prend pour point de départ — tel que nous l'avons déjà annoncé plus haut — les différentes péricopes du *Qohélet* considérées l'une après l'autre tout en ne retenant, bien entendu, que celles dont *le langage et le vocabulaire* ont fait l'objet des analyses comparées qui confrontent le livre et les données littéraires et philosophiques du monde grec. Nos sous-titres (*infra*) indiquent non seulement les thèmes qohélétiens inhérents aux péricopes considérées, mais en outre les lexies spécifiques sur lesquelles porteront nos développements.

En Qo 1,1-11 — mouvements, fluctuations et perpétuel retour du même dans la nature et dans l'histoire — יתרון assimilé au Grec ?

En Qo 1,3 יתרון — dont l'emploi est très fréquent sous la plume de l'auteur et dont le sens, dans le livre, dépend de ses différentes attestations[42] — serait, selon Braun[43], Lohfink[44] et Michaud[45], l'équivalent de ὄφελον (genre neutre de ὄφελος) qui se rencontre couramment dans la littérature grecque. Pourtant, ὄφελον n'apparaît pas dans le texte grec du *Qohélet*. Le vocable יתרון y est traduit par περισσεία qui revient une dizaine de fois[46] dans le livre.

---

[36] C. G. SIEGFRIED, *Prediger und Hoheslied übersetzt und erklärt*, HAT II, 3/2, Göttingen, 1898, p. 20-23.
[37] G. A. BARTON, *A Critical and Exegetical Commentary on the Book of Ecclesiastes*, ICC, Edinburgh — New York NY, 1912, ²1980, p. 33, 138.
[38] R. BRAUN, *Kohelet und die frühhellenistische Popularphilosophie*, BZAW 130, Berlin, 1973.
[39] N. LOHFINK, *Kohelet*, Neue Echter Bibel, Würzburg, 1980 ; N. LOHFINK, *Kohelet*, S. MCEVENUE (Trad.), *Qoheleth. A Continental Commentary*, Minneapolis MN, 2003.
[40] R. MICHAUD, *Qohélet et l'hellénisme*, Paris, 1987.
[41] D. RUDMAN, *Determinism in the Book of Ecclesiastes*, LHBOTS [JSOT.SS] 316, Sheffield, 2001, p. 183-194 ; 206.
[42] Cf. D. INGRAM, *Ambiguity in Ecclesiastes*, New York NY, 2006, p. 134-148.
[43] R. BRAUN, *Kohelet und die frühhellenistische Popularphilosophie*, p. 47-48.
[44] N. LOHFINK, *Kohelet*, p. 20, 24, 43, 45 ; IDEM, *Qoheleth*, p. 40-42.
[45] R. MICHAUD, *Qohélet et l'hellénisme*, p. 129-130, 166-167.
[46] Qo 1,3 ; 2,11.13 ; 3,9 ; 5,8.15 ; 6,8 ; 7,11.12 ; 10,10.11.

En Qo 1,12-18 — investigations épistémologiques et expériences heuristiques du sage — הוללות suspecté de grécisme ?

En Qo 1,17, הוללות (« folie », Qo 1,17 ; 2,12 ; 7,25 ; 9,3 ; 10,13) — qui est un mot *hapax* dans le livre et qui y est généralement utilisé pour désigner le « manque de sagesse » (סכלות, Qo 10,1.13) — correspondrait, selon Tyler (1874), Palm (1885) et Siegfried[47] (1898), au terme μανία qui est courant dans les textes généralement attribués aux stoïciens[48].

En Qo 2,1-11 — absurdes expériences des jouissances et/ou du foisonnement des richesses — פרדס et היה : une appropriation des notions grecques ?

En Qo 2,5, פרדס (« parc », Qo 2,5) serait, pour Zirkel[49] (1792) l'imitation de παράδεισος.

En Qo 2,7, dans la tournure ובני־בית היה לי (« et j'eus leurs enfants nés dans la maison », Qo 2,7), le singulier de היה ne peut, selon Tyler (1874), se comprendre qu'en recourant à la syntaxe grecque.

En Qo 2,12-23 — absurdes expériences frustrantes des activités humaines et de la sagesse — מקרה et אז יותר importés du Grec ?

Pour van der Palm (1784), le terme מקרה (« sort » ; Qo 2,14.15 ; 3,19 ; 9,2.3) est un grécisme qui correspond à συμφορή dans la littérature grecque[50].

---

[47] C. G. SIEGFRIED, *Prediger und Hoheslied*, p. 21.
[48] Cf. D. L., VII, 124 ; HORACE, *Sat.* II, 3.
[49] G. ZIRKEL, *Untersuchungen über den Prediger*, p. 46-56, 149-152.
[50] Cf. HÉRODOTE, *Histoire* I, 32, P.-E. LEGRAND (éd./trad.), Les Belles-Lettres, Paris, 2002.

Au demeurant, van der Palm (1784) est cité par Siegfried[51] (1898) et suivi par Plumptre[52] (1881) et par Palm[53] (1885) qui, tous les trois, retiennent également מקרה (« sort », Qo 2,14 ; 3,19 ; 9,2.3) comme un grécisme.

En Qo 2,15, אז יותר (« davantage », Qo 2,15) serait, d'après Zirkel (1792), une copie de la locution grecque ἔτι μᾶλλον.

En Qo 3,1-15 — de la corrélation entre le temps et les actions/évènements à l'inscrutabilité des desseins de Dieu — יפה rapproché du Grec ?

En Qo 3,11 et, parallèlement, en Qo 5,17, יפה serait, selon Zirkel (1792), Tyler (1874), Palm (1885), Pfleiderer[54], Braun[55], Lohfink[56] et Michaud[57], une reproduction du mot grec καλός et devrait signifier « bon » qui, en principe, correspond ordinairement à טוב. Observant de plus près le contenu thématique de Qo 3,11a tout en tenant compte de cet emploi de יפה qui serait un grécisme construit sur la locution propre à Héraclite, τῷ θεῷ καλὰ πάντα, Pfleiderer[58] évoque une influence d'Héraclite[59] sur l'auteur.

En Qo 4,1-16 — absurdes expériences du pouvoir politique : oppressions, rivalités, égoïsmes et éphémères popularités — הילד השני : un calque du Grec ?

En Qo 4,15, הילד השני (« l'enfant, le second », Qo 4,15) serait, selon Zirkel (1792), calqué sur l'expression grecque δεύτερος τοῦ βασίλεως.

---

[51] C. G. SIEGFRIED, *Prediger und Hoheslied*, p. 20-21.
[52] E. H. PLUMPTRE, *Ecclesiastes*, p. 32-35.
[53] A. PALM, *Qoheleth und die nacharistotelische Philosophie*, Mannheim, 1885, p. 55.
[54] O. PFLEIDERER, *The Philosophy of Religion on the Basis of its History*, A. Stewart — A. Menzies (trad.), London, 1886-1888.
[55] R. BRAUN, *Kohelet und die frühhellenistische Popularphilosophie*, p. 47-48.
[56] N. LOHFINK, *Kohelet*, p. 20, 24, 43, 45 ; IDEM, *Qoheleth*, p. 40-42.
[57] R. MICHAUD, *Qohélet et l'hellénisme*, p. 129-130, 166-167.
[58] Cf. E. PFLEIDERER, *Die Philosophie des Heraklit von Ephesus im Lichte der Mysterienidee*, p. 255-288.
[59] HÉRACLITE, Fragment 61.

En Qo 5,9-6,12 — absurdes expériences contrastées des richesses à la fois futiles et inutiles quoique sources de chagrin et d'angoisse pour l'homme, abîme d'insatisfaction existentielle — אהב כסף *;* טוב אשר־יפה *;* מענה *et* הלך־נפש *: des lexies reflétant le Grec ?*

En Qo 5,9, אהב כסף (« celui qui aime l'argent ») coïnciderait, d'après Zirkel (1792), Braun[60], Lohfink[61] et Michaud[62], avec le vocable φιλόπλουτος ou encore avec le terme φιλάργυρος.

En Qo 5,17, טוב אשר־יפה (« une chose bonne et belle ») serait, selon Grätz (1871), Pfleiderer (1886), Kuenen (1894), Wildeboer (1898), Siegfried (1898), Braun[63], Lys[64], Lohfink[65] Müller[66] et Michaud[67], copié sur la locution grecque καλὸν κἀγαθόν largement employée dans les écoles philosophiques post-platoniciennes ou bien sur la formule gnomique τὸ καλὸν φίλον ou bien sur ἀγαθὸν ὅτι καλόν qui est une expression fréquente dans la langue grecque.

En Qo 5,19, dans la locution האלהים מענה בשמחת לבו (« Dieu fait répondre par la joie de son cœur », Qo 5,19b), מענה qui aurait, selon Zirkel (1792), le double sens de *répondre*, *récompenser*, serait, pour ce même auteur, la reprise de ἀμείζεσθαι qui porte ces deux significations.

En Qo 6,9, dans la périphrase טוב מראה עינים מהלך־נפש (« mieux vaut ce que voient les yeux que le mouvement du désir », Qo 6,9a), הלך־נפש serait, d'après Zirkel (1792) et Palm (1885), copié sur ὁρμὴ τῆς ψυχῆς que nous retrouvons sous la plume de Marc-Aurèle[68] (*floruit* 121-180 ap. J.-C.).

---

[60] R. BRAUN, *Kohelet und die frühhellenistische Popularphilosophie*, p. 47-48.
[61] N. LOHFINK, *Kohelet*, p. 20, 24, 43, 45 ; IDEM, *Qoheleth*, p. 40-42.
[62] R. MICHAUD, *Qohélet et l'hellénisme*, p. 129-130, 166-167.
[63] R. BRAUN, *Kohelet und die frühhellenistische Popularphilosophie*, p. 54-55.
[64] D. LYS, *L'Ecclésiaste ou que vaut la vie ? Traduction, Introduction générale, Commentaire de 1,1 à 4,3*, Paris, Letouzey & Ané, 1977, p. 349.
[65] N. LOHFINK, *Kohelet*, p. 45 ; IDEM, *Qoheleth*, p. 84-86.
[66] H.-P. MÜLLER, « Der unheimliche Gast. Zum Denken Kohelets », *ZTK* 84 (1987) p. 449.
[67] R. MICHAUD, *Qohélet et l'hellénisme*, p. 129-130, 166-167.
[68] MARC-AURÈLE, *Εἰς ἑαυτόν* III, 16.

En Qo 7,1-14 — traditionalisme, conformisme, relativisme épistémologique et inscrutabilité de l'œuvre de Dieu — ראי השמש et ביום טובה : des constructions à résonnance Grecque ?

En Qo 7,11, d'après Palm (1885), la locution ראי השמש (« ceux qui voient le soleil ») renvoie à une forme syntaxique — permettant communément de nommer les personnes ou les choses — qu'on ne retrouve ordinairement que dans la langue grecque : par exemples, γεωργοῦντας (gens qui cultivent la terre), πολεμοῦντας (gens qui font la guerre), ἀποθνῄσκοντας (gens qui meurent), ἐρῶντας (gens qui aiment).

En Qo 7,14, la formule ביום טובה (« au jour du bonheur ») n'est, d'après Zirkel (1792), Kleinert (1864 et 1883), Palm (1885) et Pfleiderer (1886), qu'une construction qui évoque exclusivement la notion de εὐημερία bien connue dans la littérature grecque[69].

En Qo 7,19-8,1 — force et/ou vulnérabilité de la sagesse — מה־שהיה ; חשבון et אדם : une adaptation du Grec ?

En Qo 7,24, l'expression מה־שהיה qui revient en trois autres emplois dans le livre a, d'après Kleinert (1864 et 1883), un sens particulier qui renvoie, sans équivoque, à la formule τὸ τί ἐστίν. À la différence de Qo 1,9 ; 3,15 ; 6,10 où, selon Kleinert, מה־שהיה évoque les événements du monde, c'est-à-dire *ce qui arrive*, *ce qui existe*, מה־שהיה en Qo 7,24 s'éclaire dans son parallélisme avec Qo 8,17 et prend, pour le même auteur, le sens de *ce qui se fait sous le soleil*, *l'œuvre de Dieu*. Ainsi, pour Kleinert, מה־שהיה en Qo 7,24 désigne la loi qui gouverne ce qui arrive dans le monde. En d'autres termes, pour Kleinert, la formule indique dans ce passage le plan d'action de Dieu dans le monde. Il s'agit donc de *l'essence des choses*, τὸ τί ἐστίν qui fait amplement l'objet des réflexions philosophiques grecques.

[69] Cf. M. L. WEST (éd.), *Greek Lyric Poetry*, New York NY, 1993, § 128.

En Qo 7,25.27 ; 9,10, le vocable חשבון — qui, dans une acception à la fois abstraite et concrète, signifie *raison, ordre divin, dessein qui gouverne l'existence, estimation, profit* — est, selon Rudman[70], l'équivalent du λόγος chez Héraclite et chez les stoïciens.

En Qo 7,28, Zirkel (1792), Grätz (1871) et Palm (1885) trouvent que אדם est employé, non pas au sens générique, mais par opposition à אשה (« femme »). Dans cet usage, son sens coïnciderait avec celui de איש et évoquerait le terme grec ἄνθρωπος qui est aussi, quelque fois, employé tout simplement par opposition à γυνή.

En Qo 8,2-15 — pouvoir et rétribution — פתגם : une copie du Grec ?

En Qo 8,11, Zirkel (1792), conçoit que פתגם (« sentence ») est formé sur le concept grec φθέγμα. Palm (1885) fait dériver le même vocable du mot grec ἐπίταγμα.

En Qo 11,1-7 — mise en garde contre l'abus de la prudence et exhortation à la bienfaisance et à l'abnégation dans l'activité — שלח לחמך על־פני המים et המלאה : des formules dérivées du Grec ?

En Qo 11,1, Grätz (1871) et Palm (1885) rejettent l'origine hébraïque de la tournure שלח לחמך על־פני המים (« jette ton pain sur la face des eaux »). D'après leurs réflexions, elle est une copie de la périphrase, σπείρειν εἰς τό ὕδωρ, σπείρειν πόντον, (« ensemencer l'eau, semer dans la mer ») attestée dans la littérature grecque[71].

En Qo 11,5, Palm (1885) et Schwienhorst-Schönberger (2004) observent que המלאה, par imitation de πληροῦν τὰ θηλέα[72], aurait pour signification, « la femme enceinte ».

---

[70] D. RUDMAN, *Determinism in the Book of Ecclesiastes*, p. 183-194 ; 206.

[71] Cf. THEOGNIS, *Elégies*, I, 106.

[72] Cf. HÉSIODE, *Théogonie,* P. MAZON (éd./trad.), Paris, Les Belles Lettres, [12]1986 ; ARISTOTE, *Περὶ τὰ ζῷα ἱστορίαι*, P. LOUIS (Trad./Éd.), *Histoire des animaux* T. II : Livres V-VII, Collection Budé, Paris, 1964, V, 5 ; VI, 20, 21, 22.

En Qo 11,7-12,14 — parole de bonheur et/ou idéal pratique de la vie au regard de la vulnérabilité de l'existence humaine — הכל : une imitation du Grec ?

En Qo 12,13a, Tyler (1874) et Palm (1885) comprennent l'emploi de הכל à la lumière des concepts aristotéliciens τὸ καθόλον et τὸ ὅλον. D'après eux, cet emploi — de הכל — ressemble à la formule mishnique זה הכלל. Ainsi, dans la mesure où זה הכלל signifie « ceci est la règle générale » c'est-à-dire, « la loi universelle », הכל en Qo 12,13a réfère à « l'universel » qu'évoquent τὸ καθόλον et τὸ ὅλον.

En conséquence, Tyler et Palm interprètent כי־זה כל־האדם en Qo 12,13bβ comme suit : « en effet, ceci est la loi universelle pour l'homme ». Par contre, pour Zirkel (1792) כי־זה כל־האדם en Qo 12,13bβ relève d'un autre grécisme : τοῦτο παντὸς ἀνθρώπου (χρῆμα).

En conclusion, ce parcours a permis d'identifier les différents passages dans lesquels plusieurs exégètes, de 1784 à nos jours, ont relevé des termes et des tournures qui, d'après leurs analyses, trahissent une parenté avec la culture grecque. Mais, comme nous le verrons à présent, ce ne sont pas seulement le langage et le vocabulaire du *Qohélet* qui ont suscité des enquêtes et des réflexions sur les affinités du livre avec les éléments de la littérature et de la philosophie d'origine grecque. Certaines idées développées dans l'œuvre ont également fait l'objet des études comparées qui confrontent le *Qohélet* et les courants philosophiques du monde grec.

2. Les idées et la pensée du *Qohélet* suspectées d'indices phénoménologiques d'entrecroisements avec les vestiges littéraires et philosophiques grecs

Notre exposé, dans les lignes qui suivent, garde le même procédé précédemment annoncé. Autrement dit, nous énumérons les résultats des recherches faites depuis 1784 jusqu'à nos jours et notre développement suit l'ordre des chapitres du *Qohélet* que nous parcourons verset par verset en nous intéressant exclusivement aux idées qohélétiennes qui ont explicitement fait l'objet des analyses comparées du livre et des matériaux littéraires et philosophiques[73] issus du monde grec. Nos sous-titres ici reflètent les thèmes qohélétiens développés dans les péricopes considérées. Les éléments sur lesquels notre avis critique sera exceptionnellement exprimé sont indiqués au fur et à mesure et au début des rubriques concernées.

Qo 1,1-11 : mouvements, fluctuations et perpétuel retour du même dans la nature et dans l'histoire

Dans notre examen de Qo 1,1-11, nous considèrerons au prime abord la formule תחת השמש ; ensuite l'énoncé grec mis en parallèle avec la tournure בכל־עמלו שיעמל ; puis les comparaisons établies entre הבל et τυφός ; puis la péricope en Qo 1,4-11 ; en outre les sous-unités en Qo 1,5-6, d'une part, et en Qo 1,3-8, d'autre part ; et enfin Qo 1,9-11. Nos observations critiques porteront uniquement sur les hypothèses de rapprochements alléguées à propos de תחת השמש et de הבל.

En Qo 1,3, la tournure תחת השמש (« sous le soleil ») qui n'est attestée nulle part ailleurs dans l'AT et qui apparaît 29 fois dans le *Qohélet* avec une fonction sémantique capitale au cœur du livre[74], serait, pour Braun[75], Lohfink[76], Michaud[77] et Schoors[78], l'indice d'une perméabilité du *Qohélet* vis-à-vis de la pensée grecque. Ces derniers laissent soupçonner les probabilités d'une assimilation de תחת השמש à la locution grecque ὑφ' ἡλίῳ/ὑπὸ τὸν ἥλιον. Cette expression qui, dans G, coïncide avec la traduction de תחת השמש, revient de manière très habituelle dans la littérature grecque[79].

---

[73] Cf. P. HADOT, *Qu'est-ce que la philosophie antique ?*, Coll. Folio, Paris, Gallimard, 1995 ; J.-P. DUMONT, *Éléments d'histoire de la philosophie antique*, Coll. Réf., Paris, Nathan, 1993 ; A. A. LONG — D. N. SEDLEY — J. BRUNSCHWIG — P. PELLEGRIN, *Les philosophes hellénistiques* I, II, III, Paris, 1974, 1986, 1997 ; É. BRÉHIER, *Histoire de la philosophie* I, II, III, Paris 1927-1932.

[74] Cf. D. INGRAM, *Ambiguity in Ecclesiastes*, p. 251-253.

[75] R. BRAUN, *Kohelet und die frühhellenistische Popularphilosophie*, p. 49-51.

[76] N. LOHFINK, *Kohelet*, p. 20, 24, 43, 45 ; IDEM, *Qoheleth*, p. 40-42.

[77] R. MICHAUD, *Qohélet et l'hellénisme*, p. 131.

[78] A. SCHOORS, *A Study of the Language of Qoheleth. Part II*, p. 137, 501.

[79] Cf. EURIPIDE, *Alceste* I, L. MÉRIDIER (éd./trad.), Paris, 1956, p. 151 ; DEMOSTHÈNE, *Sur la couronne*, G. MATHIEU (éd./trad.), Paris, 2000, p. 270 ; PLUTARQUE, *Vies. Lucullus* VII, R. FLACELIÈRE — É. CHAMBRY (éd./trad.), Paris, 1972, § 30,1.

En effet, il n'y a aucun doute que la locution תחת השמש (« sous le soleil ») n'est pas usuelle[80] dans l'AT. On observe qu'elle est attestée dans l'une des inscriptions akkadiennes du roi élamite Untashgal[81] (*floruit* XIIe siècle av. J.-C.). La formule est également attestée dans des inscriptions phéniciennes de Tabnit et des inscriptions du sarcophage d'Echmounazar[82] roi de Sidon. Ces inscriptions sont du Ve siècle av. J.-C., suivant la datation de Lidzbarski[83], et du IVe siècle av. J.-C., d'après Schürer[84].

Bref, l'existence de ces inscriptions phéniciennes est une preuve palpable que le parallélisme entre la formule תחת השמש et l'expression grecque ὑφ' ἡλίῳ/ὑπὸ τὸν ἥλιον ne suffit pas pour affirmer l'importation de תחת השמש du milieu grec. C'est pourquoi, reprenant les termes de Mazzinghi, nous concluons que « la questione dell'origine della formula ''sotto il sole'' non è ancora stata risolta in

---

80 Cf. M. BUNDVAD, « At Play in potential Space : Reading King Qohelet's Building Experiment with psychoanalytic Spatial Theory », J. JARICK (éd.), *Perspectives on Israelite Wisdom : Proceedings of the Oxford Old Testament Seminar*, London — New Delhi — New York NY, Bloomsbury, 2016, p. [254]-273 ; IDEM, *Time in the Book of Ecclesiastes*, OTRM, Oxford — New York NY, Oxford University Press, 2015 ; M. BARANIAK, « The Sun or the Wind ? (cf. Qoh 1,6a). The Greek Readind [sic] of the Hebrew Text of Qoheleth in the Perspective of Rhetorical Analysis », R. MEYNET — J. ONISZCZUK *et al.* (éd.), *Atti del quarto convegno della RBS : International Studies on Biblical & Semitic Rhetoric*, Roma, Gregorian & Biblical Press, 2015, p. [93]-117 ; T. ATKINSON, « Contemplation as an Alternative to Curiosity : St Bonaventure on Ecclesiastes 1,3-11 », *SJT* 68 (2015) p. 16-33 ; T. ESPOSITO, « Observations on God and the Wind (Qohelet 3,10-15) », *BN* 167 (2015) p. 79-97 ; H. DEBEL — E. VERBEKE, « The Greek Rendering of Hebrew Hapax Legomena in the Book of Qoheleth », M. K. H. PETERS (éd.), *XIV Congress of the IOSCS, Helsinki, 2010*, Atlanta GA, SBL press, 2013, p. 313-331 ; K. J. DELL — W. KYNES (éd.), *Reading Ecclesiastes Intertextually*, LHBOTS [JSOT.SS] 587, Oxford — New York NY — New Delhi — Sydney — London, Bloomsbury T&T Clark, 2014 ; G. J. JANZEN, « Qohelet on Life "under the Sun" », *CBQ* 70 (2008) p. 465-483 ; D. INGRAM, *Ambiguity in Ecclesiastes*, p. 1-43, 251-253 ; A. SCHOORS, *A Study of the Language of Qoheleth. Part II*, p. 137 ; W. C. DELSMAN, *Die Datierung des Buches Qoheleth,* p. 142-147, 148-152 et 153-161.

81 Cf. O. LORETZ, *Qohelet und der Alte Orient : Untersuchungen zu Stil und theologischer Thematik des Buches Qohelet*, Freiburg, 1964, p. 47.

82 Cf. H. DONNER — W. RÖLLIG, *Kanaanäische und aramäische Inschriften* I-III, Wiesbaden, 1962, 13,7-8 et 14,2 ; O. LORETZ, *Qohelet und der Alte Orient*, p. 46 ; I. L. GIBSON, *Textbook of Syrian Semitic Inscriptions*, vol. I-III, Oxford, 1971.

83 M. LIDZBARSKI, *Ephemeris für semitische Epigraphik*, vol. II, Leipzig — Giessen, 1900-1915, p. 156-166.

84 E. SCHÜRER, *The History of the Jewish People in the Age of Jesus Christ*, vol. II, p. 129.

modo soddisfacente[85] », nonobstant les affirmations de Braun[86], Lohfink[87], Michaud[88] et Schoors[89].

En ce qui concerne la périphrase בכל־עמלו שיעמל attestée en Qo 1,3 et diversement reformulée en Qo 2,11.19.20 puis en Qo 5,17, Bertram[90], Braun[91], Lohfink[92] et Michaud[93] y retrouvent un équivalent de l'expression μόχθον μοχθεῖν qui est ordinairement utilisée dans *la philosophie populaire des cyniques grecs* et dans les *classiques grecs* spécialement dans les textes d'Euripide.

Dans le même filon, Vermeylen écrit en toutes lettres : « [o]n retrouve des parallèles à la pensée de Qohélet chez Héraclite (πάντα ῥεῖ, cf. Qo 1,4-9), Hésiode, Théognis de Mégare (Ve siècle) et Socrate[94]. Il y a aussi l'emprunt de certaines expressions. Ainsi, le jugement fondamental selon lequel ''tout est הבל'' (1,2 ; 12,8) correspond à celui du philosophe cynique Monime : τὰ πάντα... τυφός, ''tout (est) vent (ou fumée)''. De même, l'expression ''sous le soleil'', qui revient 27 fois dans Qo, est inconnue dans les autres livres bibliques, mais elle est attestée dans la littérature grecque, chez Thucydide, par exemple[95] ». Toutefois, on ne saurait se passer ici de rappeler que pour éviter tout comparatisme incomplet et superficiel il est éminemment important de toujours confronter le plus strictement possible ne serait-ce que les milieux de vie respectifs des passages mis en parallèle. Aussi observe-t-on que le terme τυφός n'apparaît pas chez Aquila — le traducteur grec du *Qohélet* — qui préfère, non sans raison, utiliser le concept ματαιότης. En conséquence ce détail, quoique marginal apparemment, complexifie et infirme, à notre avis, toute

---

[85] L. MAZZINGHI, *Ho cercato e ho esplorato*, p. 131. Cf. aussi : J.-J. LAVOIE, « Quelques réflexions sur le pluralisme inter- et intrareligieux à partir des études comparatives du livre de Qohélet. I : Le pluralisme interreligieux », *ScEs* 60 (2008) p. 244.

[86] R. BRAUN, *Kohelet und die frühhellenistische Popularphilosophie*, p. 49-51.

[87] N. LOHFINK, *Kohelet*, p. 20, 24, 43, 45 ; IDEM, *Qoheleth*, p. 40-42.

[88] R. MICHAUD, *Qohélet et l'hellénisme*, p.131.

[89] A. SCHOORS, *A Study of the Language of Qoheleth. Part II*, p. 137, 501.

[90] G. BERTRAM, « Hebraischer und griechischer Qohelet. Ein Beitrag zur Theologie der hellenistischer Bibel », *ZAW* 64 (1952) p. 26-49.

[91] R. BRAUN, *Kohelet und die frühhellenistische Popularphilosophie*, p. 48-49.

[92] N. LOHFINK, *Kohelet*, p. 20, 24, 43, 45 ; IDEM, *Qoheleth*, p. 40-42.

[93] R. MICHAUD, *Qohélet et l'hellénisme*, p. 129-130, 166-167.

[94] Cf. I. VON LOEWENCLAU, « Kohelet und Sokrates : Versuch eines Vergleiches », *ZAW* 98 (1986) p. 327-338.

[95] J. VERMEYLEN, « Sagesse biblique et culture hellénistique : de Qohélet à Philon d'Alexandrie », p. 30-31.

tentative de faire correspondre vaille que vaille au הבל qohélétien la maxime de Monime citée par Ménandre le comique (« τὸ γὰρ ὑποληφθὲν τῦφον εἶναι πᾶν ἔφη[96] // toute opinion, disait-il, n'est que fumée ») comme le font Jacques Vermeylen[97] précité, Vincenzo Scippa[98] et Rainer Braun[99]. Pareillement, il est difficile voire préjudiciable, à notre avis, de tenter tout rapprochement vaguement analogique entre le *Qohélet* et la fulgurante exclamation de Diogène le cynique rapportée par Claude Élien dans son livre moraliste teinté de cynisme et de stoïcisme. Pour mémoire, rappelons les mots de Claude Élien : « Diogène était allé à Olympie. Il aperçut dans la foule en fête de jeunes Rhodiens magnifiquement vêtus : ''C'est de la fumée [τυφός], tout cela !'' s'écria-t-il en riant[100] ». À bon escient, Luca Mazzinghi prend une posture critique et précise judicieusement au sujet des évocations de τυφός banalement assimilée au הבל qohélétien : « il quadro concettuale all'interno del quale i filosofi greci affermano che ''tutto è fumo'' è ben diverso, infatti, da quello nel quale si muove il Qohelet[101] ».

---

[96] D. L., VI, 83. Pour cet extrait de *L'Ecuyer* de MÉNANDRE rapporté par DIOGÈNE LAËRCE, une traduction illustrative et un commentaire assez suggestif sont proposés par Marie-Odile Goulet-Cazé : « tout ce que l'homme a conçu est fumée de l'orgueil » : DIOGÈNE LAËRCE, *Vies et doctrines des philosophes illustres* VI, 83, M.-O. GOULET-CAZÉ (trad.), Coll. La Pochothèque, Paris, Le Livre de Poche, 1999, p. 749-750 ; Cf. aussi : M.-O. GOULET-CAZÉ, « Le livre VI de Diogène Laërce : analyse de sa structure et réflexions méthodologiques », *ANRW* II, 36,5, Berlin — New York NY, 1992, p. 3880-4048.

[97] J. VERMEYLEN, « Sagesse biblique et culture hellénistique : de Qohélet à Philon d'Alexandrie », p. 31.

[98] V. SCIPPA, *Qoèlet. L'« arcano progetto di Dio e la gioia della vita »*, Coll. Dabar-Logos-Parola, Padova, Messaggero, 2010, p. 15, 145, 156, 173, 220. Cf. aussi P. DE BENEDETTI, *Qohelet. Un commento*, Coll. Uomini e Profeti 14, Breschi, Morcelliana, 2004, p. 23-24, 31.

[99] R. BRAUN, *Kohelet und die frühhellenistische Popularphilosophie*, p. 45-46.

[100] C. ÉLIEN, *Histoire variée* IX, M. Dacier (trad.), Paris, Imprimerie d'Auguste Delalain, 1827, § 34.

[101] L. MAZZINGHI, *Ho cercato e ho esplorato*, p. 370. Cf. E. S. CHRISTIANSON, *Ecclesiastes through the Centuries*, p. 98-141 ; J.-J. LAVOIE, « Où en sont les études sur le livre de Qohélet ? », p. 101-105 ; IDEM, « *Habēl habālīm hakol hābel*. Histoire de l'interprétation d'une formule célèbre et enjeux culturels », *ScEs* 58 (2006) p. 219-249 ; IDEM, *La pensée du Qohélet*, Héritage et Projet 49, Montréal, 1992, 207-225 ; M. V. FOX, « The Meaning of הבל for Qoheleth », *JBL* 105 (1986) p. 409-427 ; J. CHOPINEAU, הבל *en hébreu biblique : contribution à l'étude des rapports entre sémantique et exégèse de l'Ancien Testament*, Ph. D. Diss., University of Strasbourg, 1971.

En Qo 1,4-11 la description du néant et de la fugacité[102] de toutes choses terrestres est, selon Tyler[103] (1874), une copie de la doctrine stoïcienne du perpétuel changement du monde qui suit une course circulaire implacable. Pour Pfleiderer[104] (1886), Lys[105] (1977), Gammie[106] (1985), Maillot[107] (1987), Lohfink[108] (1987) et Michaud[109] (1987), ce passage laisse plutôt entrevoir l'influence des conceptions cosmologiques[110] ou des mythes grecs relatifs à l'homme[111] ou encore l'impact de la pensée d'Héraclite[112] (fl. 500 av. J.-C.). La célèbre affirmation de ce dernier au sujet de l'écoulement continu (πάντα ῥεῖ, « tout coule ») en aurait été la source d'inspiration.

En précisant davantage l'enjeu littéraire de tous ces types de rapprochement, Gammie[113] retrouve dans la mention de la terre (v. 4), du soleil/feu (v. 5), de l'air (v. 6) et de l'eau (v. 7), une affinité avec la théorie des quatre éléments progressivement élaborée par les

---

[102] Cf. A. PINKER, « Meteorological Views in Qohelet 1,6-7 », *OTE* 25 (2012) p. 383-405 ; P. HOFFMANN, « La définition stoïcienne du temps dans le miroir du néoplatonisme (Plotin, Jamblique) », G. R. DHERBEY (dir.) — J.-B. GOURINAT (éd.), *Les Stoïciens*, Paris, 2005, p. 487-521 ; N. KAMANO, *Cosmology and Character : Qoheleth's Pedagogy from a rhetorical-critical Perspective*, BZAW 312, Berlin — New York NY, 2002 ; IDEM, « Character and Cosmology : Rhetoric of Qoh 1,3-3,9 », A. SCHOORS (éd.), *Qohelet in the Context of Wisdom*, p. 419-424 ; J. BAUDRY, *Le problème de l'origine et de l'éternité du monde dans la philosophie grecque de Platon à l'ère chrétienne*, Coll. Études Anciennes, Paris, Les Belles Lettres, 1931.

[103] T. TYLER, *Ecclesiastes*, p. 12-20.

[104] E. PFLEIDERER, *Die Philosophie des Heraklit von Ephesus im Lichte der Mysterienidee* (passim).

[105] D. LYS, *L'Ecclésiaste*, p. 117-118.

[106] J. G. GAMMIE, « Stoicism and Anti-Stoicism in Qoheleth », *HAR* 9 (1985) p. 174.

[107] A. MAILLOT, *Qohélet ou l'Ecclésiaste ou la Contestation*, Paris, 1971, ^{2}1987, p. ix.

[108] N. LOHFINK, « Die Wiederkehr des immer Gleichen. Eine frühe Synthese zwischen griechischem und jüdischem Weltgefühl in Kohelet 1,4-11 », *AF* 53 (1985) p. 125-149 ; IDEM, « Gegenwart und Ewigkeit. Die Zeit im Buch Kohelet », *Geist und Leben* 60 (1987) p. 7-8 ; IDEM, *Qoheleth*, p. 43-44.

[109] R. MICHAUD, *Qohélet et l'hellénisme*, p. 136-137.

[110] Cf. ARISTOTE, *Météorologiques*, II, vi, 12 et 360b-361a ; IDEM, *Métaphysique*, 1050a, 24 ; ARISTOPHANE, *Les Nuées*, 1294. Cette liste n'est que suggestive, elle n'est pas exhaustive.

[111] Cf. Sisyphe et Danaïdes : HOMÈRE, *Iliade* VI, 153-170 ; IDEM, *Odyssée* XI, 592-600 ; ESCHYLE, *Les Suppliantes* (passim) ; PSEUDO-APOLLODORE, *Bibliothèque* II, 1, 4-5.

[112] Cf. HÉRACLITE, Fragment 20, 23, 78, BYWATER (éd.), *Heracliti Ephesii reliquiae*, Oxonii, 1877.

[113] J. G. GAMMIE, « Stoicism and Anti-Stoicism in Qoheleth », p. 174.

philosophes de Milet, c'est-à-dire Thalès[114] (vers 620-545 av. J.-C.), Anaximandre[115] (vers 650-600 av. J.-C.), Anaximène[116] (586-526 av. J.-C.) et par Héraclite[117] d'Ephèse (vers 567-480 av. J.-C.). En conséquence, Gammie[118] insiste beaucoup moins sur la probabilité d'un parallélisme entre Qo 1,5-7 et la physique stoïcienne[119]. Pourtant, il affirme avec force que Qo 1,4 reflète la physique stoïcienne dont Cicéron[120] se fera l'écho et selon laquelle la terre est la source de provenance et la destination de toute matière[121]. Cette même conception stoïcienne de la terre apparaît, selon Gammie[122], dans tous les développements relatifs à la רוח et au הבל dans le reste du livre, spécialement en Qo 3,19-21.

De son côté, Bertrand Pinçon[123] affirme sans détour une parenté entre le *Qohélet* et la culture grecque. Toutefois, il n'entre pas dans les détails d'une confrontation argumentée des milieux de vie respectifs des textes invoqués. Aussi, estime-t-il que Qo 1,4-11 s'apparente à des éléments de la mythologie grecque.

---

[114] Cf. JAMBLIQUE, *Vie de Pythagore*, Paris, Les Belles Lettres, 1996 ; HÉRODOTE, *Enquête*, A. BARGUET (trad.), Collection Folio, Paris, ^{2}1990) ; PROCLUS DE LYCIE, *Commentaires sur le premier livre des Éléments d'Euclide*, P. VER EECKE (trad.), Travaux de l'Académie Internationale d'Histoire des Sciences I, vol. 1, Bruges, 1948.
[115] Cf. SIMPLICIUS, *Commentaire sur la physique d'Aristote*, H. DIELS (éd.) *Aristotelis Physica commentaria*, Commentaria in Aristotelem Graeca IX-X, Berlin, 1882-1895 ; A. STEVENS, *Postérité de l'être : Simplicius interprète de Parménide*, Cahiers de Philosophie Ancienne 8, Bruxelles, 1990 ; ANAXIMANDRE, *Fragments et témoignages*, M. CONCHE (éd./trad.), Paris, 1991.
[116] Cf. AETIUS, *Opinions*, J.-P. DUMONT (éd.), *Les Présocratiques*, Bibliothèque de la Pléiade, Paris, 1988 ; PSEUDO-PLUTARQUE, *Stromates*, J.-P. DUMONT (éd.), *Les Présocratiques*, Bibliothèque de la Pléiade, Paris, 1988.
[117] Cf. SIMPLICIUS, *Commentaire sur la physique d'Aristote* (passim).
[118] J. G. GAMMIE, « Stoicism and Anti-Stoicism in Qoheleth », p. 175.
[119] Cf. I. AB ARNIM, *S.V.F.*, Leipzig, 1903, I, 99 et II, 555, 596.
[120] Cf. CICÉRON, *De natura deorum*, Liber II, C. AUVRAY-ASSAYAS (Intr., trad. et notes), *La nature des dieux*, Collection La roue à livres, Paris, 2002, II, 26 : « quia et recidunt omnia in terras et oriuntur e terris ».
[121] Cf. I. AB ARNIM, *S.V.F.* II, 413, 716.
[122] J. G. GAMMIE, « Stoicism and Anti-Stoicism in Qoheleth », p. 175.
[123] B. PINÇON, *Qohélet. Le parti pris de la vie,* Coll. Lire La Bible 169, Paris, Cerf — Médiapaul, 2011, p. 37 ; IDEM, « Qohélet, un sage devant la crise : le point de vue d'un bibliste », L. MELLERIN (éd.), *La réception du livre de Qohélet (Ier-XIIIème s.)*, Paris, Cerf, 2016, p. [35]-47, spéc. 41.

Dans la suite premier chapitre du livre, précisément en Qo 1,5-6, d'après Margoliouth[124] (1906), la description des deux directions principales du vent relève du système météorologique aristotélicien[125]. Ce même exégète observe qu'en Qo 1,7, le mouvement du fleuve ne saurait être ainsi figuré par un écrivain palestinien. L'assertion en Qo 1,7, כל־הנחלים הלכים אל־הים (« tous les fleuves coulent vers la mer »), serait donc, selon lui, un emprunt à Aristote[126] qui, lui-même, reformule la pensée d'Aristophane[127] sur l'écoulement des eaux. C'est pourquoi, en Qo 1,8, on retrouve, d'après lui, l'idée aristotélicienne dont le contraire sera soutenu dans la doctrine philosophique épicurienne[128] et selon laquelle « l'univers ne fatigue pas[129] ».

En Qo 1,3-8, Rudman[130] découvre que la démonstration de l'implacable nécessité du cours des événements cosmiques de la nature est clairement accompagnée de l'affirmation de l'idée du déterminisme de l'existence humaine. Aussi la préoccupation de l'auteur au sujet de la question du déterminisme laisse-t-elle percevoir l'influence de la culture grecque.

En Qo 1,9-11, selon Margoliouth[131] (1906), l'affirmation suivant laquelle la nature et l'humanité procèdent de façon répétitive et non pas de manière progressive, s'inspire d'Aristote[132]. Ce dernier attribue la cause de l'oubli humain (אין זכרון לראשנים : « il n'y a pas de souvenir de ce qui est arrivé à nos ancêtres », Qo 1,11a) au mouvement des choses qui est indéfiniment circulaire grâce à l'éternité du monde. Selon Gammie[133], cette même affirmation de la répétition cyclique et permanente des événements du monde correspond plutôt à une adaptation de la philosophie stoïcienne du déroulement cyclique du temps et des événements du monde[134].

---

[124] D. S. MARGOLIOUTH, *Book of Ecclesiastes*, C. ALDER — B. WILHELM *et al.* (éd.), *Jewish Encyclopedia* V (1906) p. 29-46 ; IDEM, « The Prologue of Ecclesiastes », *Expositor* 8 (1911) p. 463-470.

[125] Cf. ARISTOTE, *Météorologiques*, 361a.

[126] *Ibidem*, 360b et 355b, 16, 23.

[127] Cf. ARISTOPHANE, *Les Nuées*, 1294.

[128] Cf. LUCRÈCE, *De natura rerum*, II, 1151-1154.

[129] ARISTOTE, *Métaphysique*, 1050a, 24.

[130] D. RUDMAN, *Determinism in the Book of Ecclesiastes*, p. 70-82.

[131] D. S. MARGOLIOUTH, *Book of Ecclesiastes*, p. 32-56.

[132] ARISTOTE, *Météorologiques*, J. TRICOT (éd./trad.), Paris, 1955.

[133] J. G. GAMMIE, « Stoicism and Anti-Stoicism in Qoheleth », p. 176.

[134] Cf. I. AB ARNIM, *S.V.F.* II, 944.

Qo 1,12-18 : investigations épistémologiques et expériences heuristiques du sage

Au sujet de la péricope en Qo 1,12-18 notre attention sera portée tout d'abord sur le concept תור — qui, dans le *Qohélet*, entre dans un mode de pensée assez spécieux — puis sur Qo 1,1.12.16 où est annoncé le problème que pose « l'énigme du rôle tenu par le Qohélet dans son entourage[135] » et, au final, on s'intéressera à chacune des sous-unités formées par Qo 1,12 ; Qo 1,15 ; Qo 1,12.16 ; Qo 1,18. Nos points de vue critiques seront prononcés en premier lieu à propos de תור soupçonné de grécisme ; ensuite par rapport à l'analyse de la prosopographie qohélétienne et, enfin, relativement à l'enjeu littéraire et philosophique du אני (« moi ») qohélétien.

En ce qui concerne Qo 1,13 ; 2,3 ; 7,25, Zirkel[136], Kleinert[137], Grätz[138], Palm[139], Kuenen[140], Wildeboer[141], Braun[142], Lohfink[143] et Schoors[144] affirment que le procédé intellectuel que suppose le sens du mot תור (« sonder ») — précisé par les deux formules suivantes :

ונתתי את־לבי לדרוש ולתור (« j'ai appliqué mon cœur à rechercher et à sonder », Qo 1,13)

et סבותי אני ולבי לדעת ולתור ובקש (« et j'en suis venu, moi et mon cœur, à connaître et à sonder et à chercher », Qo 7,25) — est inhabituel dans le contexte vétérotestamentaire. Selon eux, תור est souvent employé dans l'AT au sens de « explorer, examiner » et son usage est souvent assorti d'une connotation physique comme en Nb 13,2.16.17. Aussi, son emploi métaphorique, comme un concept qui rend compte de la pratique méthodique de l'observation et de l'induction au cœur de l'investigation quasi scientifique relatée dans le *Qohélet*, est le signe que la pensée de l'auteur est fécondée par le

---

135 P. GARUTI, *Qohélet : l'ombre et le soleil. L'imaginaire civique du Livre de l'Ecclésiaste entre judaïsme, hellénisme et culture romaine*, CahRB 70, Pendé, Gabalda, 2008, p. 3.
136 G. ZIRKEL, *Untersuchungen über den Prediger*.
137 P. KLEINERT, *Der Prediger Salomo*.
138 H. GRÄTZ, *Koheleth oder der salomonische Prediger*.
139 A. PALM, *Qoheleth und die nacharistotelische Philosophie*.
140 A. KUENEN, *Historisch-kritische Einleitung in die Bücher des Alten Testaments*.
141 D. G. WILDEBOER, *Der Prediger*.
142 R. BRAUN, *Kohelet und die frühhellenistische Popularphilosophie*, p. 51.
143 N. LOHFINK, *Kohelet*, p. 20, 24, 43, 45 ; IDEM, *Qoheleth*, p. 40-42.
144 A. SCHOORS, *A Study of the Language of Qoheleth. Part II*, p. 252, 501.

contact avec la philosophie grecque. Suivant les argumentations de ces auteurs, le verbe תור serait alors formé à partir du mot grec τηρεῖν dont l'écriture consonantique et le sens sont identiques à celui du vocable hébreu תור. Dans le livre, on observe que תור est traduit par κατασκοπέω en Qo 1,13 ; 2,3 ; 7,25. L'usage de τηρεῖν est donc rare dans le texte grec du *Qohélet* dont la traduction est ordinairement attribuée à Aquila : τηρεῖν n'y est attesté qu'en Qo 11,4 pour traduire שמר, le vocable תור n'étant pas utilisé dans ce passage. En revanche, τηρεῖν est fréquent dans la philosophie grecque post-socratique.

Mais, il convient d'observer que תור (Qo 1,13 ; 2,3 ; 7,25) est attesté en Nb 13,2.16.17 au sens physique de « explorer, examiner ». Or, Zirkel (1792), Kleinert (1864 et 1883), Grätz (1871), Palm (1885), Kuenen (1894), Wildeboer (1898), Lohfink (1980), Braun (1973) et Schoors (2004), dont nous avions exposé les arguments plus-haut, n'établissent pas l'antériorité du *Qohélet* sur ces différentes attestations. Ainsi, quand ils affirment une création de תור à partir du verbe grec τηρεῖν, cela suscite, à notre avis, des objections considérables. Car, sur les trois attestations de תור (Qo 1,13 ; 2,3 ; 7,25) dans l'ensemble du livre, l'auteur éprouve deux fois le besoin de préciser son emploi en lui associant les formules comme :

ונתתי את־לבי ל (« et j'ai appliqué mon cœur à », Qo 1,13) ;

סבותי אני ולבי ל (« j'en suis venu, moi et mon cœur, à », Qo 7,25).

Plus encore, en Qo 7,27[145], l'auteur explique lui-même sa propre méthode d'observation et de déduction dont la pratique l'amène à utiliser le verbe תור. Cela montre qu'il est conscient des incompréhensions qui pourraient résulter du fait qu'il utilise le sens inhabituel d'un mot déjà connu. En d'autres termes, il a conscience de la confusion sémantique que pourrait créer son usage particulier et spécifique du verbe תור. Bien entendu, l'ambiguïté ne pourrait exister que chez celui qui est accoutumé au sens physique du terme et qui éprouve, dans les contextes cités, quelque embarras à en considérer l'acception métaphorique. Si l'auteur faisait du ''néologisme'' pur, il se contenterait d'en indiquer le sens. Son explication ne supposerait pas chez son lecteur/auditeur une certaine connaissance antérieure d'une première signification à abandonner au profit du nouvel éclaircissement

[145] ראה זה מצאתי אמרה קהלת אחת לאחת למצא חשבון : « voici, dit Qohélet, ce que j'ai découvert en regardant une chose après l'autre pour trouver une réflexion ».

qu'il donne. À notre avis, il demeure difficile d'affirmer que le vocable תור est exclusivement créé à partir du verbe grec τηρεῖν.

Néanmoins, ce qu'on peut tout simplement retenir est son passage du sens physique, « explorer », au sens métaphorique, c'est-à-dire « sonder » qui est amplement développé dans le *Qohélet*. Et au sujet du facteur de modification ou d'évolution diachronique de la sémantique de תור on n'exclurait pas d'emblée l'influence de la culture grecque quoique l'affirmation du grécisme morphologique ne s'impose pas. Le "néologisme" consisterait, non pas nécessairement dans la nouveauté radicale du mot, mais plutôt dans l'originalité de l'acception qohélétienne[146] du vocable. Au sujet du caractère inhabituel du sens qohélétien de תור on observe donc que le débat n'est pas clos.

Au sujet de Qo 1,1.12.16 ; 12,9 — examinant de près ces passages et non sans tenir minutieusement compte de l'ensemble du livre qu'il soumet à une exégèse de détail — Paolo Garuti (2008) reprend le dossier sur « le problème de prosopographie posé par le Qohélet[147] ». L'objectif de Garuti n'est pas, au prime abord, d'élucider les enjeux théologiques et philosophiques des réflexions sapientielles de l'auteur, mais plutôt de « déceler l'ordi de cette toile complexe des réalités institutionnelles, de liens familiaux et de principes partagés, qu'il tresse autour d'une trame rhétorique[148] ». Appuyée d'une érudition judicieuse, son analyse des titres — à savoir קהלת[149] puis Ἐκκλησιαστής[150] et *Contionator*[151] — est suivie d'une investigation systématique des champs lexico-sémantiques[152] couvrant non seulement les horizons philologiques[153] mais également les parcours à la fois lexicographiques et étymologiques « de καλῶ à καλήτωρ[154] », puis « de καλήτωρ à *calator*[155] » et, enfin, « de *calator* à קהלת[156] ». Pour Garuti, la fiction autobiographique du livre permet d'entrevoir et, beaucoup

[146] Cf. A. SCHOORS, *A Study of the Language of Qoheleth. Part II*, p. 137, 501.
[147] P. GARUTI, *Qohélet : l'ombre et le soleil*, p. 8.
[148] *Ibidem,* p. 4.
[149] *Ibidem,* p. 7-39.
[150] *Ibidem,* p. 41-54.
[151] *Ibidem,* p. 55-67.
[152] Cf. D. BERGEZ — V. GÉRAUD — J.-J. ROBRIEUX, *Vocabulaire de l'Analyse Littéraire*, p. 44-45.
[153] Cf. U. BÄHLER, *Gaston Paris et la philologie romane*, Genève, Droz, 2004.
[154] P. GARUTI, *Qohélet : l'ombre et le soleil*, p. 69-71.
[155] *Ibidem,* p. 71-82.
[156] *Ibidem,* p. 83-85.

plus encore, de repérer l'imaginaire civique du *Qohélet* à la confluence du judaïsme, de l'hellénisme et de la culture romaine[157]. À notre avis, l'analyse proposée par Garuti ouvre, avec beaucoup de précision et de sagacité, une pertinente piste de recherches en faveur des affinités du livre avec le monde grec, mieux avec la civilisation gréco-romaine.

En Qo 1,12 apparaît, pour la première fois, אני qu'on retrouve 29 fois dans le livre. Pour Albert de Pury, « [e]n posant le ''je'' comme le sujet et l'orchestrateur du livre et en contemplant Dieu strictement à partir de ce qui peut en être perçu par ce ''je'', l'auteur de Qo écrit le premier livre de la Bible qui soit compatible avec le mode de penser grec. [...] On a consacré beaucoup d'efforts à tenter de déterminer avec précision quels étaient les rapports de Qo avec la ou les philosophie(s) de l'époque hellénistique [...], mais il s'avère que les correspondances sont rarement littérales. Les échos thématiques renvoient tantôt vers les Cyniques [...], tantôt vers les Sceptiques (la technique du doute), tantôt vers les stoïciens (la croyance résignée en un ordre global), tantôt encore vers les Épicuriens (la disposition à goûter la part de bonheur qui échoit à chacun). Par ailleurs, Qo est aussi l'héritier de la tradition pessimiste orientale mésopotamienne [...], puis égyptienne tardive telle qu'elle s'exprime surtout lors des banquets funéraires[158] ». À notre avis, en se prononçant au sujet de l'allure significative que prend l'emploi atypique du אני (« moi ») qohélétien, Albert de Pury fait des observations éclairantes sur les rapprochements du livre avec la culture littéraire et philosophique grecque.

En Qo 1,15 — et, parallèlement, en Qo 3,14 ; 6,10 ; 7,13 ; 9,11-12 ; 10,8-9 ; 11,3.5b — Tyler[159] retrouve l'affirmation du déterminisme des événements et l'allégation d'arguments en faveur d'une morale basée sur le fatalisme comme dans la philosophie stoïcienne[160]. Adhérant à l'observation de Tyler, l'analyse menée par Condamin[161]

---

[157] *Ibidem,* p. 1-4 ; 11 ; 87-88 ; IDEM, « Une route qui mène à Rome... ou dans les environs (Qo 4,13-16) », J. E. AGUILAR CHIU — K. J. O'MAHONY — R. MAURICE (éd.), *Bible et Terre Sainte. Mélanges Marcel Beaudry*, New York NY, Peter Lang, 2008, p. 105-118.

[158] A. DE PURY, « Qohéleth et le canon des *Ketubim* », *RTP* 131 (1999) p. 187.

[159] T. TYLER, *Ecclesiastes*, p. 12-16.

[160] Cf. I. AB ARNIM, *S.V.F.* II, 945-951 : « Infinita series causarum » ; MARC-AURÈLE, *Εἰς ἑαυτόν* V, 8 ; J.-J. DUHOT, *La conception stoïcienne de la causalité*, Paris, 1989, p. 257.

[161] P. CONDAMIN, « Études sur l'Écclésiaste », *RB* 8 (1889) p. 493-509 ; IDEM, *RB* 9 (1900) p. 30-44, 354-377.

rapproche de Qo 6,10, la conception fataliste des événements explicitement formulée dans la pensée de Marc-Aurèle[162] (*floruit* 121-180 ap. J.-C.), un représentant, tardif il est vrai, de l'école stoïcienne. Pour sa part, Rudman[163] démontre l'influence stoïcienne sur Qo 1,15 en rapprochant ce passage de l'hymne stoïcienne de Cléanthe à Zeus[164]. Quant à Galling[165] et à Lohfink[166], ils considèrent l'image proverbiale en Qo 1,15a comme une illustration du caractère inévitable de la mort dont la compréhension échappe à l'homme. Aussi Qo 1,15a fait-il originalement référence, selon eux, au dos courbé du vieillard proche de sa mort. Les deux auteurs retrouvent dans ce passage un parallèle avec les textes de Pirqe Abot 5,21 et de Crates[167].

En Qo 1,12.16 mis en relation avec Qo 2,1-11 Stephan de Jong[168] (1994) identifie plusieurs caractéristiques psychologiques de l'hellénisme durant la *période* ptolémaïque.

En Qo 1,18, la description de la souffrance comme le passage obligé pour accéder au savoir évoque, selon Lavoie[169] (2007), l'intrinsèque rapport de nécessité logique que certains auteurs[170] grecs établissent entre παθεῖν (« souffrir ») et μαθεῖν (« savoir »).

De son côté, Jésus María Asurmendi[171] affirme que Qo 1,13-2,2 entretient des rapports étroits avec la philosophie grecque, notamment celle d'Aristotc[172].

---

[162] MARC-AURÈLE, *Εἰς ἑαυτόν* IV, 26 et V, 8.
[163] D. RUDMAN, *Determinism in the Book of Ecclesiastes*, p. 180-182.
[164] Cf. I. AB ARNIM, *S.V.F.* I, 122 ; A.-J. FESTUGIÈRE, *La Révélation d'Hermès Trismégiste II. Le Dieu cosmique*, EtB [Ancienne Série 35/2], Paris, 1949, ³1990, p. 310-332, spéc. 310-323.
[165] K. GALLING, *Der Prediger*, HAT 18, Tübingen, 1940, ²1969, p. 88.
[166] N. LOHFINK, *Kohelet*, p. 25 ; IDEM, *Qoheleth*, p. 43-49.
[167] Cf. D. L., VI, 92 ; L PAQUET (éd./trad.), *Les cyniques grecs. Fragments et témoignages*, Avant-propos de M.-O. GOULET-CAZÉ, « Les Cyniques et la falsification de la monnaie », Paris, 1992, p. 174.
[168] S. DE JONG, « Qohelet and the Ambitious Spirit of the Ptolemaic Period », *JSOT* 61 (1994) p. 92.
[169] J.-J. LAVOIE, « Activité, sagesse et finitude humaine. Étude de Qohélet 1,12-18 », *LTP* 63 (2007) p. 109.
[170] Cf. ESCHYLE, *Agamemnon*, É. Chambry (trad.), Paris, 1946, § 177, 250. Ce même rapport entre παθεῖν (« souffrir ») et μαθεῖν (« savoir ») revient en Heb 5,8.
[171] J. M. ASURMENDI, *Du non-sens. L'Ecclésiaste*, Paris, Cerf, 2012, p. 44.
[172] ARISTOTE, *Éthique à Nicomaque* I, J. TRICOT (éd./trad.), Paris, 2007, 1095b-1096a.

Qo 2,1-11 : absurdes expériences des jouissances et/ou du foisonnement des richesses

En Qo 2,3bβ, la périphrase suivante :
עד אשר־אראה אי־זה טוב לבני האדם אשר יעשו תחת השמים מספר ימי חייהם
(« jusqu'à ce que je visse ce qu'il est bon pour les fils de l'homme de faire sous les cieux, le nombre des jours de leur vie ») retrouve, selon Tyler[173] (1874) et Margoliouth[174] (1906), son prototype sous la plume d'Aristote[175]. De même, l'emploi qohélétien des expressions comme תחת השמים (« sous les cieux »), מספר ימי חייהם (« le nombre des jours de leur vie ») et לבני האדם (« pour les fils de l'homme ») reflèterait, selon eux, l'influence de l'œuvre d'Aristote[176].

Qo 2,12-23 : absurdes expériences frustrantes des activités humaines et de la sagesse — puis exhortation à la joie

Dans cette partie qui termine le deuxième chapitre du *Qohélet*, plusieurs rubriques — comme Qo 2,14-17 ; puis Qo 2,17 pris séparément ; ensuite Qo 2,17.18 et enfin Qo 2,24-26 — vont retenir notre attention. Notre jugement critique portera sur les rapprochements établis par Whitley, Schwienhorst-Schönberger et Mazzinghi au sujet de Qo 2,24-26 qui a plusieurs parallèles dans le livre.

En effet, en Qo 2,14-17 — et, parallèlement, en Qo 4,13 ; 6,8 ; 7,4 ; 7,15 ; 8,14 ; 9,1-2 ; 10,1-2 — Gammie identifie des séquences propres à l'auteur. Par contre, en Qo 2,26 ; 3,17 ; 4,5 ; 7,9 ; 8,12-13 ; 9,17-18 ; 10,12-15 ; 12,14, il trouve des gloses. Toutefois, à son avis, la claire et radicale distinction soulignée, dans tous ces passages, aussi bien entre le sage et l'insensé qu'entre le bien et le mal, trahit l'éthique stoïcienne[177].

---

[173] T. TYLER, *Ecclesiastes*, p. 8-18.
[174] D. S. MARGOLIOUTH, *Book of Ecclesiastes*, p. 32-36.
[175] ARISTOTE, *Éthique à Nicomaque* I, 7.
[176] IDEM, *Éthique à Nicomaque* II, 1100a, 1,2 ; 1101a, 15 ; 1176a, 6.
[177] Cf. J. G. GAMMIE, « Stoicism and Anti-Stoicism in Qoheleth », p. 176.

En Qo 2,17, Tyler[178] (1874) rapproche la principale raison pour laquelle le *Qohélet* affirme הבל הבלים הכל הבל (Qo 1,2) des principes découlant du panthéisme stoïcien dont Marc-Aurèle[179] (*floruit* 121-180 ap. J.-C.) — qui est l'un des représentants tardifs de l'école stoïcienne — fournit, dans plusieurs de ses œuvres, une ample explication.

En Qo 2,17.18 et, parallèlement, en Qo 7,23-29 ; 9,1-9, les considérations faites par l'auteur confirment, selon Rudman[180], l'affirmation, en Qo 3,4.8, du gouvernement exercé par Dieu dont l'être humain reste dépendant à tout point de vue. De plus, en analysant les différentes notices sur la joie en Qo 2,24-26 ; 3,12-13 ; 3,22 ; 5,17-6,2 ; 8,15 ; 9,7-9 ; 11,8-12,7, Rudman[181] montre que même si une certaine marge de liberté reste réservée à l'homme dans son expérience du plaisir, la joie demeure exclusivement un don divin.

En Qo 2,24-26 — et, parallèlement, en Qo 3,12-13 ; 3,22 ; 5,17-19 ; 7,14-16 ; 8,15 ; 9,7-10 ; 11,7-12 — les différents développements sur le thème de la joie sont, selon Whitley[182], Schwienhorst-Schönberger[183] et Mazzinghi[184], une réponse qohélétienne à l'une des questions récurrentes, notamment au IIIe siècle av. J.-C., dans la philosophie grecque. On peut la formuler comme suit : qu'est-ce que le bonheur et quels en sont l'origine et le fondement ? En d'autres termes, quelles en sont les conditions de possibilité ? Cette préoccupation grecque est implicitement annoncée dans l'interrogation, en Qo 1,3 ; 3,9 ; 5,16, introduite par מה־יתרון (« quel avantage »). Pour sa part, Whitley soutient qu'il ne fait aucun doute que, dans le *Qohélet*, la conception hédoniste du bonheur humain justifiée par la vision théologique d'un Dieu lointain et la philosophie nihiliste de la mort trahissent l'influence de l'épicurisme.

À notre avis, quel que soit le degré de perméabilité de l'*Ecclésiaste* à la culture littéraire et philosophique grecque extrêmement prégnante à l'époque hellénistique, le *Qohélet* demeure ancré dans le judaïsme et il le reste jusqu'au bout. C'est pourquoi, il ne

---

178 T. TYLER, *Ecclesiastes*, p. 10-22.
179 MARC-AURÈLE, *Εἰς ἑαυτόν* VI, 15 et X, 31.
180 D. RUDMAN, *Determinism in the Book of Ecclesiastes*, p. 126-143.
181 *Ibidem*, p. 180-182.
182 C. F. WHITLEY, *Koheleth. His Language and Thought*, Berlin, 1979, p. 165-181.
183 L. SCHWIENHORST-SCHÖNBERGER, *« Nicht im Menschen gründet das Glück » (Koh 2,24). Kohelet im Spannungsfeld jüdischer Weisheit und hellenistischer Philosophie*, HBS 2, Freiburg — Basel — Wien, 1994, p. 80-81, 246, 274-302.
184 L. MAZZINGHI, *Ho cercato e ho esplorato*, p. 406.

peut être classé dans aucune école philosophique grecque[185]. Néanmoins, acculé à sa réflexion sur l'énigme du bonheur[186], il est au courant de ce qui se pense dans les milieux de philosophie populaire à son époque.

En résumé, Qo 2,24-26 — et ses différents parallèles Qo 3,12-13 ; 3,22 ; 5,17-19 ; 7,14-16 ; 8,15 ; 9,7-10 ; 11,7-12 scandés par les paroles de bonheur — laissent entrevoir que, sans appartenir catégoriquement à aucun système constitué de la philosophie et de la littérature grecques connues à son époque, le *Qohélet* respire ''l'air du temps''.

---

[185] Cf. P.-M. F. CHANGO, *Qohélet et Chrysippe au sujet du temps*, p. 138 ; J. BARNES, « L'Ecclésiaste et le scepticisme grec », *RTP*, 131 (1999) p. 103-114.

[186] N. NERIYA-COHEN, « Rashbam's Understanding of the Carpe Diem Passages in Qoheleth », *REJ* 175 (2016) p. 27-46 ; J.-Y. LELOUP, *L'ecclesiaste (le Qohélet). La sagesse de la lucidité*, Paris, Presses du Châtelet, 2016 ; M. PROULX, *À la recherche du bonheur. Une lecture du livre de Qohélet*, Montréal, Novalis, 2015 ; T. A. PERRY, *The Book of Ecclesiastes (Qohelet) and the Path to Joyous Living*, Cambridge, Cambridge University Press, 2015 ; J. N. DOUGLAS, *A polemical Preacher of Joy. An anti-apocalyptic Genre for Qoheleth's Message of Joy*, Eugene OR, Pickwick Publications, 2014 ; S. C. JONES, « The Values and Limits of Qohelet's Sub-Celestial Economy », *VT* 64 (2014) p. 21-33 ; S. JAPHET, « Freedom of Spirit : The Legacy of Qoheleth "for the Generations". A new Look at Qoheleth's Canonization », p. 227-240 ; A. SCHOORS, « The Ambiguity of Enjoyment in Qoheleth », T. BOIY — J. BRETSCHNEIDER — A. GODDEERIS *et al.* (éd.), *The Ancient Near East, a Life ! Festschrift Karel Van Lerberghe*, OLA 220, Leuven — Paris — Walpole MA, Peeters, 2012, p. [543]-556 ; M. R. SNEED, *The Politics of Pessimism in Ecclesiastes : a Social-Science Perspective*, AIL 12, Atlanta GA, SBL Press, 2012 ; M. S. RINDGE, « Mortality and Enjoyment : the Interplay of Death and Possessions in Qohelet », *CBQ* 73 (2011) p. 265-280 ; J. R. KELLY, « Sources of Contention and the emerging Reality concerning Qohelet's Carpe Diem Advice », *Antiguo Oriente* 8 (2010) p. 117-134 ; B. PINÇON, « "Au jour de bonheur, accueille le bonheur" (Qo 7,14) : réhabilitation d'une parole de bonheur méconnue du livre de Qohélet », *RivB* 57 (2009) p. 311-325 ; P. R. ANAYA LUENGO, *El hombre, destinatario de los dones de Dios en el Qohélet*, Salamanca, Universidad Pontificia de Salamanca, 2007 ; E. P. LEE, *The Vitality of Enjoyment in Qohelet's theological Rhetoric*, BZAW 353, Berlin — New York NY, 2005 ; M. MAUSSION, *Le mal, le bien et le jugement de Dieu dans le livre de Qohélet*, OBO 190, Fribourg CH — Göttingen, 2003 ; A. NICCACCI, « Qohelet o la gioa come fatica e dono di Dio a chi lo teme », *LA* 52 (2002) p. 29-102 ; D. B. ALLENDAR — T. LONGMAN III, *Bold Purpose : Exchanging Counterfeit Happiness for the real Meaning of Life*, Wheaton IL, 1998 ; L. SCHWIENHORST-SCHÖNBERGER, *Kohelet im Spannungsfeld jüdischer Weisheit und hellenistischer Philosophie* ; A. GIANTO, « The Theme of Enjoyment in Qohelet », *Bib* 73 (1992) p. 528-532 ; R. N. WHYBRAY, « Qoheleth, Preacher of Joy », *JSOT* 23 (1982) p. 87-98.

Qo 3,1-15 : de la corrélation entre le temps et les actions/évènements à l'inscrutabilité des desseins de Dieu

Dans la présente rubrique, notre développement donnera graduellement un parcours détaillé des analyses concernant le troisième chapitre de l'ouvrage. La fragmentation dudit chapitre — par souci de clarté — nous permettra de considérer tout d'abord Qo 3,1-8 ; puis Qo 3,11bβ ; puis Qo 3,12 ; ensuite Qo 3,2-8.14-17 ; en outre Qo 3,1-15 et, au final, Qo 3,1-15.18. On émettra un jugement critique à propos de לעשות טוב mis en parallèle avec le monde grec. On fera également quelques observations concernant les similarités et les différences relevées par P.-M. F. Chango (2013) entre Qohélet et Chrysippe par rapport à la notion de temps.

En effet, en Qo 3,1-8, Pfleiderer[187] (1886) et Gammie[188](1985) découvrent que l'auteur adopte les théories de la physique d'Héraclite[189]. Pour eux, l'affirmation de l'alternance nécessaire des contraires est inhabituelle dans le contexte vétérotestamentaire et, de ce fait, Qo 3,1-8 évoque, de toute évidence, la thèse *héraclitéenne des opposés.*

En Qo 3,11 l'affirmation de l'inscrutabilité de l'œuvre de Dieu — מבלי אשר לא־ימצא האדם את־המעשה אשר־עשה האלהים מראש ועד־סוף « sans que l'homme puisse saisir ce que Dieu fait, du commencement à la fin » — est, d'après Gammie[190] (1986), le signe d'une certaine affinité entre le *Qohélet* et la pensée d'Arcesilaus (318-242 av. J.-C.), le philosophe sceptique qui s'insurgea contre la prétention des stoïciens à tout connaître[191]. Pourtant, l'influence stoïcienne en Qo 3,11a ; 7,13, reste indéniable, d'après Gammie (1986). Elle se dévoile, d'une part, dans l'évocation de l'accomplissement de chaque chose בעתו (« en son temps ») et, d'autre part, à travers l'affirmation du déter-

---

187 E. PFLEIDERER, *Die Philosophie des Heraklit von Ephesus im Lichte der Mysterienidee*, p. 2-60.

188 J. G. GAMMIE, « Stoicism and Anti-Stoicism in Qoheleth », p. 174, 176.

189 HÉRACLITE, Fragment 121 ; D. L., IX, 7-12.

190 J. G. GAMMIE, « Stoicism and Anti-Stoicism in Qoheleth », p. 174.

191 Cf. J. BARNES, « L'Ecclésiaste et le scepticisme grec », p. 103-114 ; A. A. LONG — D. N. SEDLEY — J. BRUNSCHWIG — P. PELLEGRIN, *Les philosophes hellénistiques* II, p. 88-94.

minisme exercé par Dieu qui est une appropriation de la théorie stoïcienne de la cause dominante[192].

En Qo 3,12, לעשות טוב serait employé sans aucune connotation morale et correspondrait, d'après Zirkel (1792), Kleinert (1864 et 1883), Tyler (1874), Palm (1885), König (1881), Wildeboer (1898), Siegfried (1898), Braun[193], Lohfink[194], Michaud[195] et Schoors[196], aux formules bien connues en milieu populaire grec εὖ δρᾶν (« bien agir ») et εὖ πράττειν (« bien faire »). Mais à notre avis, en Qo 3,12, il est difficile de prouver de manière apodictique[197] que לעשות טוב n'est que le fruit d'une influence des formules bien connues en milieu de philosophie populaire grecque, εὖ δρᾶν (« bien agir ») et εὖ πράττειν/εὖ πράσσειν (« être bien »). Car bien qu'en 2 M 9,19 on retrouve la formule εὖ πράττειν/εὖ πράσσειν (« être bien ») attestée dans la Bible grecque ancienne — que connaîtrait probablement Aquila le traducteur du *Qohélet* au temps d'Adrien, vers 130 ap. J.-C. — G utilise, en Qo 3,12, la lexie ποιεῖν ἀγαθόν (« faire le bien ») qui revient ailleurs dans des tournures comme : ποιήσει ἀγαθὸν (יעשה־טוב : « il fera le bien », Qo 7,20), ποιῶν χρηστότητα (« un faisant le bien, un qui fasse le bien », Ps 13,1.3) et ποιεῖ χρηστότητα (« agis bien », Ps 36,3) avec, certes, une dimension de praxis et une portée morale que n'implique pas εὖ πράττειν/εὖ πράσσειν (« être bien »). L'absence totale de quelque nuance éthique serait difficile à démontrer avec des arguments péremptoires et définitifs. Pourtant les probabilités d'une affinité avec le milieu philosophique grec ne peuvent être exclues de manière absolue.

De plus, les travaux de Dahood[198], dont nous faisons nôtres les conclusions relatives à לעשות טוב, aboutissent à l'établissement d'une source phénicienne à l'origine de cette expression.

---

[192] Cf. J. G. GAMMIE, « Stoicism and Anti-Stoicism in Qoheleth », p. 175-181, spec. 175-176, 180-181 ; D. TSEKOURAKIS, *Studies in the Terminology of Early Stoic Ethics*, Wiesbaden, 1974.

[193] R. BRAUN, *Kohelet und die frühhellenistische Popularphilosophie*, p. 47-48.

[194] N. LOHFINK, *Kohelet*, p. 20, 24, 43, 45 ; IDEM, *Qoheleth*, p. 40-42.

[195] R. MICHAUD, *Qohélet et l'hellénisme*, p. 129-130, 166-167.

[196] A. SCHOORS, *A Study of the Language of Qoheleth. Part II*, p. 37-38, 501.

[197] Cf. C.-L. SEOW, « Linguistic Evidence and the Dating of Qohelet », *JBL* 115 (1996) p. 658.

[198] M. J. DAHOOD, « Qoheleth and Northwest Semitic Philology », *Bib* 43 (1962) p. 351.

Enfin, quoique dans le *Qohélet* il s'agisse du masculin et non du féminin, à notre avis, la présence de ועשה רעה (« et il ferait un malheur ») en 2 S 12,18bβ infirme davantage l'hypothèse du grécisme. Car, bien que עשה רעה (2 S 12,18bβ) exprime le contraire de עשה טוב (Qo 3,12), l'inspiration de l'auteur pourrait venir de cette attestation vétérotestamentaire dont nous retrouvons des formulations similaires dans le reste du livre : לעשות רע (« mal faire ») en Qo 8,11 et dans le même contexte, עשה רע (« faisant le mal ») en Qo 8,12.

En Qo 3,2-8.14-17, *le catalogue des temps et saisons* développe — selon Tyler (1874), Siegfried[199], Gammie[200], Michaud[201] et Blenkinsopp[202] — la morale stoïcienne dont Diogène Laërce se fait l'écho[203]. Aussi Tyler[204] rapproche-t-il l'ensemble des passages formés par Qo 1,4-11 ; 3,2-8.14-17 des écrits de l'empereur et philosophe stoïcien Marc-Aurèle (*floruit* 121-180 ap. J.-C.). Pour Tyler, à la source d'inspiration de ces passages il y aurait eu non seulement la logique stoïcienne basée sur le caractère circulaire et répétitif des événements[205] mais aussi de la théorie stoïcienne des cycles ou des périodes de temps successifs identiquement et invariablement répétés[206]. Quant à Blenkinsopp, il avance l'idée selon laquelle Qo 3,2-8 s'apparente aux proverbes numériques. Pour lui, cette péricope est introduite, dans ce contexte, par un juif stoïcisant du IIIe siècle av. J.-C. Et tout le reste du chapitre 3 en forme un commentaire au cœur duquel Qo 3,10.11.16-18 représente une réfutation. Pour cela Blenkinsopp (1995) traduit ללדת et למות, en Qo 3,2a, comme suit : « to give birth[207] », « to put an end to one's life[208] ». Conséquemment, il soutient que Qo 3,2a prône le suicide qui, *selon les stoïciens, est une vertu morale*. Pour sa part, Plumptre[209] trouve en ce passage non seulement une référence à la maxime de

[199] C. G. SIEGFRIED, *Prediger und Hoheslied*, p. 39.
[200] J. G. GAMMIE, « Stoicism and Anti-Stoicism in Qoheleth », p. 175.
[201] R. MICHAUD, *Qohélet et l'hellénisme*, p. 150.
[202] J. BLENKINSOPP, « Ecclesiastes 3,1-15, Another Interpretation », *JSOT* 66 (1995) p. 55-64, spéc. 58-59.
[203] Cf. D. L., VII, I, 87.
[204] T. TYLER, *Ecclesiastes*, p. 11-12.
[205] Cf. MARC-AURÈLE, *Εἰς ἑαυτόν* IV, 32.
[206] Cf. MARC-AURÈLE, *Εἰς ἑαυτόν* II, 14 et IV, 33 et VI, 17 et VI, 37 et VII, 1 et IX, 28 et XII, 26 et XI, 1.
[207] *Ibidem*, p. 56.
[208] *Ibidem*, p. 57.
[209] E. H. PLUMPTRE, *Ecclesiastes*, p. 127.

Pittacus (*floruit* 640-568) καιρὸν γνῶθι, mais aussi un parallèle de DL I. 4,6. En revanche, Ranston[210] compare le passage à *Théognis* 402.

En Qo 3,1-15 Palm[211], Pfleiderer[212] et J. de Savignac[213] développent le sens spatial de עלם (Qo 3,11) qu'ils prennent pour l'équivalent de αἰών assimilé à κόσμος. De son côté, Braun[214] estime que Qo 3,1-9 trouve un parallèle chez Diogène Laërce[215] et il traduit עלם (Qo 3,11) par « Lebenszeit ». De même pour Jenni, עלם (Qo 3,11) fait penser à αἰών et il convient de le traduire par « lifetime[216] ».

Quant à P.-M. F. Chango[217], prenant ce même passage (Qo 3,1-15) pour le point de départ de son analyse poussée et très approfondie, il compare Qohélet et Chrysippe de Soles (*floruit* 232-208/4 av. J.-C.) concernant la notion de temps et dévoile tout aussi bien les points de convergence que les éléments de divergence discernables chez les deux sages.

On observe que P.-M. F. Chango se refuse à affirmer une dépendance littéraire entre le Qohélet et le philosophe de Soles. Il laisse néanmoins entrevoir que l'auteur du livre pourrait avoir été au contact avec une pensée sur le temps développée par le stoïcisme dont l'enseignement Chrysippéen est imprégné[218]. En ce qui concerne l'étude des ressemblances et des dissemblances entre le *Qohélet* et le stoïcisme, les travaux qui précèdent les investigations de P.-M. F. Chango se sont souvent limités, de manière minimaliste, à comparer le *Qohélet* aux aspects généraux du courant stoïcien. Or Chrysippe, dans ses définitions du *présent* et du αἰών a des spécificités qui le distinguent des généralités qui caractérisent les philosophes associés au

---

[210] H. RANSTON, *The Old Testament Wisdom Books and Their Teaching*, Londres, The Epworth Press, 1930, p. 252-264 ; 279-303 ; IDEM, *Ecclesiastes and the Early Greek Wisdom Literature*, London, 1925, p. 43 ; IDEM, « Koheleth and the Early Greeks », *JTS* 24 (1923) p. 160-169.

[211] A. PALM, *Qoheleth und die nacharistotelische Philosophie*, p. 55-56.

[212] E. PFLEIDERER, *Die Philosophie des Heraklit von Ephesus im Lichte der Mysterienidee*, Berlin, 1886, p. 276-280.

[213] J. DE SAVIGNAC, « La Sagesse du Qohélet et l'épopée de Gilgamesh », VT 28 (1978) p. 318.

[214] R. BRAUN, *Kohelet und die frühhellenistische Popularphilosophie*, p. 107 ; 112-114.

[215] D. L., VI, 29.

[216] E. JENNI, « Das Wort עוֹלָם im Alten Testament », *ZAW* 65 (1953) p. 24-27.

[217] P.-M. F. CHANGO, *Qohélet et Chrysippe au sujet du temps*.

[218] *Ibidem*, p. 138.

stoïcisme[219]. C'est au niveau de ces singularités Chrysippéennes[220], qui étaient non explorées avant lui, que P.-M. F. Chango détecte des parallèles avec la notion qohélétienne de temps.

En Qo 3,1-15.18 tout comme en Qo 4,13-16 ; 5,8 ; 11,8, les indices de l'influence grecque sont, selon Jean de Savignac[221] et Alain Buhlman[222], d'autant plus incontestables que ces passages sont plus intelligibles en Grec qu'en Hébreu.

Qo 3,16-22 : absurdes expériences contrastées de la vulnérabilité de l'existence

À présent, les dernières parties cruciales du troisième chapitre,

---

[219] *Ibidem*, p. 34-36, 75-78, 81-89. Cf. J.-B. GOURINAT, *Le stoïcisme*, Que sais-je ? 770, Paris, ^{3}2011 ; R. MULLER, *Les stoïciens*, Paris, 2006, p. 91 ; G. R. DHERBEY — J.-B GOURINAT (éd.), *Les stoïciens*, Paris, 2005 ; D. E. HAHM, « Diogenes Laertius VII : on the Stoics », W. HAASE (éd.), *ANRW* II, 36, 6, Berlin — New York NY, 1992, p. 4076-4182 ; F. CAUJOLLE-ZASLAWSKY, « Le style stoïcien et la ''paremphasis'' », J. BRUNSCHWIG (éd.), *Les Stoïciens et leur logique*, Paris, 1978, p. 180 ; MARC-AURÈLE, *Εἰς ἑαυτόν* V, 23 et IV, 50, 5 ; SEXTUS EMPIRICUS, *Πρὸς ματηματικούς // Adversus mathematicos* X, 218, H. MUTSCHMANN (éd.), *Sexti Empirici opera. Vol. II : Adversus dogmaticos. Libros quinque (Adv. mathem. VII-XI) continens*, Leipzig, Teubner, 1914, p. 349.

[220] J.-B. GOURINAT, « Prédiction du futur et action humaine dans le traité de Chrysippe sur le destin », G. R. DHERBEY (dir.) — J.-B. GOURINAT (éd.), *Les Stoïciens*, Paris, 2005, p. 247-277 ; CHRYSIPPE, *Oeuvre philosophique*, 2 vol., R. DUFOUR (éd./trad.), Paris, Les Belles Lettres, 2004, Fragments 4-5 ; R. GOULET, « Chrysippe de Soles », IDEM (éd.), *Dictionnaire des philosophes antiques* II, Paris, 1994, p. 329-361 ; J.-B. GOULD, *The Philosophy of Chrysippus*, Albany NY, 1970 ; P. HOFFMANN, « La définition stoïcienne du temps dans le miroir du néoplatonisme (Plotin, Jamblique) », p. 487-521 ; D. E. HAHM, *The Origins of Stoic Cosmology*, Columbus OH, 1977 ; J.-M. DUBOIS, *Le temps et l'instant selon Aristote*, Paris, 1967 ; V. GOLDSCHMIDT, *Le Système stoïcien et l'idée de temps*, p. 22, 47, 124, 139, 142-144, 152-169 ; 186-210 ; A. RIVAUD, *Histoire de la philosophie*, Tome I, Paris, 1948 ; É. BRÉHIER, *Chrysippe et l'ancien stoïcisme*, Paris, 1910, ^{2}1951 ; J. VON ARNIM (éd.), *S.V.F.* II, p. 117, ligne 20.

[221] J. DE SAVIGNAC, « La Sagesse du Qohélet et l'épopée de Gilgamesh », p. 318-319.

[222] A. BUHLMAN, « The Difficulty of Thinking in Greek and Speaking in Hebrew (Qoheleth 3,18 ; 4,13-16 ; 5,8) », *JSOT* 90 (2000) p. 101-108. Cf. A. PINKER, « Intertextuality in Qohelet 1,15 ; 3,2-8.14 ; 5,3-5a.17-18 ; 7,29 ; 11,9 ; and 12,1a », *The Polish Journal of Biblical Research*, vol. 11, N° 1-2 (21-22), (2012) p. [39]-64 ; IDEM, « On Cattle and Cowboys in Kohelet 5,9b », *ZAW* 123 (2011) p. 263-273 ; IDEM, « The Advantage of a Country in Ecclesiastes 5,8 », *JBQ* 37 (2009) p. 211-222 ; G. ALDERINI, « Qohelet 5,7-8 : note linguistiche ed esegetische », *BeO* 183 (1995) p. 13-32.

à savoir Qo 3,18-22, d'une part, et Qo 3,21, d'autre part, retiendront notre attention.

En Qo 3,18-22 et, plus loin, en Qo 5,17-19 ; 7,16-17 ; 9,5-10, Tyler[223] et Pedersen[224] retrouvent l'influence d'Épicure qui se trahit à travers l'affirmation que l'homme vient de la terre[225] et y retourne après sa mort pendant que son âme, immortelle, s'élève et se disperse[226]. De ce fait, l'*ataraxie*, le plaisir et les jouissances terrestres restent l'unique but que l'homme puisse se réserver ici-bas[227].

En Qo 3,21, Braun[228], Lohfink[229] et Michaud[230] identifient, non seulement l'influence épicurienne, mais aussi celle des théories relatives à l'αἰθήρ dont Euripide[231] se fait l'écho. De leur côté, Ginsberg[232] et Bottéro[233] repèrent, dans ce même passage, l'influence des croyances pythagoriciennes et stoïciennes du séjour post-mortem des âmes dans les airs[234]. Pour P. Grelot[235], l'auteur *y* laisse plutôt transparaître sa connaissance des conceptions panthéistes et pan-cosmiques stoïciennes suivant lesquelles la destination *post mortem* du principe vital de l'être humain est le feu céleste. Pour d'autres exégètes[236], il s'agit, en ce même verset, non pas d'une influence de la philosophie grecque, mais plutôt d'une polémique que mène l'auteur

---

[223] T. TYLER, *Ecclesiastes*, p. 21-32.
[224] J. PEDERSEN, « Scepticisme Israélite », *RHPR* 10 (1930) p. 340.
[225] Cf. HORACE, *Sat.* I, 3.
[226] Cf. LUCRECE, *De natura rerum*, III, 425-428.
[227] *Ibidem*, 19, 24 ; D. L., X, 135.
[228] R. BRAUN, *Kohelet und die frühhellenistische Popularphilosophie*, p. 105.
[229] N. LOHFINK, *Kohelet*, p. 35 ; IDEM, *Qoheleth*, p. 63-68.
[230] R. MICHAUD, *Qohélet et l'hellénisme*, p. 155-156.
[231] EURIPIDE, Fragment 971.
[232] H. L. GINSBERG, « The Quintessence of Koheleth », *Biblical and Other Studies*, Cambridge MA, 1963, p. 54-55.
[233] J. BOTTÉRO, « L'Ecclésiaste et le problème du mal », *Naissance de Dieu. La Bible et l'historien*, Paris, 1986, p. 249.
[234] Cf. PLATON, *La République*, J. BURNET (éd.), *Platonis Opera*, vol. IV, OCT, Oxford, 1902 ; PLATON, *La République*, É. CHAMBRY (éd./trad.), *Œuvres complètes de Platon*, vol. VI, VII-1 et VII-2, Collection Budé, Paris, 1933.
[235] P. GRELOT, *Dans les angoisses, l'espérance. Enquête biblique*, Paris, 1983, p. 30.
[236] Cf. R. VOELTZEL, *Selon les Écritures. Dialectique biblique*, Les Presses de Taizé en France, 1965, p. 425 ; A. MAILLOT, *Qohélet ou l'Ecclésiaste ou la Contestation*, p. 56-57, 59 ; J. ELLUL, *La raison d'être. Méditation sur l'Ecclésiaste*, Paris, 1987, p. 161-162 ; M. V. FOX, *Qohelet and his Contradictions*, LHBOTS [JSOT.SS] 71, Sheffield, 1987, [2]1989, p. 308-309 ; D. LYS, *L'Ecclésiaste*, p. 403.

contre la doctrine grecque de l'immortalité de l'âme ou contre le dualisme orphico-platonicien.

Qo 5,9-6,12 : absurdes expériences contrastées des richesses à la fois futiles et inutiles quoique sources de chagrin et d'angoisse pour l'homme, abîme d'insatisfaction existentielle

Trois points nodaux — qui se retrouvent dans ce chapitre qui est l'un des plus névralgiques du livre — vont particulièrement retenir notre attention. Ce sont : d'abord, Qo 5,15 ; ensuite Qo 5,17-19 et enfin עשה הימים (« passer les jours », litt. « faire les jours », Qo 6,12aβ) qui seront, tour à tour, observés à la lumière de leurs parallèles vétérotestamentaires. Notre avis critique portera sur la formule spécifique עשה הימים suspectée de grécisme.

En effet, en Qo 5,15 ; 7,18, Haupt[237] estime que l'auteur reproduit les traits de l'épicurisme qui déconseille de s'exposer aux châtiments en commettant l'injustice.

En Qo 5,17-19, les solutions proposées contre la « douleur » et la « peine » (מכאוב, Qo 1,18 ; 2,23) et contre le « chagrin » (כעס, Qo 1,18 ; 2,23 ; 5,16 ; 7,3.9 ; 11,10) qu'endure l'homme, s'inspirent, selon Gammie[238], des thèmes qui jalonnent les œuvres philosophiques des épicuriens. Aussi bien le contenu que le vocabulaire de ces passages trahissent l'influence de la maxime épicurienne de la recherche du plaisir avec modération[239].

Toutefois, Gammie (1986) précise que Qo 5,17-19 laisse également percevoir des éléments stoïciens que l'auteur adopte et adapte à sa manière. Il s'agit des mentions relatives, d'une part, au caractère transitoire de toutes les jouissances humaines et, d'autre part, à la permanente disposition naturelle de l'être humain toujours en quête de la joie considérée comme un don de Dieu[240].

---

[237] P. HAUPT, *Koheleth oder der Weltschmerz in der Bibel*, Leipzig, 1905, p. V.
[238] J. G. GAMMIE, « Stoicism and Anti-Stoicism in Qoheleth », p. 174.
[239] Cf. D. L., X, 130-132 ; 139-154 ; B. INWOOD — L. P. GERSON (éd./Trad.), *The Epicurus Reader : Selected Writings and Testimonia*, Indianapolis IN, Hackett Publishing Company, 1994, p. 32-36.
[240] Cf. D. L., VII, 98 ; J. G. GAMMIE, « Stoicism and Anti-Stoicism in Qoheleth », p. 177 et 180.

En Qo 6,12aβ, d'après Zirkel[241] , Grätz[242], Barton[243] et Schoors[244], ויעשם dans la périphrase ויעשם כצל (« et il les a passés comme une ombre », litt. « et il les a faits comme une ombre », Qo 6,12aβ) serait l'imitation de la locution grecque ποιεῖν χρόνον[245] qu'on retrouve aussi en latin, *facere dies*[246]. À notre avis on peut, bien entendu, admettre une pareille analogie. Mais, de cette comparaison on ne peut pas déduire la nécessité d'une dépendance génétique de la formule grecque pour le syntagme hébreu. Car la possibilité d'une pareille comparaison n'exclut pas la probabilité que l'emploi de עשה en Qo 6,12 fût inspiré de Ex 12,48, ועשה פסח (« et il célèbre la pâque », litt. « et il fait la pâque ») et de Ex 31,16, לעשות את־השבת (« pour faire le sabbat ») qui sont des formules vétérotestamentaires très anciennes, dans lesquelles on retrouve des emplois similaires, quoique juridiques, du même verbe עשה[247] (« faire »). On préfère donc, en toute rigueur, retenir simplement qu'au sujet des emplois qohélétiens de la formule עשה הימים le débat est loin d'être clos. Car « [a]lthough it is hard to prove Greek influence on this point, the higher frequency of this usage in later Hebrew and the Greek influence on Qoh in general, which is again accepted by important scholars, render it quite possible[248] ».

Qo 7,1-14 : traditionalisme, conformisme, relativisme épistémologique et inscrutabilité de l'œuvre de Dieu

En effet, en Qo 7,1-6a, trois auteurs identifient un tissu de citations provenant d'un ascète stoïco-cynique et ils estiment que ces mêmes citations sont critiquées en Qo 7,6b-10. Leurs analyses ont

---

[241] G. ZIRKEL, *Untersuchungen über den Prediger*.
[242] H. GRÄTZ, *Koheleth oder der salomonische Prediger*.
[243] G. A. BARTON, *A Critical and Exegetical Commentary on the Book of Ecclesiastes*.
[244] A. SCHOORS, *A Study of the Language of Qoheleth. Part II*, p. 78-79, 501.
[245] Cf. PLATON, *Philèbe*, J.-F. PRADEAU (trad.), GF, Paris, 2002, p. 50-55.
[246] Cf. CICÉRON, *Ad Atticum*, V, 20, J. V. LECLERC (éd./Trad.), *Œuvres de Cicéron*, Paris, 1821-1825.
[247] Cf. E. CARPENTER, « עשה », *The New Dictionary of Old Testament Theology and Exegesis* vol. III, p. 546-552.
[248] A. SCHOORS, *A Study of the Language of Qoheleth. Part II*, p. 79 ; *Ibidem*, p. 501 ; IDEM, « Qoheleth : A Book in a Changing Society », *OTE* 9 (1996) p. 68-87.

suscité plusieurs débats dont les enjeux sont divers. Il s'agit de Michel[249], Bonora[250] et Schwienhorst-Schönberger[251].

En Qo 7,14, Tyler[252], repère une inspiration de la thèse stoïcienne de la complémentarité du bien et du mal qui, conformément à l'harmonie du monde, s'accompagnent nécessairement l'un l'autre. Marc-Aurèle (*floruit* 121-180 ap. J.-C.) se fait l'écho de cette philosophie[253].

Qo 7,15-18 : un rejet de la moyenne dorée de Théognis de Mégare et un surpassement de la médiété aristotélicienne

En Qo 7,15-18, Schwienhorst-Schönberger[254] et Mazzinghi[255] détectent une singulière appropriation de la morale aristotélicienne[256].

En effet, en Qo 7,18 l'expression יצא את־כלם dans la périphrase כי־ירא אלהים יצא את־כלם (litt. « en effet, qui craint Dieu trouvera l'un et l'autre ») est étrange. Zirkel[257] en fait une imitation de la tournure courante en Grec μέσην βαδίζειν.

Mais, à notre avis, en Qo 7,18 la formule יצא את־כלם ne peut pas être l'équivalent de μέσην βαδίζειν. Car יצא — dans ladite périphrase כי־ירא אלהים יצא את־כלם — n'indique pas un mouvement physique comme βαδίζειν. Mieux encore, la traduction offerte par G emploie un vocabulaire différent : ἐξελεύσεται τὰ πάντα. En Qo 7,18 nous avons plutôt le sens couramment attribué à יצא en Hébreu

---

[249] D. MICHEL, *Untersuchungen zur Eigenart des Buches Kohelet*, BZAW 183, Berlin — New York NY, 1989, p. 136-137, 259 ; IDEM, « Zur Philosophie Kohelets. Eine Auslegung von Kohelet 7,1-10 », *Bibel und Kirche* 45 (1990) p. 24.

[250] A. BONORA, *Il libro di Qoèlet*, Roma, 1992, p. 110-111.

[251] L. SCHWIENHORST-SCHÖNBERGER, *Kohelet im Spannungsfeld jüdischer Weisheit und hellenistischer Philosophie*, p. 158, 160.

[252] T. TYLER, *Ecclesiastes*, p. 10-17.

[253] Cf. MARC-AURÈLE, *Εἰς ἑαυτόν* VI, 36.

[254] L. SCHWIENHORST-SCHÖNBERGER, *Kohelet im Spannungsfeld jüdischer Weisheit und hellenistischer Philosophie*, p. 171.

[255] L. MAZZINGHI, *Ho cercato e ho esplorato*, p. 89-91.

[256] Cf. ARISTOTE, *Éthique à Nicomaque*, II.

[257] G. ZIRKEL, *Untersuchungen über den Prediger*, p. 46-56, 149-152.

mishnique[258] : « échapper à[259] », « être acquitté », « être blanchi », « être innocenté ».

En conséquence, Qo 7,18 laisse entendre que celui qui est innocenté — par la justice et la sagesse — voit sourdre justice et sagesse en sa faveur. C'est pourquoi — à notre avis et comme cela a été démontré de manière convaincante par Schwienhorst-Schönberger[260] et Mazzinghi[261] — יצא את־כלם en Qo 7,15-18 est le signe d'une appropriation et d'un remaniement qohélétien de la morale aristotélicienne.

En définitive, la crainte[262] de Dieu en Qo 7,15-18 est illustrée à la fois comme un rejet du principe de la moyenne dorée (*aurea mediocritas*) attesté dans l'œuvre du poète gnomique élégiaque Théognis de Mégare[263] (*floruit* 540 av. J.-C.) et comme un surpassement de la médiété (μεσοτής) aristotélicienne[264]. Aussi celui

---

[258] Cf. *Berakoth* 2,1 ; *Sabbath* 1,3 ; F. DELITZSCH, *Hohelied und Koheleth*, BKAT IV, Leipzig, 1875.

[259] Cf. L. KÖHLER — W. BAUMGARTNER, *HALAT* I (Leiden 1967) p. 407.

[260] L. SCHWIENHORST-SCHÖNBERGER, *Kohelet im Spannungsfeld jüdischer Weisheit und hellenistischer Philosophie*, p. 168-169, 171 ; IDEM, « Vita Media. Koh 7,15-18 und die griechisch-hellenistische Philosophie », A. SCHOORS (éd.), *Qohelet in the Context of Wisdom*, p. 182-203.

[261] L. MAZZINGHI, *Ho cercato e ho esplorato*, p. 89-91 ; IDEM, « Qohelet tra giudaismo ed ellenismo. Un'indagine a partire da Qo 7,15-18 », p. 113-115.

[262] Cf. M. SAUR, « Ahnung, Erkenntnis und Furcht Gottes : Qohelet 3,10-15 im Kontext alttestamentlicher Anthropologien », *TZ* 73 (2017) p. [141]-155 ; T. LONGMAN III, « The "Fear of God" in the Book of Ecclesiastes », *BBR* 25 (2015) p. 13-21 ; S. WEEKS, « "Fear God and keep his Commandments" : could Qohelet have said this ? », B. U. SCHIPPER — A. D. TEETER (éd.), *Wisdom and Torah : the Reception of "Torah" in the Wisdom Literature of the Second Temple Period*, Leiden — Boston MA, Brill, 2013, p. [101]-118 ; A. PINKER, « Qohelet and his Fears », *JSem* 21 (2012) p. 269-294 ; F. PIOTTI, « Percezione del "disordine" e "timore di Dio" in Qohelet (I). Distorsione (עות) e abominio (תועבה) nei testi normativi, profetici e sapienzali », *BeO* 239 (2009) p. 3-32 ; IDEM, « Percezione del "disordine" e "timore di Dio" in Qohelet (II). Aspetti della distorsione (עות) in Qohelet », *BeO* 240-241 (2009) p. 101-131 ; IDEM, « Percezione del "disordine" e "timore di Dio" in Qohelet (III). Il credo di Qohelet tra disordine percepito e timore di Dio », *BeO* 243 (2010) p. 3-33 ; Y. LEIBOWITZ, « kohélet. ''Crains Dieu et observe ses commandements, car c'est là tout l'homme'' », IDEM, *Brèves leçons bibliques*, Paris, DDB, 1995, 276-282.

[263] THÉOGNIS, *Poèmes élégiaques*, J. Carrière (éd./trad.), Paris, Les Belles Lettres, 1975, 1,219.335.401-406 et 1,219 et 1,1179-1180 et 2,10. La maxime est reprise dans HORACE, *odes*, II, 10.

[264] Cf. ARISTOTE, *Éthique à Nicomaque*, II, 1104a, 1106ab28, 1107a8-9, 1109ab.

qui craint Dieu sera-t-il innocenté par la justice et la sagesse dont il verra le jaillissement déborder dans sa vie.

Qo 7,19-8,15 : pouvoir et rétribution

En Qo 7,27, Tyler[265] identifie le procédé aristotélicien de la méthode inductive[266].

En Qo 8,2-13 l'analyse des observations relatives au libre arbitre et à la rétribution amène Rudman[267] à réaffirmer que la nature des rapports entre l'homme et Dieu est déterminée par Dieu qui gouverne l'existence humaine. Et pour lui, cette conception du déterminisme dans le *Qohélet* est, dans le contexte vétérotestamentaire, d'une singularité qui ne s'explique que par l'influence stoïcienne perceptible dans le livre.

Qo 9,13-10,20 : force et/ou vulnérabilité de la sagesse

En Qo 10,1a, Lavoie[268] traduit זבובי מות par « mouches meurtrières ». D'après lui, « la Bible hébraïque contient de nombreux autres exemples où le mot מות est employé pour désigner ce qui est meurtrier[269] ». De plus, en Ex 8,18.20 comme dans plusieurs autres passages de l'AT c'est plutôt le vocable ערב qui est utilisé pour désigner la « mouche ». זבוב intervient seulement deux fois dans l'AT (Qo 10,1a ; Is 7,18a). Or dans *De Vita Mosis*[270] de Philon (12 av. J.-C – 54 ap. J.-C), la mouche « est également décrite à l'aide de verbes qui ont des connotations militaires[271] ». Aussi conclut-il que זבובי מות ne peut se comprendre qu'à la lumière des textes de la tradition judéo-

---

265 T. TYLER, *Ecclesiastes*, p. 7-18.
266 Cf. ARISTOTE, *Topiques*, I, X.
267 D. RUDMAN, *Determinism in the Book of Ecclesiastes*, p. 144-159.
268 J.-J. LAVOIE, « Sagesse, folie et bonheur en Qo 10,1 », *LTP* 16 (2008) p. 177-196.
269 *Ibidem*, p. 181.
270 Cf. PHILON, *De vita Mosis* I, R. ARNALDEZ — C. MONDÉSERT — J. POUILLOUX — P. SAVINEL (Trad.), OPA 22, 1967, p. 130.
271 J.-J. LAVOIE, « Sagesse, folie et bonheur en Qo 10,1 », p. 181.

hellénistique dont Philon d'Alexandrie[272] se fait l'écho dans cette description des *mouches* ou de la *mort*.

Qo 11,7-12,14 : parole de bonheur et/ou idéal pratique de la vie au regard de la vulnérabilité de l'existence humaine

En Qo 12,13, dans l'épilogue du livre, הכל — ponctuant le commencement de l'assertion lapidaire הכל נשמע (« tout est entendu ») qui est traduite par τὸ πᾶν ἀκούεται dans G — serait, selon Tyler[273], l'équivalent de τὸ καθόλου (« la loi universelle ») qui est l'un des mots-clefs de la philosophie d'Aristote.

En conclusion, on remarque que selon les auteurs qui ont été évoqués — et dont les œuvres s'étalent sur la période allant de 1784 à nos jours — plusieurs passages du *Qohélet* développent des idées qui trahissent un contact avec des courants de la littérature et de la philosophie d'origine grecque. À présent une nouvelle préoccupation s'impose : on se demande si le *style*, le *genre littéraire* et la *structure* du *Qohélet* sont également imprégnés des composantes littéraires et philosophiques du monde grec.

3. La structure et le genre littéraire du *Qohélet* appréhendés comme des indices phénoménologiques de convergences avec les vestiges littéraires et philosophiques grecs

En s'interrogeant aussi bien sur les *constructions sémantiques et argumentatives* du livre que sur sa *structure*, son *genre littéraire* et son *style*, certains auteurs découvrent de nombreux paramètres qui rapprochent le *Qohélet* et la culture grecque. Leurs enquêtes cernent et mettent en jeu non seulement les *mécanismes* — autant mémoriels que

---

[272] PHILON, *De vita Mosis*, p. 86, 130.
[273] T. TYLER, *Ecclesiastes*, p. 8-12.

culturels — d'acquisition et de restructuration cognitive[274], mais aussi les *schémas de pensées* attestés dans la littérature et dans la philosophie issues du monde grec.

Les indices d'une probable influence de la structure palindromique caractéristique du mode d'argumentation des philosophes cyniques grecs

En ce qui concerne la structure du *Qohélet*, Lohfink (1979/1997), D'Alario (1992), Backhaus (1993) et Schwienhorst-Schönberger (2004) relèvent, dans l'état actuel du texte, des affinités avec les modes de composition des œuvres littéraires grecques.

En effet, dans ses premières investigations au sujet de la structure du *Qohélet*, Lohfink[275] identifie dans le livre une structure concentrique à 9 parties. Il en déduit que le centre de toute l'œuvre est Qo 4,17-5,6. Cette péricope, d'après lui, s'intègre parfaitement à la section qui commence en Qo 3,16 et qui se termine en Qo 6,10. Elle forme une inclusion dont les limites sont déterminées par : le mot האלהים en Qo 4,17aα puis en Qo 5,6b et la forme impérative des verbes שמר (« prends garde à »), au début de Qo 4,17, ירא (« crains »), à la fin de Qo 5,6. Et comme tout dans ce passage converge vers les paroles finales de la péricope centrale, כי את־האלהים ירא (« alors, crains Dieu », Qo 5,6b), Lohfink tire la conclusion que tout dans l'ensemble du livre tourne autour de l'invitation à la crainte divine en Qo 5,6b qui est au cœur de l'œuvre. Concrètement cette structure concentrique se présente comme suit :

- Qo 1,1-3 : Encadrement
- Qo 1,4-11 : Cosmologie
- Qo 1,12-3,15 : Anthropologie
- Qo 3,16-4,16 : Sociologie I

[274] Cf. P. RICŒUR, *Philosophie de la Volonté. Le Volontaire et l'Involontaire*, Coll. Philosophie de l'Esprit, Paris, Aubier, 1949 ; J.-P. SARTRE, *L'imaginaire*, Paris, Gallimard, 1940, 2002.

[275] N. LOHFINK, « War Kohelet ein Frauenfeind ? Ein Versuch, die Logik und den Gegenstand von Koh 7,23-8,1a herauszufinden », M. GILBERT (éd.), *La Sagesse de l'Ancien Testament*, BETL 51, Gembloux-Leuven, 1979, Leuven, ²1989, p. 267-269 ; IDEM, *Qoheleth*, p. 8.

- Qo 4,17-5,6 : Religion
- Qo 5,7-6,10 : Sociologie II
- Qo 6,11-9,6 : Idéologie/déconstruction
- Qo 9,7-12,7 : Éthique
- Qo 12,8 : Encadrement

Observant de plus près cette structure, Lohfink parvient à la conviction qu'elle correspond au palindrome qui est un mode d'argumentation couramment utilisé par les philosophes cyniques. En effet, du grec πάλιν (« en arrière ») et δρόμος (« course ») le palindrome (dont le sens littéral est : *qui court en sens inverse*) est d'abord une figure de style qui est aussi appelée *palindrome de lettres*. Il s'applique à tout texte ou mot dont l'ordre des symboles (lettres, chiffres, etc.) reste invariablement le même qu'on le lise de gauche à droite ou de droite à gauche. Le plan d'un texte construit en forme de palindrome permet de souligner une argumentation centrale autour de laquelle s'articulent toutes les idées développées. Alors, dans le cas du *Qohélet*, Lohfink fait remarquer la centralité de Qo 4,17-5,6 et aussi la parfaite correspondance qu'il y a entre les parties que mettent en évidence cette structure en forme de palindrome. D'abord, les deux encadrements au début (Qo 1,1-3) et à la fin du livre (Qo 12,8) se font écho. Puis les deux parties (Qo 3,16-4,16 et Qo 5,7-6,10) qui abordent la critique sociale sont comme deux blocs de texte parallèles qui se répondent l'un à l'autre et qui encadrent parfaitement le centre de l'œuvre, à savoir la critique religieuse (Qo 4,17-5,6).

En définitive, la forme du palindrome qu'adopte la structure du livre amène Lohfink[276] à conclure qu'elle reflète l'influence des méthodes et logiques d'argumentation des philosophes cyniques. Toutefois, comme nous le verrons dans les lignes à suivre, Lohfink[277] révisera sa thèse d'une structure palindromique du *Qohélet* dont l'articulation trahit l'influence des écoles philosophiques cyniques.

---

[276] *Ibidem.*

[277] N. LOHFINK, « Das Koheletbuch : Strukturen und Struktur », L. SCHWIENHORST-SCHÖNBERGER (éd.), *Das Buch Kohelet. Studien zur Struktur, Geschichte, Rezeption und Theologie*, BZAW 254, Berlin — New York NY, 1997.

Les indices d'une probable influence de la rhétorique grecque : de la structure concentrique à 7 parties aux structures linéaires en 4 ou 2 articulations

Reprenant avec beaucoup de détails et non sans quelques modifications cette thèse d'une structure concentrique se présentant sous forme de palindrome à 9 parties, Lohfink[278] propose à nouveau deux structures qui permettent de lire le livre. La première est toujours sous forme de palindrome, mais à 7 parties :

- Qo 1,2-11 : *Exordium* (avec un poème)
- Qo 1,12-3,15 : Récit royal
- Qo 3,16-4,16 : Dimension sociale I
- Qo 4,17-5,6 : Comportement religieux
- Qo 5,7-6,9 : Dimension sociale II
- Qo 6,10-9,10 (sic) : Discussion
- Qo 8,16-12,8[279] (sic) : Directive par rapport à la vie (avec un poème)

Puis la deuxième, qui ne rejette pas la première mais plutôt l'éclaire, est linéaire. Elle s'articule comme suit :

- Qo 1,2-3,15 : *Exordium* (et *demonstratio* et même *narratio*)
- Qo 3,16-9,9 : *Explicatio*
- Qo 6,10-9,10 (sic) : *Refutatio*
- Qo 8,16-12,8[280] (sic) : *Applicatio* (et *peroratio*)

Pour finir, Lohfink montre que ces deux dernières structures ne reflètent pas moins l'influence de la littérature philosophique grecque. La deuxième qui est quadripartite suit parfaitement le modèle de la rhétorique grecque.

---

[278] *Ibidem*, p. 39-121, spéc. p. 109.
[279] *Ibidem*, p. 109-110.
[280] *Ibidem*.

De son côté, Backhaus[281] avait également proposé, quelques années avant le renouvellement de la pensée de Lohfink, une structure quadripartite qui trahit tout autant l'influence de la rhétorique grecque. Cette même structure est, plus tard, préconisée par Schwienhorst-Schönberger[282]. Elle comprend :

- Qo 1,3-3,22 : *Propositio* (contenu et condition de possibilité du bonheur humain)
- Qo 4,1-6,9 : *Explicatio* (discussion sur la compréhension humaine et historique du bonheur)
- Qo 6,10-8,17 : *Refutatio* (discussion sur les différentes déterminations du bonheur)
- Qo 9,1-12,7 : *Applicatio* (appel à la réjouissance et à l'action énergique)

Quant à D'Alario[283] elle défend l'idée d'une structure bipartite. Chacune de ces parties est déterminée par des éléments structurants qui sont caractéristiques de la rhétorique grecque. Il s'agit des interrogations dont l'usage abondant dans le *Qohélet* en marque l'originalité dans le contexte de l'AT. Ainsi, d'après D'Alario, les questions rhétoriques, dans le livre, n'interviennent pas seulement comme technique dialectique. Elles ont aussi une fonction fondamentale dans le développement des idées. Car, sur le plan argumentatif, elles déterminent deux grandes articulations logiques dans l'ensemble du livre.

La première insiste sur le thème de l'avantage que l'homme peut tirer de ses actions. Elle est construite autour de la première interrogation dominante qui revient de façon récurrente dans les six premiers chapitres du livre. Elle est attestée sous les formes suivantes :

מה־יתרון לאדם (« quel avantage pour l'homme ? », Qo 1,3) ;

מה־הוה לאדם (« que reste-t-il à l'homme ? », Qo 2,22) ;

[281] F. J. BACKHAUS, *« Denn Zeit und Zufall trifft sie alle ». Studien zur Komposition und zum Gottesbild im Buch Qohelet*, BBB 83, Frankfurt am Main, 1993, p. 318-320.
[282] L. SCHWIENHORST-SCHÖNBERGER, *Kohelet*, p. 52.
[283] V. D'ALARIO, *Il libro del Qohelet*, p. 181 ; IDEM, « Struttura e teologia del libro del Qohelet », G. BELLIA — A. PASSARO (éd.), *Il libro del Qohelet. Tradizione, redazione, teologia*, p. 260, 274.

מה־יתרון העושה באשר הוא עמל (« Quel avantage celui qui travaille retire-t-il de la peine qu'il prend ? », Qo 3,9) ;

ומה־כשרון לבעליה (« et quel avantage pour son possesseur », Qo 5,10bα) ;

ומה־יתרון לו שיעמל לרוח (« et quel avantage lui revient-il d'avoir travaillé pour du vent ? », Qo 5,15b) ;

מה־יותר לחכם מן־הכסיל (« quel avantage pour le sage comparablement à l'insensé ? », Qo 6,8a) ;

מה־לעני יודע להלך נגד החיים (« quel avantage a le malheureux qui sait se conduire en présence des vivants ? », Qo 6,8b) ;

מה־יתר לאדם (« quel avantage en revient-il à l'homme ? », Qo 6,11b).

Au total, le premier type de question rhétorique détermine une inclusion en Qo 1,3 et Qo 6,11. Dans cette section, sont accentués les développements sur les préoccupations humaines au sujet de tout avantage que l'homme peut espérer de ses œuvres ou de ses actions morales.

La deuxième subdivision logique qu'introduisent les questions rhétoriques dans l'ensemble du livre couvre alors les six derniers chapitres du livre (Qo 6,12 à Qo 12). Elle donne lieu à un développement sur les possibilités et les limites de la connaissance humaine. Aussi, les questions rhétoriques dont la formulation commence par מי־יודע (« qui sait ») reviennent-elles de manière récurrente en Qo 6,12 à Qo 12. En effet, la formule — fréquemment répétée dans le *Qohélet* — [284]מי־יודע (« qui sait ») est très peu attestée dans l'AT. En dehors du *Qohélet*, elle est ordinairement suivie d'une réponse affirmative. En revanche, dans le livre, elle suscite généralement une réponse négative. Elle souligne la démarche critique de l'auteur foncièrement caractérisée par le doute voire le scepticisme.

[284] 2 S 12,22 ; Ps 90,11 ; Pr 24,22 ; Jl 2,14 ; Jon 3,9 ; Est 4,14 ; Qo 2,19 ; 3,21 ; 6,12 ; 8,1.4.7 ; 9,1.5 ; 10,14 ; 11,5-6.

Sa fonction sémantique coïncide avec celle des formules comme אין יודע (« il n'y a point connaissance ») ou encore אין יודע האדם (« l'homme ignore », Qo 9,1bα) qui apparaissent explicitement en Qo 8,7 ; 9,1.5 ; 10,14 ; 11,5.6. En d'autres termes, la question rhétorique מי־יודע מה־טוב לאדם (« qui sait ce qui est bon pour l'homme ? », Qo 6,12a) équivaut à l'affirmation אין יודע (« personne ne sait ») ce qui est bon pour l'homme. C'est pourquoi, d'après D'Alario, à la question rhétorique, מי־יודע (Qo 6,12) qui signale le début de la deuxième grande partie font écho les formules לֹא תדע (Qo 11,5bα) puis אינך יודע (Qo 11,5aα.6bα) qui en marquent la fin.

En conclusion, appliquant au livre la méthode de l'analyse stylistique et rhétorique, D'Alario (1992) parvient à la conclusion que le *Qohélet* s'articule en deux grandes parties déterminées chacune par des formulations linguistiques qui sont caractéristiques de la rhétorique grecque. À ces éléments qui relèvent du mode d'expression de la pensée s'ajoute l'élaboration intellectuelle des idées qui reflète également l'impact de la culture grecque. Le *Qohélet*, selon D'Alario (1992), partage avec la philosophie grecque l'intérêt pour les questions au sujet de l'homme. Elles portent sur des préoccupations qui concernent la recherche du sens de la vie ou sur le contenu et la condition de possibilité du bonheur ou encore sur les problèmes liés à la conception empirico-déductive du savoir.

En définitive, en énumérant ces idées qui sont développées dans le livre, D'Alario parvient à faire observer que la rhétorique grecque, dont l'impact sur le *Qohélet* se révèle dans les articulations du livre, provient davantage des cercles de philosophes stoïciens. Car, bien que les stoïciens ne subordonnent pas la rhétorique à la dialectique philosophique comme le fait Platon[285], la rhétorique stoïcienne est la science du parler. Elle est loin d'être un art oratoire dont l'unique objectif est de parler pour plaire comme les sophistes en donnent l'exemple. À la suite de Platon[286], les stoïciens pourfendent sans réserve la rhétorique mise au service du discours utilitaire qui ne vise qu'à séduire sans rechercher principalement le vrai. Pour les stoïciens, la "science du bien parler" est autre chose qu'un ensemble de procédés : "bien parler" signifie dire le vrai[287].

---

[285] PLATON, *Phèdre* (GF ; Paris 1989) 260 c à 273 c.
[286] PLATON, *Gorgias*, Collection GF, Paris, 1993, 448 d 9 à 453 a 2.
[287] D. L., 41-48.

Toutefois, la rhétorique des stoïciens a aussi contribué à l'organisation des discours des diatribes cynico-stoïciennes. Il est alors pertinent de s'intéresser également aux investigations des exégètes qui identifient des traces de l'influence de la diatribe cynico-stoïcienne sur le livre.

Les indices d'une probable influence de la diatribe cynico-stoïcienne

Dans les lignes qui suivent, l'identification des traits fondamentaux de la διατριβή grecque nous permettra de mettre en lumière la manière dont les exégètes y font ressortir les indices d'une influence de la culture grecque sur notre livre.

Les composantes génériques du genre littéraire diatribique grec

En effet, rien, dans la littérature grecque ancienne — Otto Halbauer[288] fut le premier à l'avoir signalé — ne permet d'affirmer avec certitude que le terme διατριβή ait indiqué quelque genre littéraire précis ou ait porté un sens technique y faisant référence. Le concept διατριβή n'avait qu'un sens descriptif faisant allusion à l'activité pédagogique exercée dans les écoles philosophiques, sans que ni le contenu (éthique, rhétorique) ni la forme ou la méthode (éristique, dialectique) en soient indiquées. Tout au plus, le terme διατριβή était-il utilisé dans une acception technique, pour désigner une figure rhétorique faisant référence aux écrits qui sont issus de l'enseignement de la philosophie ou qui y sont employés. On retrouve un exemple de cet emploi spécifique du vocable chez Arrien (105-180 ap. J.-C.), l'un des disciples du stoïcien Épictète (50-130 ap. J.-C.), qui a conservé, sous le nom de *Diatribes*[289], un grand nombre de propos de son maître.

---

[288] O. HALBAUER, *De Diatribis Epicteti*, Leipzig, 1911, p. 1-7.

[289] Cf. ARRIEN, *διατριβαί*, V. COURDAVEAUX (éd.), *Les entretiens d'Epictète recueillis par Arrien*, Librairie Académique Perrin, Paris, 1908.

Toutefois les études, à la fois des enseignements, des œuvres et des fragments d'Antisthène (444-365 av J.-C.), de Diogène (413-327 av J.-C.), de Cratès (élève de Diogène au IIIe siècle av J.-C.), de Zénon (élève de Cratès au IIIe siècle av J.-C.), d'Aristo (ou Ariston) de Chios (*floruit* 250 av J.-C.), de Ménippe (*floruit* entre le IVe et le IIIe siècle av J.-C.) et plus spécialement de Bion (philosophe de la première moitié du IIIe siècle av J.-C.) et de Télès (philosophe cynique de la deuxième moitié du IIIe siècle av J.-C.), ont amené les philologues et critiques modernes, non seulement à la construction de la notion de διατριβή, mais aussi à la formulation de ses caractéristiques fondamentales. Après les pionniers — c'est-à-dire les devanciers de Halbauer qui sont, d'une part, du XIXème siècle[290] et, d'autre part, du XXème siècle[291] et dont le résultat des investigations donne l'impression qu'ils avaient affaire à une tradition littéraire unifiée — les philologues postérieurs à Halbauer, qui sont non pas seulement du XXème siècle[292] mais encore du XXIème

---

[290] Cf. U. VON WILAMOWITZ-MOELLENDORFF, *Antigonos von Karystos*, Berlin, 1881, p. 296 ; H. USENER, *Epicurea*, Berlin, 1887, p. LXIX ; E. WEBER, *De Dione Cynicorum sectatore*, Leipziger Stud. 9, Leipzig, 1887, p. 77-268 ; R. HEINZE, *De Horatio Bionis imitatore*, Bonn, 1889 ; H. V. MÜLLER, *De Teletis elocutione*, Diss., Freiburg, 1891 ; R. HEINZE, « Bio bei Philo », *Rheinisches Museum* 47 (1892) p. 219-240 ; H. WEBER, *De Senecae philosophi dicendi genere Bioneo*, Marburg, 1895 ; R. HIRZEL, *Der Dialog*, 2 vols., Leipzig, 1895 ; P. WENDLAND, *Philo und die kynisch-stoische Diatribe*, Berlin, 1895 ; E. NORDEN, *Die Antike Kunstprosa*, 2 vols, Leipzig, 1898, [4]1958, p. 129.

[291] Cf. J. SEIDEL, *Vestigia diatribae qualia reperiuntur in aliquot Plutarchi scriptis moralibus*, Vratisloviae, 1906 ; R. BULTMAN, *Der Stil der paulinischen Predigt und die kynisch-stoische Diatribe*, FRLANT, Göttingen, 1910 ; A. BONHÖFFER, *Epiktet und das Neue Testament*, Religionsgeschichtliche Versuche und Vorarbeiten 10, Giessen, 1911.

[292] Cf. O. HALBAUER, *De Diatribis Epicteti* ; H. SCHENKL, « Review of Halbauer's *Diatribis Epicteti* », *Berlín. philol. Wochens* 35 (1915) p. 45 ; T. SINKO, « O. t. zw. diatrybie cyniczno-stoickiej », Eos 21 (1916) p. 21-63, deutsche Zusammenfassung in : *Wochenschrift für Klassische Philologie* 34 (1917) p. 791-793 ; F. ÜBERWEG — K. PRAECHTER, *Grundriss der Geschichte der Philosophie*. Erster Band : *Die Philosophie des Altertums*, Berlin, 1926, p. 433 ; A. OLTRAMARE, *Les Origines de la Diatribe Romaine* ; H. THROM, *Die Thesis*, Rhet. Stud. 17, Paderborn, 1932 ; W. CAPELLE, *Epiktet, Teles und Musonius*, Zürich, 1948 ; M. P. PIWONKA, *Lucilius und Kallimachos*, Frankfurt, 1949 ; W. CAPELLE — H. I. MARROU, « Diatribe », *Reallexikon für Antike und Christentum* 3 (1957) p. 990-1009 ; E. G. SCHMIDT, « Diatribe und Satire », *Wissenschaftliche Zeitschrift der Universität Rostock* 15 (1966) p. 507-515 ; H. RAHN, *Morphologie der antiken Literatur*, Darmstadt, 1969, p. 156 ; B. P. WALLACH, *A History of the Diatribe from its Origin up to the First Century B.C. and a Study of the Influence of the Genre upon Lucretius*, Ph. D. Diss., Univ. of IL, 1974 ; H. CANCIK, *Untersuchungen zu Senecas epistulae morales*, Spudasmata 18, Hildesheim, 1976, p. 47-48.

siècle[293], se sont employés à résoudre la question de la diversité des sources qui rendent disponible la littérature diatribique grecque. Ainsi, ces derniers, pour une large part, critiquent, reformulent et peaufinent les éléments consensuels[294] attestés chez les pionniers. Au demeurant, leurs travaux nous fournissent les cinq éléments distinctifs suivants permettant de reconnaître le genre ou le sous-genre littéraire ancien d'origine grecque auquel le concept διατριβή devrait faire référence[295] :

A) *Caractéristique générale* : une leçon-conférence ou prédication. Nous en retrouvons un exemple concret dans le fragment V de Télès[296] qui est, du début à la fin, un monologue harmonieusement structuré.

B) *Forme, méthode et réalisation :*

La forme est celle d'un discours en prose (à mi-chemin entre rhétorique et discours familier) évoquant des personnages fictifs et faisant intervenir de manière sporadique des vers qui sont des ''citations'', des imitations ou des remaniements plus ou moins parodiques. Nous en avons l'exemple dans le fragment V de Télès[297] qui est un discours en prose où le personnage fictif évoqué est un sage, Crates, le philosophe de l'école cynique de Diogène Laërce, explicitement mentionné dans les premières lignes du fragment.

La méthode éristique exige l'organisation du discours argumentatif sur la base de l'existence d'un ''adversaire fictif''. Cela implique généralement un dédoublement ''théâtral'' de l'orateur qui introduit lui-même des répliques purement fonctionnelles dans le développement de ses arguments. Ainsi, par exemple, au début du fragment I de Télès[298], l'énoncé de l'opinion commune, « paraître juste vaut mieux que de l'être », fait des penseurs de cette assertion les ''adversaires fictifs'' contre lesquels l'auteur organise sa réfutation dans le reste du fragment.

---

[293] Cf. G. D. SALYER, *Vain Rhetoric : private Insight and public Debate in the Book of Ecclesiastes*, JSOT. Supp.S. 327, Sheffield, 2001 ; S. CHANGWON, *Reading Romans as a Diatribe*, Studies in Biblical Literature 59, New York NY, 2004.

[294] Cf. A. OLTRAMARE, *Les Origines de la Diatribe Romaine*, Genève — Lausanne, 1925, ²1926, p. 18-31.

[295] Cf. P. P. F. GONZALEZ, *Les diatribes de Télès*, Histoire des doctrines de l'Antiquité classique 23, Paris, Vrin, 1998, p. 44-45.

[296] Cf. E. N. O'NEIL (éd./trad.), *Telès*, Missoula Mt, 1977, p. 54-58.

[297] *Ibidem*, p. 54-58.

[298] *Ibidem*, p. 2-5.

La réalisation est généralement une improvisation ou une exécution directe devant le public. Ainsi, par exemple, dans le fragment I de Télès, les propositions relatives sont en nombre important. Elles interviennent dans des phrases toutes brèves mettant en évidence une succession de questions-réponses : cela confère au texte un style enjoué et vivant.

C) *Contenu et idéologie* : thèmes et motifs communs de la philosophie morale dite ''populaire''.

D) *But* : vulgarisation (pas de recherche ''originale'') par une action pédagogique et moralisante.

E) *L'auteur* est généralement un maître, philosophe ''populaire'', exerçant une activité plus ou moins itinérante.

En somme, à partir des investigations des philologues et des critiques modernes, on parvient à retenir cinq composantes majeures permettant de reconnaître l'œuvre littéraire grecque pouvant être dénommée diatribe. De plus on remarque que la plupart des auteurs qui mettent en évidence les traditions grecques de la diatribe considérée comme genre littéraire sont des philosophes cyniques ou stoïciens. Antisthène, Diogène, Cratès, Zénon, Aristo/Ariston de Chios, de Ménippe, Bion et Télès sont des philosophes cyniques. Par contre, Dion Chrysostome (Ie siècle ap. J.-C) ; Musonius Rufus (I – IIe siècle ap. J.-C) et Épictète (IIe siècle ap. J.-C) sont des stoïciens quoiqu'ils gardent, sur le plan éthique, de solides convictions cyniques.

Pour finir, en se basant sur ces résultats des travaux des philologues et des critiques modernes qui ont favorisé la redécouverte de la littérature diatribique grecque, les exégètes tentent de mesurer l'impact de la diatribe cynico-stoïcienne sur le *Qohélet*.

Les cinq traits formels génériques du genre littéraire diatribique grec pris comme indices d'une influence de la διατριβή cynico-stoïcienne sur le Qohélet

Tenant compte de la prédominance des traditions cyniques et stoïciennes dans les sources grecques qui ont permis la re-découverte de la diatribe grecque comme genre littéraire, Serafín de Ausejo[299], en analysant le genre littéraire du *Qohélet,* parvient à la conviction que tous ces cinq principaux traits caractéristiques de la διατριβή grecque

[299] S. DE AUSEJO, « El genero literario del eclesiastés », *Estudios Bíblicos* 7/4 (1948) p. 369-406, spéc. 402-405.

apparaissent dans le livre et y trahissent une influence de la culture grecque. À son avis, le mode de présentation des idées, sous les apparences d'une leçon-conférence, rencontre un parallèle dans le *Qohélet* où le fréquent emploi du « je » impose un ton voire un rythme à l'ensemble du livre. Ensuite, selon lui, plusieurs passages du *Qohélet*, par exemple Qo 1,1.12, évoquent ce recours aux fictions littéraires qui est l'une des caractéristiques de la forme des diatribes grecques. De plus, De Ausejo (1948), retrouve dans les contradictions du *Qohélet* une application de la méthode d'organisation des arguments dans les discours diatribiques. En outre, pour lui, la brièveté des phrases et le style allègre du *Qohélet* ne sont qu'une reproduction du caractère très alerte des exposés diatribiques qui sont généralement improvisés ou exécutés directement devant le public. En définitive, pour De Ausejo (1948), le genre littéraire de notre livre correspond, pour une large part, à une reprise des constituantes génériques des diatribes cynico-stoïciennes.

Mais, si le mérite de De Ausejo (1948) est qu'à l'appui de sa thèse, il insiste sur les similitudes profondes entre les traits spécifiques du *Qohélet* et la totalité des cinq composantes formelles permettant d'identifier la diatribe comme un genre littéraire, la faiblesse de son argumentation réside dans le fait que son analyse demeure générale voire superficielle. De Ausejo (1948) aborde avec parcimonie les rapprochements entre les fonctions des interrogations dans le *Qohélet* et dans la littérature diatribique grecque. Pourtant de toute évidence les discussions menées sous forme de questions-réponses, avec parfois des adversaires fictifs, occupent une place prédominante dans les polémiques diatribiques grecques. Alors, contrairement à la démarche adoptée par De Ausejo (1948), d'autres exégètes limitent strictement leurs études à l'observation critique de la fonction littéraire des négations et des interrogations dans notre livre et analysent minutieusement les rapports entre le *Qohélet* et les écrits diatribiques grecques.

Les négations et les interrogations pris comme indices d'une influence de la διατριβή cynico-stoïcienne sur le Qohélet

En effet, au regard des autres livres de l'AT, on remarque, dans le *Qohélet*, un usage plus fréquent des particules qui marquent la négation[300]. La particule אין y apparaît 44 fois, לא y est utilisée 62 fois et אל y intervient 19 fois. L'emploi de la négation permet d'introduire un rapport dialectique entre les idées. Ainsi, en Qo 1,7.9.11.15 ; 4,16 ; 5,1.4-5.19 ; 9,15, par exemple, les particules לא, אין et אל signalent une prise de position antithétique par rapport à la vision évolutionniste de l'histoire.

À cette traditionnelle figure de style dont les traces reviennent, par exemple, en Is 42,9 ; 43,18 ; 65,17 ; Jr 31,22 ; 31,31-34, le *Qohélet* oppose une double affirmation. Elle consiste, d'une part, en l'impossibilité d'une création de choses absolument nouvelles en ce monde et, d'autre part, en la perte constante du souvenir qu'une génération pourrait garder de celle qui l'a précédée.

De plus, en Qo 3,11 ; 4,17 ; 8,9.17 ; 9,1.5.12 ; 10,14 ; 11,2.5.6, par exemple, les mêmes particules לא, אין et אל annoncent une remise en question de l'optimisme épistémologique des sages qui jalonne les sentences en Pr 10-30. Ensuite, en Qo 1,8 ; 2,11 ; 9,11 ; 9,13-10,20, לא, אין et אל interviennent dans les formules qui soulignent la remise en cause du principe de la rétribution. Enfin, en Qo 2,24 ; 3,12.22 ; 8,15, par exemple, אין־טוב annonce une critique de la conception traditionnelle des conditions de possibilités du bonheur humain.

Au total, l'observation de la fréquence des termes d'articulation לא, אין et אל dans l'AT amène Herder[301], Miller[302], Allgeier[303], Bertram[304], Hadas[305], Eichhorn[306], Di Fonzo[307], Braun[308], De

---

[300] Cf. V. D'ALARIO, *Il libro del Qohelet*, p. 187 ; B. ISAKSSON, *Studies in the Language of Qoheleth, with Special Emphasis on the verbal System. Acta Universitatis Upsaliensis*, SSU 10, Stockholm — Uppsala, 1987, p. 174.

[301] J. G. VON HERDER, *Briefe, das Studium der Theologie betreffend*, Weimar, 1780, Lettre XI.

[302] A. MILLER, « Die Weisheit des Predigers », *Benediktin. Monatsschrift* 4 (1922) p. 113-120.

[303] A. ALLGEIER, *Das Buch des Predigers oder Koheleth*, HSAT VII/2, Bonn, 1925.

[304] G. BERTRAM, « Hebräischer und griechischer Qohelet. Ein Beitrag zur Theologie der hellenistischen Bibel », p. 26, 29. Pour ce dernier, c'est seulement le texte grec qui donne l'évidence de l'influence de la diatribe cynico-stoïcienne.

[305] M. HADAS, *Hellenistic Culture : Fusion and Diffusion*, New York NY, 1959, p. 142-144.

[306] D. M. EICHHORN, *Musings of the old Professor. The Meaning of Koheles* (sic), New York NY, 1963, p. 15-22.

[307] L. DI FONZO, *Ecclesiaste*, Torino — Roma, 1967, p. 16-26.

[308] R. BRAUN, *Kohelet und die frühhellenistische Popularphilosophie*, p. 65-66, 75, 89, 95, 122, 165-166.

Savignac[309], Lohfink[310], Gammie[311], D'Alario[312], Schwienhorst-Schönberger[313], Fischer[314], Backhaus[315] et Tábet[316] à remarquer que les mots de liaison לא, אין et אל sont, en proportion élevée, utilisés dans le *Qohélet*. Marquant explicitement la négation, ces particules לא, אין et אל introduisent, d'après ces exégètes, des passages où sont mises en discussion des idées ou des valeurs traditionnellement reçues. Quant aux questions rhétoriques, elles interviennent en Qo 1,3 ; 2,2.15.19.22 ; 3,9.21.22 ; 4,5.11 ; 5,10 ; 6,8 ; 7,13.16.17 ; 8,1.4.7 ; 10,10.14 ; 11,2. Pour nos exégètes susmentionnés, ces interrogations, dans le livre, ont une fonction littéraire semblable à celle des formules de négation. Elles sont utilisées moins pour avoir des informations que pour mettre en évidence les faiblesses argumentatives des opinions combattues dans le livre. Par exemple, מי־יודע (« qui sait »), en Qo 6,12, introduit une dispute[317] contre une opinion adverse en Qo 7,l-6a. La question rhétorique présuppose ordinairement que l'objet sur lequel elle porte soit à l'avance donné à la connaissance de l'interlocuteur. Dans le livre, cet objet coïncide souvent avec les positions de la sagesse traditionnelle. Alors, à travers la question, l'interlocuteur présumé est comme soumis à un jugement : devant se prononcer sur cet objet, il est amené à réfuter les acquis de la sagesse traditionnelle que l'auteur remet en cause. De plus, employées dans le livre comme techniques d'argumentations, les questions sont souvent associées à d'autres stratégies rhétoriques comme l'hyperbole et la parodie qui accentuent

---

309 J. DE SAVIGNAC, « La Sagesse du Qohélet et l'épopée de Gilgamesh », p. 318.

310 N. LOHFINK, *Kohelet*, p. 9-10 ; IDEM, *Qoheleth*, p. 7-9.

311 J. G. GAMMIE, « Stoicism and Anti-Stoicism in Qoheleth », p. 174, 176.

312 V. D'ALARIO, *Il libro del Qohelet*, p. 231-237 ; IDEM, « Struttura e teologia del libro del Qohelet », p. 272.

313 L. SCHWIENHORST-SCHÖNBERGER, *Kohelet im Spannungsfeld jüdischer Weisheit und hellenistischer Philosophie*, p. 158, 247 ; IDEM, *Kohelet*, p. 52.

314 A. A. FISCHER, *Skepsis oder Furcht Gottes : Studien zur Komposition und Theologie des Buches Kohelet*, BZAW 247, Berlin — New York NY, 1997, p. 54-55.

315 F. J. BACKHAUS, « Kohelet und die "Diatribe" Hermeneutische und methodologische Überlegungen zu einem noch ausstehenden Stilvergleich », *BZ* 42 (1998) p. 248-256.

316 M. TÁBET, *Introduzione alla lettura dei Libri Poetici e Sapienziali dell'Antico Testamento*, Roma, 2006, p. 198.

317 Cf. J. KIM, *Reanimating Qohelet's Contradictory Voices. Studies of Open-Ended Discourse on Wisdom in Ecclesiastes*, Biblical Interpretation Series 166, Leiden — Boston MA, Brill, 2018 ; K. R. GREENWOOD, « Debating Wisdom : the Role of Voice in Ecclesiastes », *CBQ* 74 (2012) p. 476-491.

l'ironie[318]. Cela revient dans plusieurs passages comme Qo 3,16-22 ; 4,1-3.13-16 ; 5,7-8 ; 7,1-4 ; 9,1-10, par exemple, où intervient d'une manière incisive non seulement la critique de l'autorité mais également celle du concept du bonheur.

Somme toute, pour Herder (1780), Miller (1922), Allgeier (1925), Bertram (1952), Hadas (1959), Eichhorn (1963), Di Fonzo (1967), Braun (1973), De Savignac (1978), Lohfink (1980), Gammie (1985), D'Alario (1992), Schwienhorst-Schönberger (1994), Fischer (1997), Backhaus (1998) et Tábet (2006), l'emploi répété des négations et des questions rhétoriques comme technique dialectique d'argumentation dans le livre, correspond aux traits marquants de la littérature diatribique des IIIe et IIe siècles av. J.-C. Et cela prouve d'une manière parfaite que le *Qohélet* est une reproduction adaptée des techniques littéraires des « diatribes » des prédicateurs stoïciens ou cyniques. Aussi, d'après ces exégètes, la thèse de l'influence de la diatribe cynico-stoïcienne sur plusieurs passages des 12 chapitres du livre trouve une preuve suffisante et une illustration complète dans l'analyse des expressions stéréotypées et des formes syntaxiques qui configurent le genre littéraire du *Qohélet*. En résumé, les investigations des philologues et des critiques modernes ont mis en évidence qu'en Grèce, la diatribe était généralement consacrée à la prédication morale, aux exhortations véhémentes adressées aux disciples en vue de les détourner de la vie aliénée dans la passion et pour les convertir à la sagesse. Devenue de plus en plus confinée à l'usage qu'en faisaient des philosophes stoïciens et cyniques, la diatribe embrassait la rhétorique savante, les anecdotes et les fables utilisées dans les dialogues avec des auditeurs parfois fictifs. Dès les IIIe et IIe siècles av. J.-C., elle constituait un genre littéraire complexe qui, d'une manière prépondérante, marquait la propagande des stoïciens et des cyniques. Et pour un certain nombre d'exégètes ce genre littéraire eut une influence non négligeable sur la composition du *Qohélet*. Au terme de ce chapitre qui nous a donné l'occasion de passer en revue, l'un après l'autre, tous les versets du livre où les exégètes identifient des éléments de rapprochements avec la culture grecque, une question se pose : que dire des objections opposées à la thèse des affinités entre le *Qohélet* et les données littéraires et philosophiques du monde grec ?

---

[318] Cf. S. RAMOND, « Y a-t-il de l'ironie dans le livre de Qohélet ? », *VT* 60 (2010) p. 621-640.

CHAPITRE DEUXIÈME
ÉVALUATIONS CORROBORANTES OU RÉFUTATIONS DES CONJECTURES ET DES THÉORIES SUR LES AFFINITÉS DU *QOHÉLET* AVEC LES VESTIGES LITTÉRAIRES ET PHILOSOPHIQUES GRECS

Au premier chapitre nous avons établi, de façon panoramique et non sans souci d'exhaustivité, le tableau de tous les éléments du livre qui ont déjà été, à divers égards, identifiés comme des *indices phénoménologiques* des entrecroisements littéraires, philologiques et philosophiques entre le livre et la culture grecque. Cet exposé des recherches déjà faites n'avait pas pour but de discerner la *validité* ni la *véracité* des résultats colligés, mais visait simplement à fournir un inventaire objectif et détaillé desdits résultats. C'est pourquoi — notre perspective étant d'établir, sur la période allant de 1784 à nos jours, l'histoire des études comparées du *Qohélet* et des vestiges littéraires et philosophiques grecs — notre procédé a consisté jusque-là à être le plus descriptif possible afin de fournir, avec le meilleur degré d'impartialité théoriquement concevable et raisonnablement atteignable, le fruit résultant des recherches accumulées au fil des deux derniers siècles, voire un peu plus.

Dans cette même visée et toujours par souci d'objectivité historique, notre démarche sera encore descriptive dans le présent chapitre qui, à nouveau, s'articulera autour des trois rubriques : le langage et le vocabulaire ; les idées et la pensée ; la structure et le genre littéraire.

À cet effet — engageant ici une discussion qui tienne compte des arguments avancés par les exégètes qui réfutent catégoriquement les théories élaborées au soutien de la thèse des affinités entre le *Qohélet* et les vestiges littéraires et philosophiques grecs — il s'agira de présenter *les réfutations et les critiques*[319] qui ont été alléguées au fil des deux siècles dans le souci d'une *évaluation corroborante*[320] des résultats recueillis depuis 1784 jusqu'à nos jours.

1. Réfutations ou critiques des théories sur le langage et le vocabulaire du *Qohélet* appréhendés comme des indices phénoménologiques de convergences avec les vestiges littéraires et philosophiques grecs

On observera que la plupart des *hypothèses infondées* que dévoilent les *réfutations ou critiques* qui ont été émises et que nous énumérons dans les lignes qui suivent renvoient à un flagrant constat qui s'impose : plusieurs lexies prétendument lestées de grécisme sont attestées dans les œuvres littéraires du judaïsme et dans les traditions de l'AT antérieures au *Qohélet*.

En Qo 1,1-11 — mouvements, fluctuations et perpétuel retour du même dans la nature et dans l'histoire — יתרון assimilé au Grec ?

Au sujet de יתרון en Qo 1,3, il est vrai qu'en dehors du *Qohélet*, יתרון n'est employé dans aucun autre livre en Hébreu dans l'AT. Autrement dit, les seuls emplois vétérotestamentaires de יתרון ne sont attestés que dans le *Qohélet*. Et cette originalité pourrait faire penser que יתרון est un concept importé, c'est-à-dire un néologisme d'emprunt lexical d'un mot grec.

Mais, si effectivement יתרון est strictement dérivé de la littérature gnomique grecque, on a des raisons de s'étonner que Aquila de Sinope — le traducteur du livre en Grec — n'utilise pas ὄφελον

---

[319] Cf. K. POPPER, *Conjectures et réfutations*, p. 325 et suivantes ; G. BACHELARD, *La philosophie du non*, p. 125-134.

[320] Cf. G. HOTTOIS, *Philosophies des sciences, philosophies des techniques* ; K. Popper, *La logique de la découverte scientifique*, p. 271 ; T. KUHN, *La structure des révolutions scientifiques*.

auquel renvoient Braun[321], Lohfink[322] et Michaud[323]. En toute rigueur, ὄφελον (genre neutre de ὄφελος) n'apparaît nulle part dans le texte grec du *Qohélet*.

On pourrait, bien entendu, penser que le traducteur grec Aquila — prosélyte juif du Pont et ancien disciple d'Aqiba, vers la fin du Ier siècle ou le début du second — voulait tellement revendiquer l'enracinement vétérotestamentaire du livre dont la posture critique vis-à-vis du judaïsme traditionnel est bien connue[324] qu'il préférât se garder de choisir un terme manifestement évocateur du milieu gnomique grec[325]. Mais, cette hypothèse s'infirme. Car même dans G, le terme περισσεία n'est utilisé que dans le *Qohélet*. Autrement dit, pour traduire le vocable יתרון[326], Aquila — à une époque postérieure à la traduction des LXX — choisit un terme spécifique περισσεία[327] qui, dans G, n'apparaît que dans le *Qohélet*.

Or on retrouve deux attestations de יתרון — en contexte économique et commercial — dans le texte en Araméen des papyri[328] de la nécropole memphite du Nord de Saqqâra qui datent du Ve-IVe siècle av. J.-C., c'est-à-dire de la période de l'empire Perse.

À notre avis, ces constats précités amènent à comprendre que dans l'emploi qohélétien de יתרון — dans une acception commerciale — « there is evidence from Aramaic and trans-Aramaic borrowings that the ending ון- served as a noun formant for loanwords in late BH[329] ». Il

---

[321] R. BRAUN, *Kohelet und die frühhellenistische Popularphilosophie*, p. 47-48.
[322] N. LOHFINK, *Kohelet*, p. 20, 24, 43, 45 ; IDEM, *Qoheleth*, p. 40-42.
[323] R. MICHAUD, *Qohélet et l'hellénisme*, p. 129-130, 166-167.
[324] Cf. J. VERMEYLEN, « Sagesse biblique et culture hellénistique : de Qohélet à Philon d'Alexandrie », p. 26-29 ; P.-M. F. CHANGO, *Qohélet et Chrysippe au sujet du temps*, p. 131.
[325] J. VIGNES, « Pour une gnomologie : enquête sur le succès de la littérature gnomique à la Renaissance », *Seizième Siècle* 1 (2005) p. 175-211 ; B. P. REARDON, *Courants littéraires grecs des IIe et IIIe siècles après J.-C.*, Paris, Les Belles Lettres, 1971.
[326] Qo 1,3 ; 2,11.13 ; 3,9 ; 5,8.15 ; 7,12 ; 10,10.11.
[327] Qo 1,3 ; 2,11.13 ; 3,9 ; 5,8.15 ; 6,8 ; 7,11.12 ; 10,10.11. En Qo 6,8 et en Qo 7,11 Aquila traduit la forme verbale יותר par le nom περισσεία tandis que pour les autres usages qohélétiens du verbe יותר (qui, en dehors de Qo 2,15 ; 6,11 ; 7,16 ; 12,9.12, n'apparaît que dans 1S 15,15 ; Est 6,6 pour tout le reste de l'AT) il emploie l'adjectif περισσός qu'il ne répète pas en Qo 12,12 contrairement à M où יותר est pourtant attesté.
[328] Cf. W. C. DELSMAN, *Die Datierung des Buches Qoheleth*, 2000, p. 169-174 et 175-187 ; J.-B. SEGAL, *Aramaic Texts from North Saqqâra. With some Fragments in Phoenician (Texts from Excavations 6)*, London, 1983, 19.2 ; 149.2.
[329] P. V. MANKOWSKI, *Akkadian Loanwords in Biblical Hebrew*, HSS 47, Winona Lake IN, Eisenbrauns, 2000, p. 65, n. 218.

est donc difficile — à la lumières des investigations de de Dahood[330], Seow[331], Schoors[332] et Mankowski — de soutenir la formation de יתרון à partir du Grec ὄφελον même si la terminaison morphologique des deux termes marque une *assonance* suivie d'une *allitération*.

En Qo 1,12-18 — investigations épistémologiques et expériences heuristiques du sage — הוללות suspecté de grécisme ?

En Qo 1,17 ; 2,12 ; 7,25 ; 9,3 ; 10,13, הוללות (« folie »), un mot rare dans le livre, appartient à une famille de mots construits sur les consonnes הלל[333]. On retrouve ces mêmes consonnes à la base de ויתהלל (« il se mit à divaguer ») en 1 S 21,14 ou de יהולל (« je fais divaguer ») en Is 44,25 ou de והתהללו (« elles délireront ») en Jr 25,16, ou encore de והתהללו (« et foncez en furie ») en Jr 46,9. הלל est donc bien connu dans l'AT. Ainsi, que הוללות (« folie ») soit, dans le *Qohélet*, un mot dont l'usage est exceptionnel ne saurait amener à conclure — comme l'ont fait Tyler (1874), Palm (1885) et Siegfried (1898) dont nous avions développé les points de vue plus-haut — que son usage témoigne d'une influence grecque.

En Qo 2,1-11 — absurdes expériences des jouissances et/ou du foisonnement des richesses — פרדס et היה : une appropriation des notions grecques ?

En Qo 2,5, פרדס (« parc »), qui n'est utilisé qu'une seule fois dans le *Qohélet*, est également attesté dans d'autres passages bibliques comme Ct 4,13 ; Ne 2,8 qui sont moins suspects d'hellénisme quoique

---

330 Cf. M. J. DAHOOD, « Canaanite-Phoenician Influence in Qoheleth », *Bib* 33 (1952) p. 221.

331 Cf. C.-L. SEOW, « Linguistic Evidence and the Dating of Qohelet », p. 651 ; 659-660.

332 A. SCHOORS, *A Study of the Language of Qoheleth. Part II*, p. 423-427 et 501.

333 Cf. D. F. O'KENNEDY, « הלל », *The new Dictionary of Old Testament Theology and Exegesis*, vol. II, Grand Rapis MI, 1997, p. 145-150 ; G. A. LONG, « הלל », *The new Dictionary of Old Testament Theology and Exegesis*, vol. II, p. 151-152 ; R. H. O'CONNELL, « הלל », *The new Dictionary of Old Testament Theology and Exegesis*, vol. II, p. 152-153.

leur date de composition soit probablement postexilique[334]. De plus, en Assyrien on rencontre le mot *pardis* qui lui est proche[335] et qui fait penser que le terme est d'origine persane — *pairi-daêza* (« enceinte, lieu clos »). Ces preuves nous amènent à rejeter, comme difficile à soutenir, la thèse de Zirkel (1792), qui défend — comme nous l'avons vu *supra* — l'influence grecque dans l'usage de פרדס (« parc ») dans le livre.

En Qo 2,7, le singulier de היה dans l'énoncé ובני־בית היה לי (« et j'eus leurs enfants nés dans la maison », Qo 2,7), est plutôt le résultat de la proximité du verbe היה avec le nom בית ou avec le pronom affecté à la préposition dans le syntagme לי. Ici, contrairement aux affirmations de Tyler (1874) exposées plus haut, il ne s'agit pas d'un grécisme : c'est le singulier par attraction du sujet ou du prédicat[336]. Il est également attesté en Gn 31,8 ; 47,24 ; Ex 28,7 ; 30,4.

En Qo 2,12-23 — absurdes expériences frustrantes des activités humaines et de la sagesse — אז יותר et מקרה importés du Grec ?

Au sujet de Qo 2,14 ; 3,19 ; 9,2.3, le sens de συμφορή dans la parole de Solon à Crésus[337] correspond davantage à « malchance, catastrophe, hasard, accident » et non pas à « sort, destinée » qu'évoque מקרה dans le *Qohélet*[338]. Les acceptions de συμφορή, « hasard,

---

[334] Cf. F. LANDY, *Paradoxes of Paradise : Identity and Difference in the Song of Songs*, BLS 7, Sheffield, 1983, p. 118-179 ; O. KEEL, *Das Hohelied*, ZBK 18, Zürich, 1986, ²1992, p. 134-136.

[335] Cf. E. B. MOYNIHAN, *Paradise as a Garden in Persia and Mughal India*, New York NY, 1979 ; I. CORNELIUS, « Paradise Motifs in the "Eschatology" of the Minor Prophets and the Iconography of the ANE », *JNSL* 14 (1988) p. 41-42 ; IDEM, « פרדס », *The new Dictionary of Old Testament Theology and Exegesis*, vol. III, p. 676.

[336] Cf. P. JOÜON — T. MURAOKA, *Grammar of Biblical Hebrew*, I-II, Subsidia Biblica 27, Roma, 2006, § 150c, k-l.

[337] Cf. HÉRODOTE, *Histoire* I, 32.

[338] Cf. J.-F. LANDOLT, « La colère et le repentir d'Élohim sont-ils des questions pertinentes pour le livre de Qohélet ? », J.-M. DURAND — L. MARTI — T. RÖMER (éd.), *Colères et repentirs divins*, Fribourg — Göttingen, Fribourg Academic Press — Vandenhoeck & Ruprecht, 2015, p. [271]-283 ; L. MAZZINGHI, « The divine Violence in the Book of Qoheleth », *Bib* 90 (2009) p. 545-558 ; V. D'ALARIO, « Liberté de Dieu ou destin ? Un autre dilemme dans l'interprétation du Qohelet », A. SCHOORS (éd.), *Qohelet in the Context of Wisdom*, p. 457-463.

accidents » renvoient plutôt à Rt 2,3 ; 1 S 4,9, d'une part, et à en 1 S 20,26, d'autre part, où מקרה est attesté. Pourtant en Rt 2,3 ; 1 S 4,9 ; 1 S 20,26, on ne saurait soupçonner aucun grécisme. À notre avis, il est donc insoutenable d'affirmer que l'emploi de מקרה dans le *Qohélet* a subi l'influence grecque.

En Qo 2,15, אז יותר (« davantage », Qo 2,15) ne pourrait dériver de la locution grecque ἔτι μᾶλλον. Car la particule אז, qui ne se rencontre qu'en ce passage dans le livre, revient 140 fois dans le reste de l'AT où elle n'est jamais rendue par ἔτι. Elle est généralement traduite par τότε. En Qo 2,15 la traduction grecque du *Qohélet* proche d'Aquila utilise la locution τότε περισσόν pour אז יותר.

Il est donc évident : אז signifie, « alors », « en ce cas-là ». אז ne correspond pas à ἔτι et encore moins, אז יותר[339] à ἔτι μᾶλλον. Cela nous empêche, contrairement à Zirkel[340] (1792), de retenir אז יותר comme un grécisme.

En Qo 3,1-15 — de la corrélation entre le temps et les actions/évènements à l'inscrutabilité des desseins de Dieu — יפה rapproché du Grec ?

En Qo 3,11 ; 5,17 le sens de יפה est inhabituel. Sur les 69 attestations de יפה dans l'AT, 33 interviennent pour qualifier la beauté de la femme[341]. Contrairement aux nombreux usages de יפה dans l'AT où la dimension esthétique du terme est soulignée, son emploi en Qo 3,11 ; 5,17 rejoint Gn 1 où l'œuvre du créateur est dite טוב[342]. Ce rapprochement se justifie dans la mesure où, en Qo 5,17, יפה est mis en parallèle avec טוב. Cela indique que dans le *Qohélet*, il désigne moins *ce qui est esthétiquement beau* que *ce qui est adapté, en conformité*

---

[339] Cf. D. LATOUNDJI, « יתר », *The New Dictionary of Old Testament Theology and Exegesis*, vol. II, p. 571-574.

[340] Cf. G. ZIRKEL, *Untersuchungen über den Prediger*, p. 46-56, 149-152.

[341] Cf. C. W. REINES, « Beauty in the Bible and the Talmud », *Judaism* 24 (1975) p. 100-107 ; H. RINGGREN, « יפה », *TWAT* III, Stuttgart — Berlin — Köln — Mainz, 1982, c. 788-789 ; W. C. WILLIAMS, « יפה », *The new Dictionary of Old Testament Theology and Exegesis* vol. II, p. 494-496.

[342] Cf. L. MAZZINGHI, *Ho cercato e ho esplorato*, p. 221-222 ; M. GILBERT, *Les cinq livres des sages*, Paris, 2003, p. 221-222 ; J.-J. LAVOIE, *La pensée du Qohélet*, p. 164-168.

avec sa finalité. Le contexte de Qo 5,17 dévoile davantage ce sens : *manger*, *boire* et *travailler* y sont considérés, non pas sous le rapport de ce qui est *beau*, mais plutôt de ce qui est *convenable, approprié*.

De plus, dans le résumé en Gn 1,31, le verbe ברא n'apparaît pas — c'est plutôt עשה qui est employé — et cela impose davantage le parallélisme de Gn 1,31 avec Qo 3,11a.

Enfin, en maintenant l'assimilation de l'emploi de יפה en Qo 3,11 avec les usages de καλός dans les écoles philosophiques post-platoniciennes, il est difficile, à notre avis, de soutenir que la formule טוב אשר־יפה (« une chose bonne et belle ») en Qo 5,17 est une reproduction de la locution grecque καλὸν κἀγαθόν (« beau et bon »). Car la formule καλὸν κἀγαθόν (« beau et bon ») insiste, non pas sur le parallélisme des deux termes comme en Qo 5,17, mais plutôt sur leur distinction. Et d'ailleurs, la présence du relatif אשר dans la formule en Qo 5,17 empêche toute assimilation de טוב אשר־יפה (Qo 5,17) avec καλὸν κἀγαθόν ou τὸ καλὸν φίλον ou encore ἀγαθὸν ὅτι καλόν. Or יפה est attesté deux fois dans le livre avec un sens qui demeure invariablement le même : ses deux emplois dans le livre s'éclairent l'un l'autre.

יפה dans le *Qohélet* n'est donc pas un grécisme comme l'affirment Zirkel (1792), Tyler (1874), Palm (1885), Pfleiderer (1886), Braun (1973), Lohfink (1980) et Michaud (1987) dont les arguments sont exposés plus haut. « On peut alors se demander pourquoi Qohèlèth n'emploie pas טוב ici. Une réponse possible est que c'est précisément pour éviter le sens moral qui peut être lié à טוב (cf. peut-être 7,20, en tout cas 12,4) mais jamais à יפה, de façon à ne pas tomber dans le piège de la moralisation et de la justification [...] pour éviter les associations entre de telles occasions de réussites et le bonheur que טוב (mais jamais יפה) peut exprimer (cf. 3,12 ; 2,1), de façon à ne pas confondre réussite et bonheur[343] ». En d'autres termes, en désignant l'œuvre de Dieu (Qo 3,11a) et l'œuvre humaine (Qo 5,17) l'auteur emploie יפה, tout comme טוב est utilisé comme attribut qualificatif de l'œuvre divine en Gn 1,31. Plus tard, dans le Siracide (Si 39,16.33) dont nous situons la composition entre 200 et 175 av. J.-C., la même idée exprimée en Qo 3,11a revient avec l'adjectif טוב qui est attesté en Gn 1,31.

[343] Cf. D. Lys, *L'Ecclésiaste*, p. 350.

En Qo 4,1-16 — absurdes expériences du pouvoir politique : oppressions, rivalités, égoïsmes et éphémères popularités — הילד השני *: un calque du Grec ?*

En Qo 4,15, il est certain que la tournure הילד השני (« le second jeune homme », Qo 4,15) est étrange. C'est pourquoi Podechard propose de reporter השני au v. 10[344]. De même, l'aspérité voire la complexité de la formule amène Bickell (1884) et Siegfried[345] à en supprimer השני qu'ils considèrent comme une glose. Pourtant dans les versions antiques, on n'observe nulle part l'omission de הַשֵּׁנִי[346]. À notre avis, on ne saurait considérer הילד השני comme l'équivalent de δεύτερος τοῦ βασίλεως. Car le sens de cette expression grecque n'est pas en accord avec la signification contextuelle[347] de הילד השני qui laisse entendre qu'un second jeune homme prit la place d'un premier qui succéda au roi insensé.

En Qo 5,9-6,12 — absurdes expériences contrastées des richesses à la fois futiles et inutiles quoique sources de chagrin et d'angoisse pour l'homme, abîme d'insatisfaction existentielle — אהב כסף *;* טוב אשר־יפה *;* הלך־נפש *et* מענה *: des lexies reflétant le Grec ?*

En Qo 5,9, אהב כסף (« celui qui aime l'argent ») pourrait très bien être construit sur le modèle des expressions comme :

---

[344] E. PODECHARD, *L'Ecclésiaste*, Paris, 1912, p. 333.

[345] G. BICKELL, *Der Prediger über den Wert des Daseins*, Innsbruck, 1884 ; C. G. SIEGFRIED, *Prediger und Hoheslied.*

[346] GOLDMAN, Y. A. P., *Qoheleth*, A. SCHENKER *et al.* (éd.), *Megilloth*, BHQ 18, Stuttgart, 2004, p. 35.

[347] Cf. T. ATKINSON, *Singing at the Winepress : Ecclesiastes and the Ethics of Work*, London, Bloomsbury T&T Clark, 2015 ; J. M. ASURMENDI, « Power in Qohelet and the Prophets », N. CALDUCH-BENAGES (éd.), *Wisdom for Life*, Berlin — Boston MA, De Gruyter, 2014, p. [132]-144 ; K. SCHÖPFLIN, « Political Power and Ideology in Qohelet », *BN* 161 (2014) p. 19-36 ; S. C. JONES, « The Values and Limits of Qohelet's Sub-Celestial Economy », p. 21-33 ; J. BARBOUR, *The Story of Israel in the Book of Qohelet : Ecclesiastes as cultural Memory*, OTM, Oxford, Oxford University Press, 2012.

איש מחסור אהב שמחה (« restera indigent, l'hédoniste », litt. « homme de pénurie, amateur de joie » // ἀνὴρ ἐνδεὴς ἀγαπᾷ εὐφροσύνην, Pr 21,17a),

אהב יין (« l'œnophile », litt. « amateur[348] de vin » // φιλῶν οἶνον, Pr 21,17b)

et איש־אהב חכמה (« le philosophe » // « l'homme qui aime la sagesse », litt. « l'homme aimant la sagesse » // ἀνδρὸς φιλοῦντος σοφίαν, Pr 29,3a). Et cela n'implique pas l'influence des concepts typiquement grecs φιλόπλουτος et φιλάργυρος comme le soutiennent Zirkel (1792), Braun (1973), Lohfink (1980) et Michaud (1987) dont les affirmations sont exposées plus haut. Or il est difficile de soutenir la théorie d'une influence grecque sur Pr 21,17 ; Pr 29,3 dont les dates de composition remontent à l'époque pré-hellénistique[349]. Pourtant « l'hédoniste » (φιλήδονος) et « le philosophe » (φιλόσοφος) sont bien connus dans la culture grecque[350].

En Qo 5,17, il est vrai que la particule אשר revient deux fois au début d'une phrase. Et par conséquent il est certain que dans la tournure périphrastique הנה אשר־ראיתי אני טוב אשר־יפה, le second אשר peut être compris de deux manières : comme une conjonction ou comme un pronom relatif. Le premier cas suggère la traduction : « ce que j'ai vu de bon, moi, [c'est] qu'il est beau de ». Et cela pourrait indirectement évoquer la formule coutumière ἀγαθὸν ὅτι καλόν qui est bien connue dans les milieux philosophiques grecs. Cependant, à notre avis, le

[348] Mais qui n'est pas forcément un funeste ivrogne qui, avec des allures d'imbriaque, est irrésistiblement porté au vin et irrémédiablement en permanent état d'ébriété.

[349] Nous prenons à notre actif les arguments qu'avance R. N. Whybray pour la datation de Pr 21,17 ; Pr 29,3. Cf. R. N WHYBRAY, *The Composition of the Book of Proverbs*, LHBOTS [JSOT.SS] 168, Sheffield, 1994.

[350] Cf. F. LAURENT, *Les biens pour rien en Qohélet 5,9-6,6 ou la traversée d'un contraste*, BZAW 323, Berlin, 2002 ; M. MAUSSION, *Le mal, le bien et le jugement de Dieu dans le livre de Qohélet*, p. 100 ; L. SCHWIENHORST-SCHÖNBERGER, *Kohelet im Spannungsfeld jüdischer Weisheit und hellenistischer Philosophie*, p. 142 ; C. SPICQ, *Note di Lessicografia Neotestamentaria*, Vol. II, F. L. VIERO (éd.), Brescia, Paideia Editrice, 1994, p. 728-729 ; IDEM, *Lexique théologique du Nouveau Testament*, Paris — Fribourg, Cerf — Éditions universitaires de Fribourg, 1991, p. 1588-1589, 1596-1599 ; G. STÄHLIN, « ἡδονή, φιλήδονος », G. KITTEL (éd.) — G. W. BROMILEY (éd./trad.), *Theological Dictionary of the New Testament*, Vol. II, Δ-Η, Grand Rapids MI, 1974, p. 909-926 ; O. MICHEL, « φιλοσοφία, φιλόσοφος », G. FRIEDRICH (éd.) — G. W. BROMILEY (éd./trad.), *Theological Dictionary of the New Testament*, Vol. IX, φ-Ω, Grand Rapids MI, 1974, p. 172-188 ; A. BAILLY, *Dictionnaire grec-français. À l'usage des élèves des lycées et des collèges*, Paris, Hachette, [8]1919, p. 2070a-b, 2071c, 2077c-2078a, 2079c-2080b.

second cas est mieux en harmonie, non seulement avec le contexte en Qo 5,17, mais aussi avec la reprise terminologique de יפה en Qo 3,11a. Alors, il s'avère que la traduction devra être : « j'ai vu moi ce qui est bon, ce qui est beau ». De ce fait, il devient moins probable de considérer טוב אשר־יפה (« une chose bonne et belle ») comme la reproduction de καλὸν κἀγαθόν. Car cette locution grecque correspondrait plutôt à טוב ויפה ou encore à יפה וטוב.

En Qo 5,19, מענה, dans l'énoncé האלהים מענה בשמחת לבו (« Dieu répond par la joie de son cœur », Qo 5,19b) n'est pas, à notre avis, une copie de ἀμείζεσθαι. Car מענה, en ce passage[351], trouve un parallèle en 1 R 18,24, האלהים אשר־יענה באש (« le dieu qui répondra par le feu »), où l'on ne soupçonne aucune influence grecque.

En Qo 6,9 — contrairement aux affirmations de Zirkel (1792) et de Palm (1885) exposées plus haut — la nécessité d'un recours à l'influence de la formule grecque ὁρμὴ τῆς ψυχῆς[352] ne s'impose pas. הלך dans l'expression הלך־נפש pourrait être inspiré de l'usage de ce même verbe dans les périphrases vétérotestamentaires suivantes :

ואל־לב שקוציהם ותועבותיהם לבם הלך (« Quant à ceux dont le cœur est attaché à leurs horreurs et à leurs abominations suivant les penchants de leur cœur », Ez 11,21) ;

ואחר עיני הלך לבי (« et mon cœur va suivant mes yeux », Jb 31,7).

Cela nous amène donc à écarter ici l'hypothèse d'un grécisme.

En Qo 7,1-14 — traditionalisme, conformisme, relativisme épistémologique et inscrutabilité de l'œuvre de Dieu — ראי השמש *et* ביום טובה *: des constructions à résonnance Grecque ?*

En Qo 7,11, la portée sémantique de la locution périphrastique ראי השמש (« ceux qui voient le soleil ») est éclairée par Qo 11,7 où la même expression est attestée. Or, en Qo 11,7 le parallélisme entre אור et שמש et l'emploi de שמש comme complément du verbe ראה dans la

[351] Cf. J.-F. LANDOLT, « La colère et le repentir d'Élohim sont-ils des questions pertinentes pour le livre de Qohélet ? », p. [271]-283 ; L. MAZZINGHI, « The divine Violence in the Book of Qoheleth », p. 545-558 ; V. D'ALARIO, « Liberté de Dieu ou destin ? Un autre dilemme dans l'interprétation du Qohelet », p. 457-463.

[352] Cf. MARC-AURÈLE, *Εἰς ἑαυτόν* III, 16.

tournure לראות את־השמש permet de retrouver dans l'AT des formulations[353] qui auraient pu inspirer l'auteur. Il s'agit de :

לא יראו־אור (« ils ne verront pas la lumière ») en Ps 49,20 ;

לא־ראו אור (« ils n'ont pas vu la lumière ») en Jb 3,16 ; 37,21 ;

ראו אור גדול (« ils ont vu une grande lumière ») en Is 9,1.

On ne peut donc pas, contrairement aux conclusions de Palm[354] (1885), tenir la locution ראי השמש (« ceux qui voient le soleil ») pour un grécisme.

En Qo 7,14, la formule ביום טובה (« au jour du bonheur », Qo 7,14aα) ne peut être séparée de וביום רעה (« et au jour du malheur », Qo 7,14aβ). L'effet sémantique des deux expressions est un contraste qu'il est impossible de retrouver dans la notion de εὐημερία toute seule. Aussi rejetons-nous ici toute idée d'influence grecque sur la formation de ביום טובה.

En Qo 7,19-8,1 — force et/ou vulnérabilité de la sagesse — מה־שהיה ; חשבון et אדם : une adaptation du Grec ?

En Qo 7,24, l'expression מה־שהיה ne renvoie pas à *l'essence des choses*. Elle correspond plutôt à *l'œuvre de Dieu*, à *ce qui se fait sous le soleil*. À notre avis, le parallélisme que Kleinert (1864 et 1883) établit entre Qo 7,24 et Qo 8,17 souligne cette acception de מה־שהיה en ces deux attestions (Qo 7,24 et Qo 8,17). C'est pourquoi on ne saurait retenir que מה־שהיה est l'équivalent de τὸ τί ἐστίν des philosophes grecs.

En Qo 7,25.27 ; 9,10 au sujet de חשבון, il convient, à notre avis, d'observer avec Schoors[355] et Mankowski que dans la formation morphologique des mots dont la terminaison est en ון — comme חשבון ; יתרון et חסרון par exemple — « there is evidence from Aramaic and

[353] Cf. A. BERLEJUNG — P. VAN HECKE (éd.), *The Language of Qohelet in Its Context. Essays in Honour of Prof. A. Schoors on the Occasion of his Seventieth Birthday*, OLA 164, Leuven — Paris — Dudley MA, Peeters, 2007.
[354] Cf. A. PALM, *Qoheleth und die nacharistotelische Philosophie*, p. 55-70.
[355] A. SCHOORS, *A Study of the Language of Qoheleth. Part II*, p. 460-461.

trans-Aramaic borrowings that the ending ון- served as a noun formant for loanwords in late BH[356] ».

En Qo 7,28, il est vrai que אדם (« homme ») est employé par opposition à אשה (« femme »). Cela ressemble, bien entendu, à quelques emplois de ἄνθρωπος (« homme »). Car l'accent peut être mis, non pas sur le sens générique du terme (אדם ou ἄνθρωπος : « homme/être humain »), mais plutôt sur sa spécificité (אדם ou ἄνθρωπος : « homme/être masculin ») vis-à-vis de γυνή (« femme »)[357].

Cependant — contrairement aux affirmations de Zirkel (1792), de Grätz (1871) et de Palm (1885) que nous avons exposés plus haut — ce rapport de similitude entre les termes — d'une part, אדם/ἄνθρωπος et, d'autre part, אשה/γυνή — n'implique aucune influence du grec sur le choix de אדם dans ce contexte. Car en Gn 2,22.23.25 ; 3,8.12.17.20.21, אדם est utilisé par opposition à אשה sans que l'on y soupçonne quelque influence grecque.

Nous rejetons donc l'hypothèse d'une influence grecque dans l'emploi qohélétien de אדם (Qo 7,28).

En Qo 8,2-15 — pouvoir et rétribution — פתגם : une copie du Grec ?

En Qo 8,11, contrairement aux conclusions Zirkel (1792) et de Palm (1885) exposées plus haut, nous retenons que פתגם (« sentence ») est un terme d'origine persane : *patigama* (« arriver ») qui vient de *patigam*/*paigâm* (« arrêté, sentence, édit, décret »)[358]. À ce sujet, nous faisons nôtres les observations de Cameron[359] sur les études étymologiques et morphologiques de פתגם (« sentence »).

---

[356] P. V. MANKOWSKI, *Akkadian Loanwords in Biblical Hebrew*, p. 65, n. 218.

[357] Cf. V. D'ALARIO, « Between Misogyny and Valorization : Perspectives on Women in Qoheleth », C. M. MAIER — N. CALDUCH-BENAGES (éd.), *The Writings and later Wisdom Books*, Atlanta GA, 2014, p. 93-107 ; A. PINKER, « Qohelet's Views on Women — Misogyny or standard Perceptions ? An Analysis of Qohelet 7,23-29 and 9,9 », *SJOT* 26 (2012) p. 157-191.

[358] Cf. E. NICOLE, « פתגם », *The New Dictionary of Old Testament Theology and Exegesis* vol. III, p.714.

[359] Cf. G. G. CAMERON, « Persepolis Treasury Tablets Old and New », *JNES* 17 (1958) p. 169 ; G. G. CAMERON — I. GERSHEVITCH, « New Tablets from the Persepolis Treasury », *JNES* 24 (1965) p. 167-192.

En Qo 11,1-7 — mise en garde contre l'abus de la prudence et exhortation à la bienfaisance et à l'abnégation dans l'activité — שלח לחמך על־פני המים et המלאה : des formules dérivées du Grec ?

En Qo 11,1, la correspondance entre les tournures périphrastiques שלח לחמך על־פני המים (« jette ton pain sur la face des eaux ») et σπείρειν εἰς τό ὕδωρ, σπείρειν πόντον (« ensemencer l'eau, semer dans la mer ») n'arrache pas la conviction. Car le terme σπείρειν (« ensemencer ») n'est pas l'équivalent de שלח (« jette »).

En Qo 11,5, il est certain que בבטן המלאה donne lieu à une forme syntaxique inhabituelle dans l'AT : un nom à l'état construit avec un adjectif[360]. Ici, המלאה signifie « la femme enceinte, celle qui est pleine ». Cette traduction est en accord avec le Grec, la Vulgate et la Peshitha[361]. Avec ce sens המלאה est un *hapax* dans les livres vétérotestamentaires en Hébreu. Pourtant, la traduction offerte par G (ἐν γαστρὶ τῆς κυοφορούσης) ne reproduit pas la formule grecque πληροῦν τὰ θηλέα[362]. De même, המלאה est attesté avec une acception identique dans la littérature mishnique où ces formes grammaticales — d'état construit d'un nom indéterminé sur un adjectif déterminé — sont fréquentes[363]. Le même mot est également attesté dans les textes de Qumran[364]. On retrouve aussi chez Ovide le terme « *plena*[365] », avec une signification semblable. Et pour finir, dans la formule assyrienne *ilu* *Istar kima maliti* le lexème *Istar*, compte tenu de la construction grammaticale, prend un sens nominal et évoque *la femme enceinte*[366].

---

[360] P. JOÜON — T. MURAOKA, *A Grammar of Biblical Hebrew*, § 138 c.

[361] D. BARTHÉLEMY, *Critique textuelle de l'Ancien Testament Tome 5*, Fribourg — Göttingen, Academic Press — Vandenhoeck & Ruprecht, 2015 ; V. D'ALARIO, « Between Misogyny and Valorization : Perspectives on Women in Qoheleth », p. 93-107 ; J. CORLEY, « Qoheleth and Sirach : a Comparison », N. CALDUCH-BENAGES (éd.), *Wisdom for Life*, Berlin — Boston MA, De Gruyter, 2014, p. [145]-155.

[362] ARISTOTE, *Περὶ τὰ ζῷα ἱστορίαι*, P. LOUIS (Trad./Éd.), *Histoire des animaux* T. II : Livres V-VII, Collection Budé, Paris, 1964, V, 5.

[363] Cf. *Yebamoth*, XVI, 1 ; *Aboth* I,11 ; *Hullin* IV,7 ; M. H. SEGAL, *A Grammar of Mishnaic Hebrew*, Oxford, 1927, § 376 ; IDEM, *Dikduk leshon hamishnah*, Tel-Aviv, 1936, § LXXXVI,1,2.

[364] E. QIMRON, *Hebrew of the Dead Sea Scrolls*, HSS 29, Atlanta, 1986, p. 92.

[365] OVIDE, *Métamorphoses*, XI, 469 ; X, 265, 465.

[366] P. HAUPT, *Das babplonisehe Nimrod-Epos*, 2 vols., Leipzig, 1884-1891, p. 139, ligne 117.

L'argument décisif en faveur duquel nous inclinons à rejeter l'influence de πληροῦν τὰ θηλέα sur la formation de המלאה réside donc dans le parallèle que nous fournissent les vestiges de la littérature assyrienne.

En Qo 11,7-12,14 — parole de bonheur et/ou idéal pratique de la vie au regard de la vulnérabilité de l'existence humaine — הכל : une imitation du Grec ?

En Qo 12,13a, הכל, à notre avis, réfère tout simplement au livre du *Qohélet* dont le lecteur est en train de finir la lecture. De même, הכל en Qo 12,13a pourrait se rapporter aux nombreux livres évoqués en Qo 12,12bα : עשות ספרים הרבה אין קץ (« à multiplier les livres, il n'y a pas de limites »). De ce fait, la périphrase כי־זה כל־האדם en Qo 12,13bβ ne fait qu'offrir, au terme du livre, une synthèse à connotation anthropologique[367]. Cette double exégèse — de Qo 12,13a et de Qo 12,13bβ — est en accord non seulement avec M mais aussi avec G (τέλος λόγου τὸ πᾶν ἀκούεται, Qo 12,13a ; ὅτι τοῦτο πᾶς ὁ ἄνθρωπος, Qo 12,13bβ) et V (*finem loquendi omnes pariter audiamus*, Qo 12,13a ; *hoc est enim omnis homo*, Qo 12,13bβ)[368], contrairement aux interprétations proposées par Tyler (1874) et Palm (1885).

Au terme de ce parcours, il s'avère que plusieurs vocables et locutions que certains exégètes ont tenu pour importés littéralement du milieu grec — ou formés à partir de la culture grecque — ne le sont pas en réalité. De plus, les arguments avancés par les exégètes qui y détectent des emprunts au monde grec ne sont pas toujours probants. À présent toutefois, puisque les mots expriment les idées, qu'en est-il du

---

[367] L. MAZZINGHI, *Ho cercato e ho esplorato*, p. 344.

[368] Cf. D. BARTHÉLEMY, *Critique textuelle de l'Ancien Testament Tome 5* ; J. COOK — H.-J. STIPP (éd.), *Text-critical and Hermeneutical Studies in the Septuagint*, Leiden — Boston MA, Brill, 2012 ; P. S. ALEXANDER, « Profile Targum Qohelet », *Aramaic Studies* 9 (2011) p. 101-114 ; IDEM, « "Translation and Midrash completely fused together" ? The Form of the Targums to Canticles, Lamentations and Qohelet », *Aramaic Studies* 9 (2011) p. 83-99 ; P. V. M. FLESHER, « The Wisdom of the Sages : Rabbinic Rewriting of Qohelet », E. M. MEYERS — P. V. M. FLESHER (éd.), *Aramaic in postbiblical Judaism and early Christianity*, Winona Lake IN, Eisenbrauns, 2010, p. 269-279 ; F. VATTIONI, *Ecclesiastico : Testo ebraico con apparato critico e versioni greca, latina e siriaca*, Pubblicazioni del Seminario di Semitistica — Testi 1, Napoli, Istituto Universitario Orientale, 1968.

contenu thématique, c'est-à-dire des modes de pensée du livre soupçonnés d'affinité avec les écoles philosophiques grecques ?

2. Réfutations ou critiques des théories sur les idées et la pensée du *Qohélet* suspectées d'indices phénoménologiques d'entrecroisements avec les vestiges littéraires et philosophiques grecs

À ce niveau de notre développement, une précision méthodologique s'impose. Il convient de reconnaître avant tout que maintes études ont été faites qui soulignent, à divers niveaux, des rapprochements possibles entre certains passages du livre et les littératures égyptiennes[369], mésopotamiennes[370], voire thaïlandaises[371].

Cependant — comme nos investigations ici n'ont pas pour objet central l'histoire des études comparées du *Qohélet* et de ces littératures (égyptiennes, mésopotamiennes, thaïlandaises et autres), mais se cristallisent strictement autour des *analyses comparatives confrontant le livre et le monde grec* — nous n'intégrons à notre développement que les *réfutations explicites* dont les argumentations exploitent certains aspects des études comparées du livre et de ces cultures (égyptiennes, mésopotamiennes, thaïlandaises et autres) extérieurs au monde grec.

En effet, plusieurs objections ont été émises contre les différentes théories qui préconisent l'existence de preuves valides d'influences directes ou indirectes, totales ou partielles, marginales ou

---

[369] B. GEMSER, « The Instruction of Onchseshonqy abnd Biblical Wisdom Literature », *VT Sup.* 7 (1960) p. 102-128 ; A. BARUCQ, *Ecclésiaste*, Paris, 1968, p. 48.

[370] A. SHAFFER, « L'arrière-plan mésopotamien de Qo 4,9-12 », *Eretz-Israel* 8 (1967) p. 246-250 ; IDEM, « Nouvelle information sur l'origine de "fil triple" », *Eretz-Israel* 9 (1969) p. 159-160.

[371] E. J. DILLON, *The Sceptics of the Old Testament*, London, 1895, p. 242-254 ; E. HORTON, « Koheleth's Conception of Opposites as compared to Samples greek Philosophy and Near and Far Aester Wisdom Classics », *Numen* 19 (1972) p. 7-8, 15-16 ; S. LORGUNPAI, « The Book of Ecclesiastes and Thai Buddhism », *Asia Journal of Theological Reflection* 8, 1 (1994) p. 155-162 ; S. LORGUNPAI, *World Lover, World Leaver. The Book of Ecclesiastes and Thai Buddhism*, Ph. D. Diss., University of Edinburgh, 1995.

centrales, accessoires ou décisives de la philosophie grecque sur les idées et sur la pensée et même sur l'imaginaire conceptuel du *Qohélet*.

Sur ce chantier, c'est-à-dire dans ce domaine de recherches, on observe que, reprenant les passages précités et dans lesquels ont été recensés des traits d'affinités entre la pensée du *Qohélet* et le monde grec, en l'occurrence Qo 1,11 ; 2,3.10.18-19.24.26 ; 3,12-13.19-21 ; 5,14-19 ; 7,14.16 ; 8,15 ; 9,4-11 ; 11,7-10, Grimme[372], Humbert[373], Loretz[374], Jones[375], Pahk[376] et Fischer[377] infirment les rapprochements établis avec la culture philosophique grecque.

Selon ces auteurs, au sujet de ces passages, les éléments les plus plausibles de proximités généalogiques qui puissent effectivement être démontrées ne pourraient se retrouver que dans les littératures égyptiennes et mésopotamiennes. Ceci montre que ces auteurs s'appuient sur la communauté de rationalité identifiable entre lesdits passages et les littératures égyptiennes et mésopotamiennes pour infirmer toutes éventualités d'entrecroisements généalogiques littéraires et philosophiques entre ces versets et les produits de la culture grecque.

Ceci dit, dans notre présentation — qui suit l'ordre chronologique des publications de ces auteurs — nous n'indiquerons que leurs travaux qui, en relevant des parallèles entre le *Qohélet* et d'autres cultures, contestent radicalement l'impact grec sur le contenu thématique du livre.

---

372 H. GRIMME, « Babel und Kohelet-Jojakim », *OLZ* 8 (1905) p. 432-438.

373 P. HUMBERT, *Recherches sur les sources égyptiennes de la littérature sapientiale d'Israël*, Neuchâtel, 1929, p. 107-124.

374 O. LORETZ, *Qohelet und der Alte Orient*, p. 47, 56, 89 ; IDEM, « Altorientalische Und Kanaanäische Topoi Im Buche Kohelet », *UF* 12 (1980) p. 267-278.

375 B. W. JONES, « From Gilgamesh to Qoheleth », W. W. HALLO — B. W. JONES — G. L. MATTINGLEY (éd.), *The Bible in the Light of Cuneiform Literature : Scripture in Context III*, Lewiston NY, 1990, p. 349-379.

376 J. Y. S. PAHK, *Il canto della gioia in Dio : l'itinerario sapienziale espresso dall'unità letteraria in Qohelet 8,16-9,10 e il parallelo di Gilgameš Me. iii*, Istituto universitario orientale, Dipartimento di Studi Asiatici, Series Minor 52, Napoli, 1996, p. 4, 53-71, 274 ; IDEM, « Qohelet e le tradizini sapienziali del Vicino Oriente Antico », G. BELLIA – A. PASSARO (éd.), *IL libro del Qohelet. Tradizione, redazione, teologia*, p. 141-142.

377 S. FISCHER, *Die Aufforderung zur Lebensfreude im Buch Kohelet und seine Rezeption der ägyptischen Harfnerlieder*, Frankfurt a.M., 1999, p. 113-227.

Hubert Grimme

Ainsi, Grimme (1905) compare le livre à l'épopée de Gilgamesh[378] et parvient à une double conclusion. La première est que la rédaction de Qo 9,7-9 en dépend. Puis la seconde argue qu'exilé à Babylone, le roi Joiakîn aurait composé le livre après avoir pris connaissance de l'épopée[379]. Toutefois, ces résultats auxquels aboutit Grimme (1905) n'ont pas été adoptés par Humbert (1929) quoique ce dernier réfléchisse aussi sur Qo 9,7-9.

Paul Humbert

D'après Humbert (1929), les appels à la joie en Qo 2,24 ; 3,12-13 ; 5,17 ; 9,7-10 ; 11,7-10 viennent de sources égyptiennes. Il s'agit, d'une part, de l'inscription tombale :

> *buvez, enivrez-vous, ne cessez pas de faire la fête. Suivez (les inspirations) de vos cœurs dans le temps que (vous êtes) sur la terre... Quand un homme s'en va, ses biens s'en vont*[380]...

et, d'autre part, du chant profane et hérétique de harpistes égyptiens :

> *nul ne revient de là-bas pour nous dire comment ils vont (...) sois donc heureux... Suis tes désirs aussi longtemps que tu vivras. Mets des parfums sur ta tête ; pare-toi de fin lin et oins-toi avec ce qu'il y a de plus précieux (...). Fais donc de chaque jour une fête, ne t'en lasse pas ! Voici, nul ne peut emporter ses biens avec soi. Voici, nul de ceux qui sont partis ne revient*[381] *!*

---

[378] Cf. N. SAMET, « The Gilgamesh Epic and the Book of Qohelet : a new Look », *Bib* 96 (2015) p. [375]-390 ; E. A. SPEISER (trad.), « The Epic of Gilgamesh », Tablet X, iii, J. B. PRITCHARD (éd.), *ANET*, Princeton NJ, 1950, ^{2}1955, 90a.

[379] H. GRIMME, « Babel und Kohelet-Jojakim », p. 432-438.

[380] « Inscription du tombeau de Pétosiris », cf. P. HUMBERT, *Recherches sur les sources égyptiennes de la littérature sapientiale d'Israël*, p. 111.

[381] « Chant du harpiste », cf. P. HUMBERT, *Recherches sur les sources égyptiennes de la littérature sapientiale d'Israël*, p. 111.

Oswald Loretz

Quant à Loretz[382] (1964), poursuivant les travaux de Grimme (1905), il affirme qu'on ne peut comprendre le livre qu'à la lumière de l'épopée de Gilgamesh[383]. Aussi la grande similitude des textes justifie-t-elle la dépendance littéraire de Qo 9,7-10 par rapport à la dixième tablette de l'épopée. De plus d'après Loretz (1964), qui est suivi plus tard sur ce même aspect par Jean de Savignac[384] (1978), le thème central du livre — הבל הבלים הכל הבל — est d'inspiration mésopotamienne. Le point de départ des analyses de Loretz (1964) sera également celui de Jones (1990) : Qo 9,7-10.

Bruce William Jones

Pour Jones (1990), Qo 9,7-10 est visiblement redevable à la dixième tablette de l'épopée. Car les deux textes partagent plusieurs points communs : la terminologie, l'ordre des propositions, les développements sur le thème de la mort. De plus, les deux textes accordent un long développement au thème du travail vu comme source de frustrations ; ils abordent avec parcimonie les questions religieuses, rituelles et cultuelles ; ils proposent le bonheur comme antidote à la mort qui est inéluctable et qui sème le désespoir ; leurs héros déplorent la mort et cherchent un sens à la vie et par conséquent ils font l'expérience insatisfaisante d'une vie hédoniste[385]. Toutefois, allant plus loin, Pahk (1996/2001) élargit le passage du *Qohélet* sur lequel Jones (1990) concentre ses analyses.

Johan Yeong Sik Pahk

D'après Pahk (1996/2001), les similitudes entre Qo 8,16-9,10 et l'épopée de Gilgamesh[386] sont au niveau de la thématique puis de l'argumentation structurale ; bref, au niveau des formes littéraires et

[382] O. LORETZ, *Qohelet und der Alte Orient*, p. 116-122.
[383] Cf. N. SAMET, « The Gilgamesh Epic and the Book of Qohelet : a new Look », p. [375]-390 ; E. A. SPEISER (trad.), « The Epic of Gilgamesh », Tablet X, iii, *ANET*, 90a.
[384] J. DE SAVIGNAC, « La Sagesse du Qohélet et l'épopée de Gilgamesh », p. 319-320.
[385] B. W. JONES, « From Gilgamesh to Qoheleth », p. 350, 363-365, 370-372.
[386] Cf. N. SAMET, « The Gilgamesh Epic and the Book of Qohelet : a new Look », p. [375]-390.

stylistiques. Ainsi les thèmes communs se rapportent à l'inéluctable mortalité humaine ; à l'angoisse liée au travail que l'homme abat toujours sans jamais savoir qui sera son successeur ; à la transcendance divine suivant laquelle le ou les dieux sont au ciel tandis que les êtres humains sont sur terre ; enfin au héros des deux textes qui est présenté, dans un cas comme dans l'autre, sous les traits d'un roi-bâtisseur et d'un sage dont la réflexion porte sur le sens de la vie, de la mort et de la finitude humaine.

Considérant ensuite Qo 4,5-6.12, Pahk (1996/2001) en fait l'objet d'un rapprochement avec quelques passages de l'épopée de Gilgamesh[387]. Aussi parvient-il à la conclusion que le proverbe en Qo 4,12b, והחוט המשלש לא במהרה ינתק (« et le fil triple ne rompt pas vite »), évoquant l'avantage que les êtres humains ont à ne pas être seuls, n'est attesté, dans toute la littérature du Proche Orient, nulle part ailleurs en dehors de ces trois textes. Au demeurant, toutes ces illustrations consolident sa thèse selon laquelle l'épopée de Gilgamesh constitue une source du *Qohélet*. Car, soutient-il, plusieurs versions du texte cunéiforme ont été retrouvées en Mésopotamie (à Ourouk, à Sippar, à Ashour et à Ninive) et dans les sites archéologiques du Proche-Orient (à Sultantepe au sud de la Turquie, à Boghazkoï en Asie Mineur, à Émar en Syrie et surtout à Méggido en Palestine) où probablement l'auteur du *Qohélet* en aurait connu une traduction araméenne orale ou écrite. À son avis, la vraisemblance de sa thèse est également confirmée par le fait qu'à Qumrân, dans le livre des Géants[388], on retrouve les noms des personnages célèbres de l'épopé : Gilgamesh et Hobabish. Toutefois les conclusions auxquelles parvient Pahk[389] seront, quelques années plus tard, remises en cause par Fischer (1999).

---

[387] *Ibidem*. Cf. E. A. SPEISER (trad.), « The Epic of Gilgamesh », Tablet X, iii, 1-14, *ANET*, 90a ; R. J. TOURNAY — A. SHAFFER (éd./trad.), *L'épopée de gilgamesh*, Paris, [2]1998, p. 122-126, 178-185.

[388] W. B. HENNING, « The Book of Giants », *BSOAS* 11 (1943-1946) p. 52-57, 59-61, 64-74 ; J. C. REEVES, *Jewish Lore in Manichaean Cosmogony : Studies in the Book of Giants Traditions*, HUCM 14, Cincinnati OH, 1992 ; F. G. MARTÍNEZ, « The Book of Giants », *Qumran and Apocalyptic : Studies on the Aramaic Texts from Qumran*, STDJ 9, Leiden, 1992, p. 97-115 ; J. C. REEVES, « Giants, Book of » *Encyclopedia of the Dead Sea Scrolls* 1, London, 2000, p. 309-311 ; É. PUECH, « Les songes des fils de Šemiḥazah dans le livre des Géants à Qumrân », *CRAIL* (2000) p. 7-25 ; IDEM, « Livre des Geants », *DJD* 31, Oxford, 2001, p. 9-115, spéc. 12-14.

[389] J. Y. S. PAHK, *Il canto della gioia in Dio*.

Stefan Fischer

Pour Fischer (1999), une comparaison du livre avec les littératures aussi bien grecques, égyptiennes que mésopotamiennes permet de se rendre à l'évidence que seuls les chants hérétiques de harpistes égyptiens partagent réellement avec le livre les mêmes expressions et les mêmes justifications des appels à la joie, en un mot, les mêmes conceptions du bonheur, compris comme antidote à la vision négative de la mort. En l'occurrence, l'appel à célébrer le bonheur (Qo 7,14), l'invitation à suivre son cœur (Qo 2,10 ; 5,19 ; 9,7 ; 11,9), l'évocation des vêtements blancs, des onguents, des guirlandes, du pain, du vin et de la femme aimée (Qo 2,3 ; 9,7-9 ; 8,15) ne rappellent que le chant du harpiste égyptien[390]. D'ailleurs, Fischer (1999) traduit ילונו en Qo 8,15b non pas par le verbe « accompagner » mais plutôt par le verbe « tordre, couronner[391] ». De plus, l'évocation de la mort comme le destin commun à tous les hommes (Qo 5,18-19 ; 11,8-9) et la mention de la disparition du souvenir des morts (Qo 1,11 ; 2,18-19 ; 5,14), de l'inscrutabilité du sort des morts (Qo 3,19-21), de l'ignorance absolue dont les morts sont affectés (Qo 9,5.10) n'ont également de parallèle réel qu'avec le chant du harpiste égyptien.

En conclusion, on observe que les passages qui traitent de l'appel à la joie comme antidote à la mort sont les seuls à entrer en concurrence avec l'affirmation d'une affinité avec la culture grecque. Faisant de Qo 9,7-10 — et de ses parallèles, à savoir Qo 2,24-26 ; 3,12-13 ; 3,22 ; 5,17-19 ; 7,14-16 ; 8,15 ; 11,7-12 où ce thème est réitéré — le point de départ de leurs investigations, Grimme (1905), Loretz (1964), Jones (1990) et Pahk (1996/2001) identifient une influence de la littérature mésopotamienne sur le livre. De même, partant fondamentalement de ce thème, Humbert (1929), Galling (1932), Gemser (1960), Barucq (1968) et Fischer (1999) trouvent qu'il n'est pas invraisemblable d'identifier l'arrière-plan égyptien du livre.

Finalement, au regard des idées développées dans l'ouvrage, que pouvons-nous retenir des objections à la thèse d'un contact du *Qohélet* avec les matériaux littéraires et philosophiques grecs ? À notre avis, on ne saurait rejeter en bloc toutes les hypothèses en faveur des

---

[390] Cf. E. BRESCIANI (éd.), *Letteratura e poesia dell'antico Egitto. Cultura e società attraverso i testi*, Torino, 1969, ^{2}1999.

[391] S. FISCHER, *Die Aufforderung zur Lebensfreude im Buch Kohelet*, p. 65, 222-223, 227-231.

affinités entre le contenu du livre et le monde grec. Plus loin, dans notre troisième chapitre, on pourra indiquer — à titre de récapitulatif — les sections du *Qohélet* où les indices d'entrecroisements avec la pensée grecque sont patents. À présent, on observe néanmoins que si le contenu thématique du *Qohélet* trahit une certaine parenté avec la culture grecque il peut naturellement en être de même de sa structure et de son genre littéraire. Car les idées et la pensée du livre se laissent mieux cerner à travers sa structure et son genre littéraire. Alors qu'en est-il des contestations de la thèse d'une influence prégnante du monde grec sur la *forme* et sur les *modes d'argumentation* du *Qohélet* ?

3. Réfutations ou critiques des théories sur la structure et le genre littéraire du *Qohélet* appréhendés comme des indices phénoménologiques de convergences avec les vestiges littéraires et philosophiques grecs

En ce qui concerne la structure et le genre littéraire du *Qohélet*, plusieurs exégètes inclinent à relever, dans l'état actuel du texte, des traits d'affinité avec les modes de composition des œuvres littéraires grecques. Leurs affirmations ont été exposées plus-haut, notamment les arguments de : Herder (1780), Miller (1922), Allgeier (1925), Serafín de Ausejo (1948), Bertram (1952), Hadas (1959), Eichhorn (1963), Di Fonzo (1967), Braun (1973), De Savignac (1978), Lohfink (1979/1980/1997), Gammie (1985), D'Alario (1992), Schwienhorst-Schönberger (1994), Fischer (1997), Backhaus (1993) et Tábet (2006). Néanmoins, plusieurs objections ont été avancées contre leur thèse. Un examen des critiques formulées au sujet de la structure palindromique du livre nous permettra d'établir ce qui, en définitive, peut être retenu des remises en cause observées.

À notre avis, les arguments avancés par Lohfink (1979/1980) en faveur d'une structure en palindrome du livre n'arrachent pas la conviction. En conséquence, on ne saurait retrouver dans le *Qohélet* la trace de l'influence de l'argumentation palindromique des philosophes cyniques.

En effet, le centre du livre ne coïncide pas avec la péricope en Qo 4,17-5,7 mais plutôt avec l'unité littéraire en Qo 6,10-12. De fait, en marge du texte en Qo 6,10, la mention des massorètes : חצי הספר et qui correspond à חצי הספר כפסוקים[392] (« *medium libri secundum versus* ») indique en cet endroit la moitié du livre selon le nombre des versets. De plus, on observe en Qo 6,10-12 que les deux emplois de מה suivi du verbe היה forment une inclusion allant de Qo 6,10a (מה־שהיה..., « ce qui était... ») à Qo 6,12b (מה־יהיה..., « ce qui sera... »). Ainsi, les bornes de l'unité littéraire constituée par Qo 6,10-12 sont signalées, d'une part, en Qo 6,10a par מה־שהיה (« ce qui était ») et, d'autre part, en Qo 6,12b par la tournure מה־יהיה אחריו תחת השמש (« ce qui sera après lui sous le soleil »).

En outre, en Qo 6,10-12, les pronoms interrogatifs מה et מי reviennent d'une manière récurrente : מה, 4 fois[393] et מי, 2 fois[394]. Aussi Qo 6,10-12 s'articule-t-il autour de trois questions essentielles introduites par מה ou מי :

d'abord, celle du profit (מה־יתר לאדם : « quoi en plus pour l'homme ? », Qo 6,11b),

puis celle du bien (מי־יודע מה־טוב לאדם : « qui sait ce qui est bon pour l'homme ? », Qo 6,12a)

et enfin celle de l'avenir (מי־יגיד לאדם מה־יהיה אחריו תחת השמש : « qui informera l'homme de ce qui est après lui sous le soleil ? », Qo 6,12b).

Et, ces trois questions faisant référence à l'être humain en général (אדם), le contenu thématique de Qo 6,10-12 le distingue de ce qui le précède et de ce qui le suit. Car contrairement à ce qui est en amont (Qo 5,9-6,9) et en aval (Qo 7,1-8) — où il s'agit de cas d'un homme précis (איש, Qo 6,2[2x].3 ; 7,5b) considéré comme sage (חכם, Qo 6,8a ; 7,4.5a.7a) ou insensé (כסיל, Qo 6,8a ; 7,4.5b.6a.9b) ou pauvre (עני, Qo 6,8b) — on observe en Qo 6,10-12 une répétition du terme אדם (Qo 6,10a.11b.12a.12b) qui revient quatre fois dans les trois versets et cela souligne le caractère foncièrement anthropologique du passage.

Par ailleurs, Qo 6,9b est une *conclusion* où est attestée, dans une forme très ample[395], la formule גם־זה הבל ורעות רוח. Puis cette expression, employée ici avec son corollaire sur la futilité et l'absurdité de toutes choses, ורעות רוח qui ne revient plus dans le reste du livre, détermine une *inclusion* avec גם־זה הבל en Qo 5,9b. Et enfin, à cela

[392] Cf. A. SCHENKER, « Glossary of common Terms in the Massorah parva », IDEM *et al.* (éd.), *Megilloth*, BHQ 18, Stuttgart, 2004, p. XCVI-XCVII et 39.

[393] Qo 6,10a.11b.12a.12b.

[394] Qo 6,12a ; Qo 6,12b.

[395] Cf. D. INGRAM, *Ambiguity in Ecclesiastes*, p. 120.

s'ajoute le fait que les doubles mentions du vocable יום dans les deux constructions en forme de chiasme en Qo 7,1b (ויום המות מיום הולדו : « et le jour de la mort est mieux que celui de la naissance ») et en Qo 7,14a (ביום טובה וביום רעה : « au jour de bonheur ... et au jour de malheur ») marquent une *inclusion* qui détermine les bornes des deux péricopes (Qo 7,1-8 et Qo 7,9-14) qui suivent Qo 6,10-12.

En conséquence, entre Qo 5,9-6,9 qui le précède et de Qo 7,1-8 qui le suit, Qo 6,10-12 forme une unité littéraire qui se suffit à elle-même.

Or, Qo 6,10-12 récapitule les chapitres 1 à 6 et annonce les chapitres 7 à 12. À cet effet, la tournure מה־שהיה כבר (Qo 6,10a) est une reprise de Qo 1,9 ; 3,15. Puis la question cruciale du profit, de l'avantage et de l'intérêt — מה־יתר לאדם (« quoi en plus pour l'homme ? », Qo 6,11b) qui, sous des formes variées, est successivement attestée en Qo 1,3 ; Qo 2,22 ; Qo 3,9 ; Qo 5,10bα ; Qo 5,15b ; Qo 6,8a ; Qo 6,8b — rappelle l'interrogation principale qui jalonne les six premiers chapitres du livre. Et enfin, les deux interrogations en Qo 6,12 — celle du bien (מי־יודע מה־טוב לאדם : « qui sait ce qui est bon pour l'homme ? », Qo 6,12a), d'une part, et celle de l'avenir (מי־יגיד לאדם מה־יהיה אחריו תחת השמש : « qui informera l'homme de ce qui sera après lui sous le soleil ? », Qo 6,12b), d'autre part — introduisent la deuxième partie du livre où reviennent à plusieurs reprises les thèmes relatifs à l'avantage que l'homme peut tirer de ses actions et les développements sur les possibilités et les limites de la connaissance humaine, mieux, sur l'inscrutabilité du présent comme de l'avenir (Qo 7,14.28 ; 8,5.7.17 ; 9,1.5.12 ; 10,14 ; 11,2.5.6). Bref, en Qo 6,10-12, « i vv. 10-11 forniscono la chiave di lettura dei primi sei capitoli : la vanità di ogni sforzo umano si comprende bene alla luce della predeterminazione della storia da parte di Dio, di fronte alla quale anche ogni discorso umano si riduce a vuota parola. [...] per il v. 12 [...] l'interrogativo : מי־יודע מה־טוב לאדם in 6,12a° sembra preludere alla collezione dei "detti טוב", che segue subito dopo, mentre le questioni sollevate in 6,12b saranno sviluppate nei cc. 9,1-11,6[396] ».

En conclusion, Qo 6,10-12 marque, au sein du *Qohélet*, une césure nettement repérable entre la première moitié (Qo 1,1-6,9) et la deuxième moitié (Qo 7,1-12,14) du livre. Annonçant la deuxième partie

[396] Cf. V. D'ALARIO, *Il libro del Qohelet*, p. 133.

du livre[397], Qo 6,10-12 en conclut la première partie[398]. En d'autres termes, Qo 6,10-12 se présente à la fois comme un *résumé conclusif* et un *sommaire proleptique* : non seulement l'auteur y reprend brièvement les thèmes évoqués dans la première partie, mais aussi il y annonce de manière prospective les sujets qu'il développera dans la deuxième partie du livre. Qo 6,10-12 est donc une unité qui assure une transition[399] entre Qo 1,1-6,9 et Qo 7,1-12,14. Certes, cela est en désaccord avec les perspectives de Lohfink (1979/1980) selon lesquelles on devrait rattacher, d'une part, Qo 6,10 à la section (Qo 5,7-6,10) qu'il intitule « critique sociale II » et, d'autre part, Qo 6,11-12 à la partie (Qo 6,11-9,6) qu'il nomme « déconstruction ». Mais, à la lumière de ce qui précède, cette structure ne se recommande pas. Aussi l'identification de la place et de la fonction de Qo 6,10-12 nous amène-t-elle à rejeter la structure palindromique du livre et par conséquent la thèse, proposée par Lohfink (1979/1980), d'une influence de la forme d'argumentation des philosophes cyniques sur le *Qohélet*. Car, en plus du fait que Qo 4,17-5,6 n'est pas le centre du livre, on observe que la subdivision du texte selon les parties du palindrome suggérées par Lohfink (1979/1980) est un peu forcée. Ainsi, les contenus des sections que Lohfink (1979/1980) met en évidence ne correspondent pas de

---

[397] Cf. A. G. WRIGHT, « The Riddle of the Sphinx : the Structure of the Book of Qoheleth », *CBQ* 30 (1968) p. 322, 323 et 329-330 ; E. GLASSER, *Le procès du bonheur par Qohelet*, Paris, 1970, p. 100-102 ; D. LYS, *L'Ecclésiaste*, p. 20, 64-65 ; A. SCHOORS, « La structure littéraire de Qohéleth », *OLP* 13 (1982) p. 91-116 spéc. 107 et 115 ; D. MICHEL, *Untersuchungen zur Eigenart des Buches Qohelet*, p. 161-165 ; A. BONORA, *Il libro di Qoèlet*, p. 16 ; J.-J. LAVOIE, *La pensée du Qohélet*, p. 151-160 ; R. E. MURPHY, *Ecclesiastes*, WBC 23°, Dallas TX, 1992, p. 57-59 ; J. L. VILCHEZ, *Sapienciales III, Eclesiastés o Qohelet*, Estella, 1994, p. 297-302 ; V. M. ASENSO, *Libri sapienziali e altri scritti*, Introduzione allo studio della Bibbia 5, Brescia, 1997, p. 158 ; C.-L. SEOW, *Ecclesiastes. A New Translation with Introduction and Commentary*, AB 18C, New York NY, 1997, p. 240-242 ; L. MAZZINGHI, « Qohelet tra giudaismo ed ellenismo. Un'indagine a partire da Qo 7,15-18 », p. 97-98 ; T. KRÜGER, *Kohelet (Prediger)*, BKAT 19, Neukirchen-Vluyn, 2000, p. 132-133 ; L. SCHWIENHORST-SCHÖNBERGER, *Kohelet*, p. 360-366.

[398] W. ZIMMERLI, *Das Buch des Predigers Salomo*, ATD 16, Göttingen, 1980, p. 192-201 ; L. DI FONZO, *Ecclesiaste*, p. 220-224.

[399] Cf. J. L. CRENSHAW, *Ecclesiastes*, OTL, Philadelphia PA — London, 1987, [2]1988, p. 48, 130-132 ; M. V. FOX, *A Time to tear down and a Time to build up. A Rereading of Ecclesiastes*, Grand Rapids MI, 1999, p. 247-249 ; V. D'ALARIO, *Il libro del Qohelet*, p. 131-133, 181 ; IDEM, « Struttura e teologia del libro del Qohelet », p. 260-270 ; B. PINÇON, *L'énigme du bonheur : étude sur le sujet du bien dans le livre de Qohélet*, Leiden, 2008, p. 231.

manière adéquate aux titres qui leur sont affectés. Par exemple, dans la grande section Qo 1,12-3,15 que Lohfink (1979/1980) intitule « anthropologie », on retrouve le développement du thème de la fiction royale (Qo 1,12-2,11). De plus, cette section s'étend à la partie la plus théologique du livre qui est Qo 3,10-15. Or sous le titre « anthropologie », on s'attendrait, non pas aux récits de l'expérience particulière d'un homme qui raconte son propre itinéraire biographique et intellectuel, mais strictement à la présentation d'une vision de l'homme en général. De même quand, par exemple, Lohfink (1979/1980) intitule « critique idéologique », la section en Qo 6,11-9,6, il est judicieux d'y retrouver les développements sur la critique de la sagesse traditionnelle. Par contre, à ce titre ne sauraient être spontanément rattachés ni les interrogations sur ce qui est bon pour l'homme, ni les réflexions sur les notions de justice sociale et de rétribution divine qui reviennent fréquemment dans cette section. Dans ce même ordre d'idées, il est difficile de justifier que la section en Qo 9,7-12,7 que Lohfink (1979/1980) intitule « éthique » soit exclusivement dédiée à un développement qui n'évoque que ce titre. Car on y retrouve des thèmes qui ne concernent pas l'éthique et qui sont également attestés dans le reste du livre. C'est le cas, par exemple, de la description des derniers jours de l'homme en Qo 11,7-12,7 où l'évocation de la mort (Qo 12,7) est en rapport avec Qo 3,20-21. Pour finir, un dernier exemple étaye les discordances que nous soulignons entre les titres choisis par Lohfink (1979/1980) et les contenus des parties qui devraient y correspondre. Il s'agit des sections Qo 4,13-5,6 ; 9,17-10,20 qui ressemblent davantage à des recueils de sentences qui abordent de façon dialectique des thèmes variés. De toute évidence ces sections font appréhender la difficulté de déceler un ensemble organique qui n'évoquerait que le titre donné par Lohfink (1979/1980).

Toutefois, en dépit de toutes ces limites qui, à notre avis, sont inhérentes aux conclusions des analyses de Lohfink relatives à l'hypothèse d'une structure palindromique du livre, nous reconnaissons que l'analyse synchronique proposée par Lohfink en 1979/1980 inspirera sa propre analyse rhétorique du livre en 1997 et, déjà auparavant, celle de Backhaus en 1993. En d'autres termes, à l'origine de l'identification de la structure rhétorique du livre on reconnaît l'influence des arguments en faveur des tenants et aboutissants de la structure palindromique du livre. Pourtant, cela n'infirme pas les objections à la thèse d'une influence de la structure palindromique caractéristique du mode d'argumentation des philosophes cyniques grecs sur le livre.

Au terme de ce chapitre où se déploie le catalogue des objections que font les exégètes à la thèse des affinités entre le livre et les vestiges littéraires et philosophiques du monde grec il convient — à titre de récapitulatif, au prochain chapitre — de fournir un bilan qui mette en lumière les résultats et les acquis épistémologiques qui, en toute rigueur, émanent de tout ce parcours. Ceci permettra de mieux situer les probables horizons heuristiques qui se laissent entrevoir.

CHAPITRE TROISIÈME
RÉCAPITULATION PROSPECTIVE : ACQUIS ÉPISTÉMOLOGIQUES ET HORIZONS HEURISTIQUES DES ÉTUDES COMPARÉES DU QOHÉLET ET DES VESTIGES LITTÉRAIRES ET PHILOSOPHIQUES GRECS

À cette étape de notre parcours, quelques lignes maîtresses se dégagent. En abordant celles-ci, nous passerons en revue chacun des trois aspects fondamentaux qui ont guidé notre développement — *le langage et le vocabulaire ; les idées ou la pensée et même l'imaginaire conceptuel ; la structure et le genre littéraire* — et autour desquels se cristallisent les résultats que notre inventaire mettra en relief. Autrement dit, après avoir répertorié et inventorié les différents *termes de comparaison* du *vocabulaire de l'ouvrage* avec les vestiges littéraires et philosophiques grecs, nous ferons le point non seulement sur les *idées du livre* suspectées d'hellénisme, mais aussi sur les affinités grecques décelées dans le *genre littéraire et la structure de l'œuvre*. Tout cela nous permettra de souligner au fur et à mesure l'enjeu non négligeable des *changements successifs de paradigmes de recherches exégétiques* enregistrés dans l'évolution des enquêtes relatives à l'identification des lieux communs au *Qohélet* et à la culture littéraire et philosophique grecque.

1. Le langage et le vocabulaire du *Qohélet*

En ce qui concerne le vocabulaire, on observe que l'analyse de certaines expressions de l'auteur — qui sont particulières, voire inhabituelles dans l'AT — amena plusieurs exégètes, que nous avons cités plus haut, à identifier dans le *Qohélet* des affinités avec le monde grec.

En effet, les études bibliques à l'orée des temps modernes furent marquées par certains traits caractéristiques de l'époque de la Renaissance, notamment la redécouverte de l'Antiquité classique, le retour aux langues originales de la Bible, l'humanisme et le goût prononcé pour la philologie. Avec un art consommé et une érudition due à l'essor des enseignements du Grec et de l'Hébreu à cette époque, on examinait les mots du texte biblique avec l'acribie d'un philologue sensible aux détails. Dans ce contexte historique, van der Palm (1784) commença à analyser, non sans souci d'une précision poussée à l'extrême, le langage du *Qohélet* dont Hugo Grotius[400] (1644) avait déjà discerné l'âge tardif de l'Hébreu en comparaison avec certains passages vétérotestamentaires.

Les travaux de van der Palm (1784) sur le *Qohélet* le distinguèrent alors nettement de la plupart de ses prédécesseurs et même de ses contemporains moins enclins aux nouvelles méthodes de lecture scrutatrice de la Bible. Avant lui, Philon d'Alexandrie, Flavius Josèphe et maints juifs avaient soutenu, d'une manière théorique et quelque peu abusive, la thèse de la supériorité des textes de l'AT, et partant du *Qohélet*, sur les philosophies grecques parce que celles-ci s'inspiraient, pour une large part, de la Bible juive. Dans une même allure apologétique, saint Jérôme[401] (347-420 ap. J.-C) et plusieurs Pères de l'Église avaient affirmé que le *Qohélet* était, d'une part, une réfutation des erreurs d'un certain nombre d'auteurs grecs dont les œuvres précédaient la composition du livre et, d'autre part, une source d'inspiration pour un grand nombre de penseurs grecs. Mais, mettant l'accent sur l'étude du vocabulaire hébreu du *Qohélet*, van der Palm y découvre des emprunts au monde grec.

La postérité immédiate de van der Palm poursuivit l'orientation ouverte par ses recherches. Ainsi, depuis van der Palm (1784) jusqu'à Siegfried (1898) on peut constater — comme le laissent entrevoir nos pages qui précèdent — que tous les indices d'affinité repérés entre le *Qohélet* et la culture grecque ne relèvent que du vocabulaire du livre.

---

[400] G. VOGEL (éd.), *Annotationes in Vetus Testamentum*, Halae, 1875-1876, I. 434-435.

[401] HIERONYMUS, « Commentarius in Ecclesiasten », M. ADRIAEN (éd.), *S. Hieronymi Presbyteri Opera*, Pars I,1, CCSL 72, Turnholti, 1959, p. 325. Voir, par exemple, son allusion à Qo 9,7.

Plus tard, au cours du premier quart du XXème siècle, Barton (1912) et Podechard (1912) ont marqué un tournant décisif dans l'étude des vocables passés au crible de la culture littéraire et philosophique du monde grec. De fait, Barton et Podechard ont offert de *succincts résumés critiques* sur les expressions et les tournures qohélétiennes suspectées de grécisme, voire d'hellénisme depuis van der Palm jusqu'à leur époque. Ce faisant, Barton conclut comme suit les études faites avant lui : « the contention of Zirkel, Tyler, Plumtre, Siegfried and Wildeboer that Graecisms are to be found in the language of Qoheleth, has been ably answered by Delitzsch, Nowack, McNeile and others. Not more than one such linguistic characteristic can be detected in the book, and that belongs to the language of common life, and might be employed by anyone living in Palestine after the Macedonian conquest[402] ».

De son côté Podechard a estimé, au prime abord, que « les cas vraiment spécieux […] se réduisaient à :

- תחת השמש (1,3),
- תור (1,13),
- יפה (3,11),
- עשה טוב (3,12)
- et עשה ימים (6,12)[403] ».

Puis, ayant initialement adopté vaille que vaille la conclusion finale émanant des recherches menées par Barton, ce fut non sans désenchantement que Podechard revint, avec davantage de restriction, sur ses bilans récapitulatifs : « si grécismes il y avait, ne faudrait-il pas dire que le grec a influencé non pas directement, ou non pas seulement, sur le style de Qohéleth, mais, de son temps et déjà peut-être avant lui, sur la langue de tous, au moins dans le milieu spécial et intellectuel où il vivait ? Qohéleth serait moins l'initiateur d'un mouvement que le témoin d'un fait accompli, ou du moins en train de s'accomplir. Mais y a-t-il des grécismes dans sa langue ? Le grec aurait-il influencé quelque peu sur l'évolution de l'hébreu ? On en peut toujours douter[404] ».

Suite à ces deux grandes synthèses proposées par Barton (1912) et Podechard (1912), il faut attendre plus d'un demi-siècle pour que Braun (1973) relance le débat en proposant, à nouveau, une série de

[402] G. A. BARTON, *A Critical and Exegetical Commentary on the Book of Ecclesiastes*, p. 32.
[403] E. PODECHARD, *L'Ecclésiaste*, p. 53.
[404] E. PODECHARD, *L'Ecclésiaste*, p. 53.

lexèmes qohélétiens qui ne seraient compréhensibles qu'à la lumière de la culture grecque. En réalité, après Barton et Podechard, les longues années marquées par le silence quasi total des exégètes au sujet des enquêtes sur les vocables suspectés de grécisme, voire d'hellénisme, furent couronnées par les recherches de Loretz (1964) qui rejeta en bloc toute influence grecque sur le vocabulaire du livre. Alors ce fut en opposant une ferme réfutation aux travaux de Loretz que Braun reprit tout le dossier sur les affinités entre le *Qohélet* et le monde grec. Autrement dit ce fut en formulant, de manière plus systématique, ses objections aux développements soutenus par Loretz que Braun finit par proposer de nouveaux arguments en faveur de l'influence grecque — directe ou indirecte, marginale ou centrale, partielle ou intégrale, positive ou négative — dans le choix qohélétien des tournures et des lexies comme :

- הבל (*passim*),
- יתרון (*passim*),
- עמל (*passim*),
- תחת השמש (*passim*),
- תור (*passim*),
- טוב לפני האלהים (Qo 2,26 ; 7,26),
- עשה טוב (3,12),
- et טוב אשר־יפה (Qo 5,17).

Au total, vers la fin du premier quart du XXème siècle, la liste des mots soupçonnés de grécismes par les exégètes des XVIIIème et XIXème siècles s'est considérablement amenuisée. Mieux encore, jusqu'aux années soixante-dix où Braun publia ses travaux, ce ne sont plus que *les idées philosophiques* — et non point *les vocables* — qui sont désormais retenues par quelques exégètes comme des emprunts à la pensée grecque. Pour preuve, tous les prétendus grécismes que nous avons évoquées (*supra*) dans la première partie de notre premier chapitre, nous en avons présenté une réfutation (*supra*) dans la première partie de notre deuxième chapitre.

Néanmoins, nonobstant le fait qu'en 1999 Seow affirme de manière radicale, « there are no Greek loanwords in Qohelet, indeed, no linguistic grecisms whatsoever[405] », force est de reconnaître qu'il y a encore des énoncés et des syntagmes au sujet desquels *le débat est loin d'être clos*. Ainsi, après avoir passé en revue (*supra*, dans la première partie de notre premier chapitre) et critiqué (*supra*, dans la première

[405] C.-L. SEOW, « Linguistic Evidence and the Dating of Qohelet », p. 660.

partie de notre deuxième chapitre) tous les éléments du vocabulaire qohélétien que certains exégètes ont tenus pour importés ou formés à partir de la culture grecque, il reste (dans les rubriques de la deuxième partie de notre premier chapitre) quelques expressions dont, ne serait-ce qu'une once de résonnance grecque — liée à la connotation[406] philosophique[407] inhérente à la singularité littéraire de leur emploi — reste difficile à démentir. Autrement dit, pour certaines notions typiquement qohélétiennes qui généralement entrent dans des réflexions à caractère philosophique, on incline à reconnaître que « a Graecism cannot be excluded *apriori* but is a real possibility, in view of other traces of linguistic and philosophical Greek influence[408] ». Bien entendu, « [c]'est sans étonnement qu'on constate que les auteurs qui datent clairement le livre de la période pré-exilique ou de la période perse ne font pas la moindre référence à une quelconque influence grecque[409] ». Mais comme nous l'avons déjà signalé dès le départ — dans notre introduction générale — « [m]anca ancora, è vero, una buona analisi di carattere sociologico e antropologico in relazione al contesto storico nel quale il testo del Qohelet rivela di essere inserito ; tuttavia, il periodo totemaico sembra proporsi molto bene come sfondo dell'opera del nostro saggio[410] ». C'est pourquoi, on observe à juste titre que « [t]here arc no compelling arguments to accept an important Greek influence on Qoh's vocabulary [...]. However, the few acceptable parallels may strengthen the force of Greek parallels in the

---

[406] Cf. H. BERGSON, *L'intuition philosophique*, Paris, PUF, 2011 ; P. SCARPELLI, « Intuition et langage chez Henri Bergson », C. STANCATI — D. CHIRICO — F. VERCILLO (éd.), *H. Bergson : esprit et langage*, Hayen, 2001, p. 70-77 ; F. RASTIER, « De la sémantique cognitive à la sémantique diachronique : les valeurs et l'évolution des classes lexicales », J. FRANÇOIS (éd.), *Théories contemporaines du changement sémantique*, MSL Nouvelle Série IX, Louvain, Peeters, 2000, p. 135-164 ; J. BARTON, *Reading the Old Testament : Method in Biblcial Study*, Louisville KY, 1997 ; F. BIANCHI, « The Language of Qohelet. A Bibliographical Survey », *ZAW* 105 (1993) p. 210-223 ; J. BARR, *Biblical Words for Time*, SBT 33, London, 1962, ²1969 ; IDEM, *The Semantics of Biblical Language*, New York NY, Oxford University Press, 1961 ; D. HILL, *Greek Words and Hebrew Meaning*, Cambridge, 1967.

[407] Dans l'acception dans laquelle nous entendons ici la portée philosophique de certains propos du *Qohélet*, nous incluons les considérations faites par : J. BARNES, « L'Ecclésiaste et le scepticisme grec », p. 103-114.

[408] A. SCHOORS, *A Study of the Language of Qoheleth. Part II*, p. 38.

[409] J.-J. LAVOIE, « Où en sont les études sur le livre de Qohélet ? », p. 112.

[410] L. MAZZINGHI, *Ho cercato e ho esplorato*, p. 69.

domain of contents[411] ». Ainsi, étant donné que ces concepts dont le *Qohélet* se sert pour exprimer des modes de pensée inhabituels dans l'AT embrassent le plus souvent des idées ou des réflexions à teneur philosophique, nous reviendrons (*infra*) — dans la deuxième partie de ce chapitre — sur ces éléments spécieux du vocabulaire qohélétien.

En résumé, notre parcours a permis d'observer que, compte tenu de leur *sémantique diachronique*, certains concepts sont employés dans le *Qohélet* soit comme des néologismes purs, soit avec des acceptions spécifiques qui ne se laissent appréhender qu'en recourant aux milieux de vie des textes porteurs de ces termes à l'époque hellénistique, c'est-à-dire à l'époque de la composition du livre. Et ce n'est pas tout !

L'étude du vocabulaire du *Qohélet* a également permis de comprendre que, dans le livre, certains concepts sont carrément enserrés dans des *structures sémantiques et pragmatiques* à l'intérieur desquelles ils assument des *significations contextuelles* qui ne se laissent déceler qu'à la lumière des vestiges littéraires et philosophiques grecs. Autrement dit, l'étude des mots et de leurs champs lexicaux a permis qu'on se rende plus clairement compte que pour mieux cerner le déploiement du sens intrinsèque à certains énoncés textuels qohélétiens il est nécessaire de prendre en considération les relations dynamiques entre *mots* et *phrases*. Ceci dit, il y a des phrases ou des propositions du livre qu'on ne peut pas fragmenter — en isolant les *mots* — étant donné qu'elles constituent des « unités sémantiques[412] ». Dans ces cas, plusieurs *signifiés* correspondent ensemble à un seul *concept*[413]. À cet effet, on ne peut plus se contenter de mener des enquêtes uniquement sur la formation morphologique des *mots* qui, considérés isolément, présentent des configurations qui font soupçonner du grécisme. En d'autres termes, on ne peut plus se cantonner exclusivement dans une linguistique du *mot* qui se refuse à appréhender la *sémantique des énoncés* en saisissant la dynamique inhérente à la cohérence implicite

---

[411] A. SCHOORS, *A Study of the Language of Qoheleth. Part II*, p. 501 ; IDEM, « Qoheleth : A Book in a Changing Society », *OTE* 9 (1996) p. 68-87.

[412] P. RICŒUR, *La Métaphore vive*, Paris, Seuil, 1975, p. 91.

[413] « *Le livre de Pierre* se compose de quatre mots, mais la phrase ne signifie ni *le*, ni *livre*, ni *de*, ni *Pierre*, elle signifie seulement le livre de Pierre ». E. GILSON, *Linguistique et Philosophie*, Paris, Vrin, 1969, p. 128.

des « unités sémiotiques[414] » attestées dans les phrases. En conséquence l'allure, voire la texture, apparemment philosophique que certaines tournures prennent dans le *Qohélet* amène à y déceler des affinités avec le milieu de philosophie grecque. « Qoh's vocabulary contains a number of words that, to a greater or lesser degree, are typical of his language [...]. The highly reflective and even philosophical character of the Book of Qoh finds expression in its typical vocabulary. [...] Qoh's Hebrew could not compete with Greek philosophical language, but he made the most of classical Hebrew vocabulary to drive home his ideas, sometimes enlarging it with new lexemes or enriching the meaning of existing lexemes[415] ». Sur ce point, la deuxième partie de notre premier chapitre a mis en lumière quelques exemples — comme : תחת השמש (ὑφ' ἡλίῳ/ὑπὸ τὸν ἥλιον // « sous le soleil ») ; תור (κατασκοπέω // « explorer » // « sonder », Qo 1,13 ; 2,3 ; 7,25) ; לעשות טוב (εὖ πράττειν // « bien faire », Qo 3,12) ; עשה הימים (ποιεῖν χρόνον // « passer du temps » ; *facere dies* // « passer les jours », litt. « faire les jours », Qo 6,12) — sur lesquels on ne saurait conclure de manière péremptoire que le débat est définitivement clos[416]. La rubrique (*infra*), dédiée aux idées et à la pensée du *Qohélet*, confirme encore plus cet aspect.

Au final, il ressort de tout ce développement que les enquêtes relatives aux entrecroisements philologiques entre le langage du *Qohélet* et les vestiges littéraires et philosophiques grecs sont toujours d'une pertinence vivement actuelle. Il en est de même pour les discussions au sujet des contacts présumés entre le livre et la *pensée philosophique* grecque.

2. Les idées et la pensée du *Qohélet*

Concernant l'étude des contacts entre la pensée du *Qohélet* et les doctrines des écoles grecques de philosophie, notre parcours révèle également un moment de rupture et de discontinuité chronologique

---

[414] P. RICŒUR, *La Métaphore vive*, p. 91. Cf. J.-N. ALETTI — M. GILBERT — J.-L. SKA — S. DE VULPILLIÈRES, *Vocabulaire raisonné de l'exégèse biblique : les mots, les approches, les auteurs*, Coll. Outils bibliques, Paris, Cerf, 2005, p. 64, 123.

[415] A. SCHOORS, *A Study of the Language of Qoheleth. Part II*, p. 499.

[416] *Ibidem*, p. 37-38, 78-79, 137, 252-253, 501.

significative qui marqua un tournant important dans l'évolution des recherches en la matière. Cela intervint autour des années vingt.

En effet, depuis le premier quart du XIXème siècle, le déchiffrement de la langue égyptienne, grâce à Champollion (1828), a donné accès à des textes sapientiaux égyptiens qui datent même du troisième millénaire avant notre ère. Puis la redécouverte, au milieu du XIXème siècle, de la civilisation mésopotamienne, qui est l'une des plus anciennes civilisations du monde dont les vestiges remontent à près de trente siècles, a depuis lors révélé la sagesse mésopotamienne comme beaucoup plus ancienne que la sagesse biblique. Ainsi depuis le XIXème siècle, ces deux domaines d'études comparatives du *Qohélet* — l'Égypte et la Mésopotamie — ont suscité fascinations et engouements heuristiques dans l'étude des textes sapientiaux bibliques, en l'occurrence du *Qohélet*. Mais la publication, au *British Museum* à Londres en 1923, des facsimilés des papyri hiératiques égyptiens contenant les enseignements de Amen-em-ope et leur discussion publique lors d'une session tenue à l'Académie prussienne des sciences en 1924 a introduit un renouvellement paradigmatique décisif dans les recherches exégétiques du siècle dernier.

C'est pourquoi, après les synthèses minutieusement élaborées par Ranston (1925) puis Pedersen (1930) on assista, dès la fin du premier quart du XXème siècle, au développement des objections formulées par Humbert[417] (1929), Loretz[418] (1964), Jones[419] (1990), Pahk[420] (1996/2001) et Fischer[421] (1999) qui se font l'écho des contestations et réfutations plus anciennes avancées par Grimme[422] (1905). Tenant compte des découvertes des vestiges littéraires égyptiens et mésopotamiens, ces derniers contestèrent, aussi farouchement que possible et avec la dernière rigueur d'analyse exégétique, l'influence de la culture grecque sur certains passages du *Qohélet* pour lesquels ils établirent, à leur tour, des rapprochements

---

[417] P. HUMBERT, *Recherches sur les sources égyptiennes de la littérature sapientiale d'Israël*, p. 107-124.

[418] O. LORETZ, *Qohelet und der Alte Orient*, p. 47, 56, 89 ; IDEM, « Altorientalische und kanaanäische Topoi im Buche Kohelet », *UF* 12 (1980) p. 267-278.

[419] B. W. JONES, « From Gilgamesh to Qoheleth », p. 349-379.

[420] J. Y. S. PAHK, *Il canto della gioia in Dio*, p. 4, 53-71, 274 ; IDEM, « Qohelet e le tradizini sapienziali del Vicino Oriente Antico », p. 141-142.

[421] S. FISCHER, *Die Aufforderung zur Lebensfreude im Buch Kohelet*, p. 113-227.

[422] H. GRIMME, « Babel und Kohelet-Jojakim », p. 432-438.

généalogiques avec les littératures sapientielles égyptiennes et mésopotamiennes.

Il n'est plus à dire que les textes sapientiaux révèlent des traits d'une communauté de rationalité ou d'identité culturelle qui se réclament non pas des traditions bibliques prises exclusivement à part mais plutôt de tout le Proche-Orient ancien. Et c'est dans cette perspective qu'on peut toujours déceler des influences égyptiennes ou mésopotamiennes sur le *Qohélet*. Toutefois, l'affirmation de parentés littéraires entre le livre et les textes sapientiaux d'Égypte ou de la Mésopotamie n'infirme nullement, à notre avis, la probabilité d'une influence de la sagesse grecque sur le livre. En conséquence, suite à toutes les objections formulées contre les thèses d'affinité entre les idées du *Qohélet* et les doctrines philosophiques grecques, nos pages précédentes permirent d'observer que les remises en cause n'annulent pas la pertinence des affirmations d'entrecroisements littéraires entre le livre et le monde grec, notamment au sujet des passages suivants où (*supra*) — dans la deuxième partie de notre premier chapitre — nous avons émis quelques observations critiques :

- Qo 1,1-11 : תחת השמש (Qo 1,3 et *passim*)
- Qo 1,12-18 : תור (Qo 1,13 et *passim*) ; la prosopographie qohéletienne (Qo 1,12 et *passim*) ; אני (le « moi » qohélétien : Qo 1,12 et *passim*)
- Qo 2,24-26 et ses différents parallèles — Qo 3,12-13 ; 3,22 ; 5,17-19 ; 7,14-16 ; 8,15 ; 9,7-10 ; 11,7-12 — scandés par la quête d'une réponse à la récurrente question existentielle : qu'est-ce que le bonheur et quelles en sont les conditions de possibilité ?
- Qo 3,1-15 : עשה טוב (Qo 3,12) ; les convergences et les divergences sur la pensée du Qohélet et de Chrysippe[423] au sujet du temps

[423] Le stoïcisme zénonien considéré dans tous ses méandres n'est pas, à tous égards, identique à l'orientation typiquement chrysippéenne ni à la posture de Cléanthe. Cf. O. D'JERANIAN — Y. MALINGE, « Présentation : rationalité pratique et motivation morale dans l'éthique des vertus et l'éthique "existentielle" », *Philonsorbonne* 12 (2018) p. 105-106 ; O. D'JERANIAN, « Faiblesse cognitive et faiblesse morale chez les stoïciens », *Philonsorbonne* 11 (2017) p. 173-193 ; P.-M. F. CHANGO, *Qohélet et Chrysippe au sujet du temps* ; J.-B. GOURINAT, « *Akrasia and Enkrateia in Ancient Stoicism : minor Vice and minor Virtue ?* », P. DESTRÉE — C. BOBONICH (éd.), *Akrasia in Greek Philosophy. From Socrates to Plotinus*, Philosophia Antiqua 106, Leiden, Brill, 2007, p. 215-248.

- Qo 5,9-6,12 : עשה הימים (Qo 6,12aβ)
- Qo 7,15-22 : l'affirmation יצא את־כלם (Qo 7,18) tenue pour un indice non seulement du rejet de la moyenne dorée (*aurea mediocritas*) de Théognis de Mégare mais encore du surpassement de la médiété (μεσοτής) aristotélicienne

Comme nous l'avons vu (*supra*), au fil de notre développement sur ces passages, les connotations philosophiques que le *Qohélet* donne aux « considérations sur les plaisirs du manger et du boire, sur le travail, sur la vieillesse et sur le temps n'apparaissent pas dans le reste de la Bible hébraïque. Qohélet est ici proche d'une réflexion véhiculée par la culture hellénistique. [...] Qohélet critique la tradition de ses pères et semble indifférent aux thèmes bibliques classiques. La pensée juive traditionnelle lui est devenue comme étrangère. En revanche, il paraît sensible à la pensée grecque. Il n'est affilié à aucune école philosophique précise [...]. Il n'entre dans aucun système constitué, mais il respire ''l'air du temps''. Avec liberté : il prend ses distances à l'égard de l'idéal hellénistique de l'enrichissement par le commerce, et il ne renie pas la foi de ses ancêtres[424] ».

À l'appui de l'hypothèse non seulement de la perméabilité mais aussi de la contiguïté socio-culturelle des différents peuples de la civilisation hellénistique[425], on admet que le *Qohélet* ne fût pas imperméable au monde grec. C'est pourquoi notre conviction[426] rejoint celle de Maurice Gilbert : « il semble bien que Qohélet est dans la mouvance de la philosophie populaire grecque[427] ». Car, en toute rigueur, compte tenu de l'interaction dialogique qui s'instaure inéluctablement en tout milieu d'interculturalité, il est difficile de vouloir confiner voire ''encapsuler'' de manière obtuse le *Qohélet* dans une aire culturelle hermétiquement fermée et isolée de toutes les autres cultures avoisinantes et contemporaines à son milieu et à son époque de rédaction.

---

[424] J. VERMEYLEN, « Sagesse biblique et culture hellénistique : de Qohélet à Philon d'Alexandrie », p. 30-31.

[425] POLYBE, *Histoires* I à V, P. Pédech (éd.), Les Belles Lettres, Paris, 1961-1990 ; E. GABBA (dir.), *Polybe,* Entretiens de la Fondation Hardt 20, Genève, 1974 ; P. PÉDECH, *La Méthode historique de Polybe*, Paris, 1964 ; H. SCHWABL (éd.), *Grecs et Barbares*, Entretiens de la Fondation Hardt 8, Genève, 1962.

[426] P.-M. F. CHANGO, *Qohélet et Chrysippe au sujet du temps*, p. 137-138.

[427] M. GILBERT, *Les cinq livres des sages*, p. 117.

En résumé, les découvertes des enseignements de Amen-em-ope et autres vestiges de la littérature de sagesse égyptienne ou mésopotamienne ont irrésistiblement et notablement influencé, dès le premier quart du XXème siècle, l'orientation des recherches relatives aux rapports entre le *Qohélet* et les autres littératures sapientielles. Suite à ces découvertes on remarque non seulement un considérable regain d'intérêt pour la sagesse biblique, mais aussi un éveil, voire une curiosité plus insistante envers les comparaisons du *Qohélet* avec les textes égyptiens et mésopotamiens. Cependant les comparaisons du *Qohélet* aux vestiges littéraires du monde grec gardent toujours leur pertinence et demeurent d'actualité. En toute rigueur, contre l'hypothèse de « raidissement identitaire[428] », on ne saurait minimiser la dynamique entropie/néguentropie[429] inhérente à la coexistence des cultures du monde hellénistique. C'est pourquoi dans le détour des années soixante/soixante-dix on assiste, à nouveau, à de vigoureuses et vastes études identifiant désormais des *termes de comparaison* non plus

---

[428] J. VERMEYLEN, « Sagesse biblique et culture hellénistique : de Qohélet à Philon d'Alexandrie », P. 25.

[429] G. DORIVAL, « Grecs, romains, juifs, chrétiens en interaction », *RechSR* 101 (2013) p. 499-516 ; J. MÉLÈZE-MODRZEJEWSKI, *Un peuple de philosophes. Aux origines de la condition juive*, Paris, Fayard, 2011 ; J.-J. LAVOIE, « Quelques réflexions sur le pluralisme inter- et intrareligieux à partir des études comparatives du livre de Qohélet. II. Le pluralisme intrareligieux », *ScEs* 61 (2009) p. 39-50 ; IDEM, « Quelques réflexions sur le pluralisme inter- et intrareligieux à partir des études comparatives du livre de Qohélet. I : Le pluralisme interreligieux », *ScEs* 60 (2008) p. 250-257 ; G. SIMONDON, *L'individuation psychique et collective : à la lumière des notions de Forme, Information, Potentiel et Métastabilité*, Paris, Aubier, 2007 ; G. DORIVAL, « Hellénisme et judaïsme », *La Méditerranée d'une rive à l'autre : culture classique et cultures périphériques. Actes du 17ème colloque de la Villa Kérylos à Beaulieu-sur-Mer les 20 & 21 octobre 2006*, Cahiers de la Villa Kérylos 18, Paris, Académie des Inscriptions et Belles-Lettres, 2007, p. 155-166 ; L. H. FELDMAN, *Judaism and Hellenism reconsidered*, *JSJS* 107, Leiden — Boston MA, Brill, 2006 ; L. I. LEVINE, *Judaism and Hellenism in antiquity : conflict or confluence ?*, Seattle WA, University of Washington Press, 1999 ; J. VERMEYLEN (éd.), *Cultures* et *théologies en Europe. Jalons pour un dialogue*, Coll. Théologies, Paris, Cerf, 1995 ; E. WILL — C. ORRIEUX, *Ioudaïsmos-hellenismos. Essai sur le judaïsme judéen à l'époque hellénistique*, Nancy, 1986 ; B. F. MEYER — E. P. SANDERS (éd.), *Self-definition in the Greco-Roman World*, vol. 3, Philadelphia PA, Fortress Press, 1982 ; A. J. BAUMGARTEN — A. MENDELSON — E. P. SANDERS (éd.), *Aspects of Judaism in the Greco-Roman Period*, vol. 2, Philadelphia PA, Fortress Press, 1981 ; L. H. FELDMAN, « Hengel's Judaism and Hellenism in Retrospect », *JBL* 96 (1977), p. 371-382 ; L. BRILLOUIN, *Science and information theory*, Academic Press, New York NY, 1956.

seulement avec la pensée du *Qohélet*, mais aussi avec sa structure et son genre littéraire.

3. La structure et le genre littéraire du *Qohélet*

Au sujet des influences grecques sur la structure et le genre littéraire du livre, notre parcours a permis de constater qu'après les esquisses faites par Serafín de Ausejo (1948) il a fallu attendre le tournant des années soixante/soixante-dix pour que cet aspect du *Qohélet* fût approfondi.

En effet, la prolifération dans les années soixante/soixante-dix d'autres méthodes de lectures bibliques qui sont différentes des analyses historico-critiques[430] n'a pas été sans incidence sur la comparaison du *Qohélet* avec les vestiges littéraires du monde grec. Comme l'écrit Spangenberg : « since the late sixties and the beginning of the seventies of this century a new paradigm in the field of Biblical studies announced itself. This paradigm is linked to modern literary criticism and the shift in focus which took place in that field of study. In modern literary criticism the focus moved from the *author* to the text, and eventually to the *reader*[431] ».

Aussi ce changement significatif de paradigme dû à l'émergence de nouvelles approches qui bouleversent quelque peu le développement de l'histoire de l'exégèse du XXème siècle a, sans doute, renouvelé l'orientation des recherches concernant le *Qohélet*. Cela favorisa l'essor des analyses comparant le mode de composition et

---

[430] F. J. GONÇALVÈS, « Enjeux et possibilités de la quête du sens historico-originaire. Est-ce la même chose que le sens littéral ? », O.-T. VENARD (éd.), *Le sens littéral des écritures*, Paris, 2009, p. 47-74, spéc. 49 ; M. BAUKS — C. NIHAN (éd.), *Manuel d'exégèse de l'Ancien Testament*, Genève, Labor et Fides, 2008 ; J. J. COLLINS, *The Bible after Babel : Historical Criticism in a Post-modern Age*, Grand Rapids MI – Cambridge UK, 2005 ; G. C. BARTHOLOMEW, *Reading Ecclesiastes*, p. 99-270 ; O. MAINVILLE, *La Bible au creuset de l'histoire. Guide d'exégèse historico-critique*, Coll. Sciences bibliques — Études/Instruments 2, Paris, Médiaspaul, 1995, p. 97-103 ; B. MONTAGNES, « La méthode historique. Succès et revers d'un manifeste », *Naissance de la méthode critique. Colloque du centenaire de l'École Biblique et Archéologique Française de Jérusalem*, Paris, Cerf, 1992, p. 67-88 ; P. GUILLEMETTE — M. BRISEBOIS, *Introduction aux méthodes historico-critiques*, Héritage et projet 35, Montréal, Fides, 1987.

[431] I. J. J. SPANGENBERG, « A Century of Wrestling with Qohelet. The Research History of the Book illustrated with a Discussion of Qo 4,17-5,6 », p. 66.

d'articulation de la pensée du livre aux structures et aux formes logiques des constructions littéraires grecques. Ce fut un pas décisif dans l'évolution des recherches sur le livre[432].

À partir des années soixante/soixante-dix, Ginsberg (1963) puis Braun (1973) et plus tard Lohfink (1979/1997), D'Alario (1992), Backhaus (1993) et Schwienhorst-Schönberger (2004) mettent donc en évidence les traits d'affinité entre l'articulation logique du livre et le mode de composition organique des œuvres littéraires grecques. L'intérêt particulier que ces exégètes accordent à l'identification des influences grecques sur la structure et le genre littéraire du livre est comme un rebondissement, — dans un contexte historique intellectuellement plus favorable, bien entendu — de la préoccupation antérieurement exprimée dans les publications de De Ausejo (1948).

Par ailleurs, « la plupart des spécialistes (cf. cependant M. Rose) se représente Qohéleth comme un auteur unique, qui a composé le livre portant son nom de manière individuelle, à l'exception du cadre rédactionnel (1,1.2 ; 12,8) et des deux épilogues (12,9-11 et 12,12-14)[433] ». À tout cela s'ajoute la recrudescence des études s'intéressant davantage à l'arrière-plan socio-historique du livre.

Pour finir, il n'est plus à dire que le débat relatif aux influences grecques sur le *Qohélet* est toujours en cours et se déroule avec d'autant plus d'originalité que les différents changements de paradigmes de recherche qui jalonnent l'histoire de l'exégèse ont constamment influencé d'une manière positive et prometteuse son orientation et son évolution.

Bien entendu, ce débat a fréquemment donné lieu à de passionnants moments de fécondité et d'emballements qui sont marqués de houleux bouillonnements intellectuels conjugués à l'effervescence de la pensée et qui ont dû régulièrement laisser place à de grandes périodes critiques de démêlage scientifique des acquis chaque fois confrontés à de nouvelles découvertes exigeant continûment des recherches toujours plus serrées et plus systématiques.

Mais il demeure vrai que « la questione del rapporto tra il libro del Qohelet, il giudaismo e l'ellenismo ci porta su un terreno molto

---

[432] J. L. CRENSHAW, « Qoheleth in Current Research », *HAR* 7 (1983) p. 41-56, spec. p. 46.

[433] A. BUEHLMANN, « Qohéleth », T. RÖMER — J.-D. MACCHI — C. NIHAN (éd.), *Introduction à l'Ancien Testament*, Genève, 2004, p. 545.

discusso[434] ». Ainsi, dans ce domaine de recherches, on n'est pas encore parvenu à un véritable consensus entre les exégètes. D'ailleurs, la multiplicité des études en la matière est, de toute évidence, un signe palpable de son indéniable complexité et de sa rare pertinence et fécondité.

[434] L. MAZZINGHI, « Qohelet tra giudaismo ed ellenismo. Un'indagine a partire da Qo 7,15-18 », p. 90.

CONCLUSION

Notre parcours a permis de mettre en lumière les vocables, les idées et les éléments structurants qui, durant les deux siècles derniers, ont fait l'objet des études comparées du *Qohélet* avec la culture grecque. Concrètement l'exposé, en un premier moment, des théories en faveur des affinités du livre avec les vestiges littéraires et philosophiques grecs a, subséquemment, permis de mettre au grand jour les hypothèses infondées ou critiquées concernant les rapports entre l'œuvre et l'univers hellénique puis de relever les résultats décisifs qui s'imposent au regard de l'ensemble de notre développement.

Si on ne considère que superficiellement les enjeux dialectiques qui s'imbriquent et qui configurent nos deux premiers chapitres, on pourrait sommairement penser que le deuxième (chapitre) n'est qu'un étalage de positions critiques et polémiques qui ne consistent qu'en une contestation des thèses antérieurement soutenues (au premier chapitre). Et conséquemment on pourrait, sur un funeste malentendu, avoir l'impression que le débat au sujet des relations entre le *Qohélet* et les matériaux littéraires et philosophiques grecs ne représente qu'un ensemble de supputations exégétiques et de spéculations passionnées qui ne se réduisent qu'à une arène de discussions cacophoniques qui frisent un dialogue de sourds.

Mais dans la mesure où l'essence de toute recherche scientifique selon le *modèle déductif*[435] relève du fait que toute *théorie*

[435] K. POPPER, *La connaissance objective*, Paris, PUF, 1978, p. 39-78, 297-315 ; A. BOYER, *Introduction à la lecture de K. Popper*, Paris, Presses de l'ENS, 1994 ; R. BOUVERESSE, *Karl Popper ou le rationalisme critique*, Paris, Vrin, 1978.

authentique[436] est par nature une *conjecture* en sursis de *réfutation* — c'est-à-dire *une solution conjecturale* qui est en perpétuel procès — et, par conséquent, en éventuel devenir jusqu'à ce qu'elle soit surpassée par une autre théorie concurrente « dont le contenu corroborée est plus élevé[437] », il convient d'observer que nos deux premiers chapitres tentent de fournir un tableau panoramique décrivant la manière dont, durant les deux siècles d'études comparées du livre avec le monde hellénique, l'exégèse du *Qohélet* n'a pas sombré dans une situation de routine prolongée où des *idées initialement reçues* seraient précautionneusement réitérées sans aucun effort de remise en cause pouvant donner lieu à d'éventuelles innovations. En toute rigueur, les recherches exégétiques sur le *Qohélet* ont baigné dans un climat de vigilance intellectuelle ou d'alerte permanente et de questionnement continu dans le souci de faire sans cesse avancer de manière inventive et pertinente l'herméneutique du livre.

Bien entendu, conformément à la double dynamique *science normale/science extraordinaire* inhérente à l'histoire des recherches scientifiques selon la pensée kuhnienne[438], toute communauté scientifique dans le régime de « *science normale*[439] » fonctionne à partir d'un *ensemble de principes à la fois théoriques, méthodologiques et pragmatiques* bref, un *ensemble d'idées reçues* comme des « paradigmes[440] » auxquels elle souscrit, ne serait-ce que de manière tacite[441], et qui servent de point de départ pour accomplir de nouvelles recherches de telle sorte que « le passage d'un paradigme à un autre par l'intermédiaire d'une révolution est le modèle normal du développement d'une science adulte[442] ». Selon cette perspective (kuhnienne) du déroulement historique de la science on remarque sans doute que, durant ces deux siècles d'étude comparée du *Qohélet*, les *périodes qui séparent* les différentes découvertes — à savoir le

---

436 Cf. G. HOTTOIS, *Philosophies des sciences, philosophies des techniques* ; L. SOLER, *Introduction à l'épistémologie*, Paris, Ellipses, 2000 ; K. POPPER, *Conjectures et réfutations* ; IDEM, *La quête inachevée*, Paris, Calmann-Lévy, 1981 ; IDEM, *La connaissance objective* ; IDEM, *La logique de la découverte scientifique* ; G. BACHELARD, *La philosophie du non* ; IDEM, *La formation de l'esprit scientifique* ; IDEM, *Le nouvel esprit scientifique* ; IDEM, *Essai sur la connaissance approchée*.

437 I. LAKATOS, *Histoire et méthodologie des sciences*, Paris, PUF, 1996, p. 42.

438 Cf. T. S. KUHN, *La tension essentielle*, Paris, Gallimard, 1990.

439 T. S. KUHN, *La structure des révolutions scientifiques*, p. 60-70.

440 *Ibidem,* p.11.

441 *Ibidem,* p. 21-22, 30, 45.

442 *Ibidem,* p. 32.

déchiffrement des hiéroglyphes égyptiens grâce à Champollion (1828) ; l'accès, d'une part, aux textes cunéiformes de Mésopotamie (dès le milieu du XIXème siècle) et, d'autre part, aux trésors littéraires des grottes 1 à 11 de Qumrân (entre 1946 et 1956) ; sans oublier la recrudescence des lectures synchroniques de la Bible (dès les années soixante/soixante-dix) — qui ont donné lieu aux *bouleversements paradigmatiques et épistémologiques* que nous avons évoqués dans notre troisième chapitre font penser aux régimes de « *science normale*[443] ». Certes, en ces circonstances, les exégètes furent plus intensément préoccupés d'élucider les aspects non encore expliqués du livre en utilisant simplement les clefs d'analyse fournies par les explorations théoriques que suscitèrent les *renouvellements paradigmatiques survenus*[444] et les nouveaux champs d'investigation qui s'étaient successivement imposés.

Toutefois, même durant ces moments qui correspondraient aux périodes de « *science normale*[445] », — où, selon le jargon de l'épistémologie Kuhnienne, aucuns « concurrents du paradigme existant[446] » ne s'annonçaient — les théories en cours continuaient à être examinées de manière critique par la majorité des exégètes et restaient toujours susceptibles d'être rejetées si jamais elles finissaient par apparaître comme des solutions erronées. Autrement dit, ce n'est pas *exceptionnellement* à l'occasion de quelque *macro-révolution*[447] exégétique[448] — annoncée par des crises épistémologiques majeures devant inéluctablement être résorbées — qu'intervint « la mise à l'épreuve[449] » de la validité[450] des théories par « degré de corroboration[451] ». En effet, chaque fois qu'une théorie était majoritairement acceptée par les exégètes ces derniers y adhéraient tout en continuant à y réfléchir en permanence et à y opposer à tout moment toutes sortes de *tests* et de *réfutations* possibles (évoquées dans notre deuxièmes chapitre) quitte à ce que toute « conjecture[452] » qui recevait l'adhésion majoritaire des

---

[443] *Ibidem,* p. 60-70.
[444] *Ibidem,* p. 47.
[445] *Ibidem,* p. 60-70.
[446] *Ibidem,* p. 176.
[447] *Ibidem,* p. 133-156 ; IDEM, *La révolution copernicienne.*
[448] Voir *infra* notre note 454 à la p. 116.
[449] K. POPPER, *La Logique de la découverte scientifique*, p. 29-30.
[450] IDEM, *La connaissance objective*, p. 60-65.
[451] *Ibidem*, p. 61.
[452] *Ibidem*, p. 50.

exégètes résistât jusqu'à ce que l'une ou l'autre théorie rivale finît par l'emporter en y débusquant des erreurs qui jusque-là passaient inaperçues ! À la différence de la perspective kuhnienne[453], ce n'est donc pas *exclusivement* dans quelque circonstance de *crises épistémologiques exacerbées*[454] et de renversements révolutionnaires[455] conduisant à l'adoption de nouveaux paradigmes que s'est exercé, dans les cercles des exégètes durant ces deux siècles d'études comparées du livre, le principe de la mise à l'épreuve par les *tests critiques* et les *réfutations* susceptibles de susciter des révisions substantielles et avantageuses dans le cours de la progression ou de l'amélioration de l'une ou l'autre théorie initialement avancée[456]. Car sans en confiner la pratique *strictement et uniquement* aux singuliers moments de renouvellements paradigmatiques, les exégètes ont couramment eu recours à *la mise à l'épreuve selon le criticisme poppérien* en continuant les recherches de manière à *éprouver* en permanence et à

---

[453] T. S. KUHN, *The Road since Structure. Philosophical Essays, 1970-1993, with an autobiographical Interview*, Chicago IL, University of Chicago Press, 2000 ; R. NADEAU, « La philosophie des sciences après Kuhn », p. 159-189 ; P. HOYNINGEN-HUENE, *Reconstructing scientific Revolutions. Thomas S. Kuhn's Philosophy of Science*, Chicago IL — Londres, University of Chicago Press, 1993 ; P. HORWICH (éd.), *World Changes : Thomas Kuhn and the Nature of Science*, Cambridge MA, MIT Press, 1993 ; K. POPPER, « Replies to my Critics », P. A. Schilpp (éd.), *The Philosophy of Karl Popper*, The Library of Living Philosophers 14, La Salle IL, Open Court Publishing Co., 1974, p. 961-1197 ; T. S. KUHN, « Logic and Psychology of Discovery », P. A. Schilpp (éd.), *The Philosophy of Karl Popper*, p. 797-819 ; IDEM, « Reflexions on my Critics », I. Lakatos — A. Musgrave (éd.), *Criticism and the Growth of Knowledge. Proceedings of the International Colloquium in the Philosophy of Science, London, 1965*, Cambridge, Cambridge University Press, 1970, p. 231–278 ; J. W. N. WATKINS, « Against ''Normal Science'' », I. Lakatos — A. Musgrave (éd.), *Criticism and the Growth of Knowledge*, p. 25-37 ; K. POPPER, « Normal Science and its Dangers », I. Lakatos — A. Musgrave (éd.), *Criticism and the Growth of Knowledge*, p. 51–58.

[454] Cf. T. S. KUHN, *La structure des révolutions scientifiques*, p. 100-113.

[455] *Ibidem*, p. 114-218. Dans une acception similaire et au sujet de la crise du Pentateuque, Thomas Römer n'a pas hésité à qualifier de « ''révolution scientifique'', selon une expression de T. S. Kuhn » le bouleversement que produisirent les trois ouvrages ci-après : R. RENDTORFF, *Das überlieferungsgeschichtliche Problem des Pentateuch*, BZAW 147, Berlin — New York NY, 1977 ; H. H. SCHMID, *Der sogenannte Jahwist*, Zürich, 1976 ; J. VAN SETERS, *Abraham in History and Tradition*, London — New Haven CT, 1975. Cf. T. RÖMER, « La formation du Pentateuque selon l'exégèse historico-critique », C.-B. Amphoux — J. Margain (éd.), *Les premières traditions de la Bible*, HTB 2, Lausanne, Zèbre, 1996, p.17-55, spéc. p. 37.

[456] Cf. K. POPPER, *Conjectures et réfutations*, p. 64-65 ; IDEM, *La Logique de la découverte scientifique*, p. 30-36 ; P. A. SCHILPP (éd.), *The Philosophy of Karl Popper*, p. 1145-1149, 1195.

peaufiner ou améliorer voire amender, au besoin, les solutions, même celles qui faisaient école et qui recueillaient l'adhésion consensuelle majoritaire des exégètes.

Aussi, la cohérence intrinsèque de nos trois chapitres s'imprègne-t-elle de certaines subtilités de l'épistémologie poppérienne sans pour autant éclipser des effleurages marginaux qui, de manière antithétique, se font l'écho de quelque résidu de composantes sociologiques qui sont du ressort de l'approche kuhnienne et qui ne transparaissent qu'accessoirement dans notre posture critique sans en émousser la pointe. Car « la philosophie des sciences sans l'histoire des sciences est vide, l'histoire des sciences sans la philosophie des sciences est aveugle[457] ». Et c'est pourquoi, à la lueur de la pensée poppérienne, ce que nous avons désigné *grosso modo*, tout au long de notre développement, notamment au troisième chapitre, par *paradigme* est à prendre dans l'acception où Karl Popper entend ce concept quand il écrit : « je n'ai jamais fixé une limite inférieure ou supérieure à la taille de ce que j'ai appelé ''conjectures''. [...] Pour désigner ce que Kuhn appelle un ''paradigme'', il me faudrait parler, selon ce qui fait sa marque distinctive, de théorie dominante ou de mode régnante. Mais si les ''paradigmes'' dépassent tellement en grandeur les conjectures, alors cela même les rapproche dangereusement du *Zeitgeist* hégélien ; ce de quoi mes ''conjectures'' sont, je pense, infiniment éloignées[458] ».

Somme toute, loin d'être un simple concert polyphonique d'opinions apparemment diverses et éparses voire disparates[459] — où les positions en présence ne seraient que diamétralement opposées les unes aux autres et où les points de vue exprimés ne se croiseraient que d'une façon, à la limite, antagoniste — le *débat* qu'exposent nos chapitres est plutôt riche en résultats décisifs dont le panorama donne lieu à de véritables constantes qui soulignent la pertinence et la fécondité des recherches dans un contexte où les hypothèses constamment en procès montrent jusqu'à quel point chaque position avancée est un énoncé conjectural sans cesse révisé en vue d'obtenir des résultats toujours meilleurs. Notre exposé des études comparées du *Qohélet* a donc mis en évidence comment, loin d'être à tout jamais un savoir absolument assuré et définitif, durant ces deux siècle, chaque *théorie* émise — étant sauves, implicitement, les limites transcen-

[457] I. LAKATOS, *Histoire et méthodologie des sciences*, p. 185.
[458] P. A. SCHILPP (éd.), *The Philosophy of Karl Popper*, p. 1070.
[459] Cf. P. FEYERABEND, *Contre la méthode*, Coll. Points Sciences, Paris, Seuil, 1988.

dantales[460] des positions théologiques doctrinales et confessionnelles ou dogmatiques — se fait saisir comme une *conjecture* qui, passée au crible de la *critique*, se maintient en sursis de *réfutation* tant que d'autres théories rivales, en permanence reformulées, ne parviennent à l'éliminer en fournissant de meilleurs éclaircissements épistémologiques.

De plus, il va sans dire qu'au service des recherches exégétiques, la méthode comparative appliquée au *Qohélet* a visé, principalement et par-dessus tout, à établir des comparaisons qui tiennent tangiblement compte des milieux de vie des parallèles invoqués tout en mettant en évidence non seulement leurs *ressemblances* mais aussi leurs *dissemblances*. Aussi établir un matériel de comparaison, ensuite repérer à bon escient les éléments spécifiques qui donnent lieu à des possibilités de rapprochement puis éprouver et mesurer, avec perspicacité et pénétration, le degré de pertinence intrinsèque et d'incidence de ce matériel de base aussi bien sur l'ensemble du *Qohélet* que sur les éléments helléniques qui constituent le second terme de comparaison (et vice versa) bref, cet ensemble de procédés analytiques constitue l'une des démarches historico-critiques dont la fécondité est illustrée par ces deux siècles d'exégèse comparative du livre. À ce propos, notre conviction n'est pas sans rejoindre celle de Luca Mazzinghi qui écrit :

> « continuo in ogni caso a ritenere che senza l'ausilio del metodo storico-critico difficilemente sia possibile cogliere ciò che l'autore intendeva communicare[461] ».

Toutefois, pour prévenir tout malentendu, rappelons le dicton : « comparaison n'est pas raison ! » Toute comparaison a des limites. Il ne suffit pas de comparer deux choses pour en déduire une stricte assimilation. Autrement dit, de l'appariement des dissemblables et même des semblables on ne saurait impérativement déduire une

---

[460] Cf. H. KEUTH, *The Philosophy of Karl Popper*, Cambridge University Press, 2005 ; K.-O. APPEL, *Discussion et responsabilité*, Paris, Cerf, 1996-1998 ; IDEM, *Éthique de la discussion*, Paris, Cerf, 1994 ; IDEM, *Sur le problème d'une fondation rationnelle de l'éthique à l'âge de la science : l'a priori de la communauté communicationnelle et les fondements de l'éthique*, R. Lellouche — I. Mittmann (trad.), Lille, Presses Universitaires de Lille, 1987 ; E. KANT, *Critique de la raison pure*, A. Tremesaygues — B. Pacaud (trad.), Paris, P.U.F., 62001 ; IDEM, *Prolégomènes à toute métaphysique future qui pourra se présenter comme science*, L. Guillermit (trad.), Paris, Vrin, 1993.

[461] L. MAZZINGHI, *Ho cercato e ho esplorato*, p. 10.

nécessaire équivalence d'identités. D'ailleurs, la comparaison n'explique pas tout et tout ne s'explique pas non plus exclusivement par la comparaison[462].

Au terme de ces délicates investigations menées de sang-froid et — autant que faire se peut — avec une sereine et implacable impartialité, on ne saurait affirmer que le voile sur l'énigme du *Qohélet*, « le plus contesté et le plus difficile des écrits de sagesse[463] », est entièrement levé. Néanmoins, sur ces deux siècles, les recherches sur le livre font sans doute percevoir avec lucidité comment *l'éclectisme philologique* ou *l'hétérogénéité stylistique* ou même *le caractère composite* de certaines formulations du *Qohélet* pourraient, à partir d'une série de comparaisons, s'éclaircir à la lueur du monde grec sans nécessairement qu'il y ait une dépendance littéraire directe. Dans cet ordre de considérations, prenant en compte toute l'histoire de la Philosophie Antique et tous les textes classiques connexes, notre parcours, verset par verset, du *Qohélet* au regard des vestiges littéraires et philosophiques grecs a permis d'appréhender comment, dans le livre, *la Sagesse biblique* entre en dialogue avec *la sagesse grecque*. Dans ce dialogue, on voit en filigrane se profiler à l'horizon *une interpénétration constructive, enrichissante et féconde* qui se joue entre *différentes communautés de rationalité*. Pourtant, et on le voit jusqu'au

---

[462] Cf. P. BORGEAUD, *Exercices d'histoire des religions. Comparaisons, rites, mythes et émotions*, Jerusalem Studies in Religion and Culture 20, Leiden — Boston MA, Brill, 2016 ; IDEM, « Observer, décrire, comparer. Une petite méditation », P. Gisel — S. Margel (éd.), *Le croire au cœur des sociétés et des cultures. Différences et déplacements*, BEHE SSR 149, Turhout, Brepols, 2011, p. 19-30 ; IDEM, « Généalogie et comparatisme sous le regard de la théologie », *RTP* 140 (2008) p. 301-306 ; IDEM, *Aux origines de l'histoire des religions*, Paris, Seuil, 2004 ; O. MAINVILLE, *La Bible au creuset de l'histoire*, p. 97-103 ; C. VIELLE — P. SWIGGERS — G. JUCQUOIS (éd.), *Comparatisme, mythologies, langages : en hommage à Claude Lévi-Strauss*, BCILL 73, Louvain-La-Neuve, Peeters, 1994 ; P. GUILLEMETTE — M. BRISEBOIS, *Introduction aux méthodes historico-critiques*, Héritage et projet 35, Montréal, Fides, 1987, p. 356 ; C. LEVI-STRAUSS, « Religions comparées des peuples », *Annuaire de l'École Pratique des Haute Études* 79 (1971-1972) p. 55-80 ; IDEM, « Religions comparées des peuples sans écriture », *Problèmes et méthodes d'histoire des religions. Mélanges publiés par la Section des Sciences religieuses à l'occasion du centenaire de l'École pratique des Hautes Études*, Paris, PUF, 1968, p. 1-7 ; E. POULAT — O. POULAT, « Le développement institutionnel des sciences religieuses en France », *Archives des sciences sociales des religions*, vol. 21, N° 1(1966) p. 23-36 ; R. ÉTIEMBLE, *Comparaison n'est pas raison. La crise de la littérature comparée*, Essais 109, Paris, Gallimard, 1963.

[463] G. COUTURIER, « Préface », J.-J. LAVOIE, *La pensée du Qohélet*, p. 7.

bout, l'enracinement dans le milieu culturel vétérotestamentaire foncièrement juif, tel que l'illustre le *Qohélet*, reste sans compromis ! L'épreuve de l'altérité n'altère ni n'aliène en aucun cas le rapport autogéré à l'autre.

C'est pourquoi, cette dynamique d'interculturalité éveille, avec force et éloquence, une interpellation sensible qu'on ne saurait passer sous silence. En effet, de manière générale, la culture est l'effectivité de l'extranéation[464] de l'esprit ; c'est-à-dire le déploiement épiphane de l'esprit cultivé ; en d'autres termes, c'est *l'ensemble des manifestations de l'esprit*. À ce titre, toute culture est animée par une *dynamique dialectique*, à savoir *l'entropie/néguentropie*, qui est caractérisée par la *double impulsion*, concomitante et antagoniste, imprimant de façon corrélée l'élan au *changement* qui va de pair avec la tendance à l'endurcissement dans le *maintien*. Aussi, au cœur de toute culture, *la tradition* a-t-elle la fonction complexe de *légitimation* et de *subversion*. Bien entendu, aucune culture, au risque de disparaître *par entropie*, n'est figée. Mais, renoncer *par néguentropie* à l'immobilisme, à l'isolement ou à l'enfermement autarcique ne doit pas conduire à un périlleux excès d'engouement à l'importation ni à l'extraversion. De même, accueillir de nouveaux éléments ne doit pas engendrer une inclination aliénante à l'ouverture, exagérée et sans clairvoyance, à toutes nouveautés de quelque ordre que ce soit. Un judicieux discernement des deux extrêmes — à savoir le manque d'ouverture, d'une part, et l'excès d'ouverture, d'autre part — doit constamment réguler les enjeux du dialogue interculturel de telle sorte que prédomine non pas le *rapport, hégémonique et aliénateur,* à l'autre, mais plutôt la *relation autogérée* à l'autre[465].

---

[464] G. W. F. HEGEL, *La phénoménologie de l'esprit*, Tome II, J. Hyppolite (trad.), Coll. Philosophie de l'esprit, Paris, Aubier-Montaigne, 1941, p. 50-84.

[465] P.-M. F. CHANGO, « La mention littéraire de Ḥălôm en Qo 4,17-5,6 entre Judaïsme et Hellénisme : un modèle d'ouverture autogérée en contexte de mutation de mutualité interculturelle », *Théologie Africaine, Église et Sociétés*, N°5 (2014), p. 199-225 ; M. ZUNDEL, *Je est un autre*, Québec, Anne Sigier, 1991 ; P. RICŒUR, *Soi-même comme un autre,* Paris, Seuil, 1990 ; E. LEVINAS, *Autrement qu'être ou au-delà de l'essence*, Coll. Biblioessais, Paris, Livre de poche, 1990 ; IDEM, *Le temps et l'autre*, Paris, PUF, Quadrige, 1983 ; A. BADIOU, *L'être et l'événement*, Coll. L'ordre philosophique, Paris, Seuil, 1988, p. 95-137 ; P.-J. LABARRIÈRE, *Le discours de l'altérité*, Paris, PUF, 1983 ; G. BACHELARD, « Préface », M. BUBER, *Je et tu,* Paris, Aubier, 1969, p. 8-11 ; A. MATHERON, *Individu et communauté chez Spinoza*, Coll. Le sens commun, Paris, Minuit, 1969.

INDEX

Textes bibliques

Auteurs anciens

Auteurs récents

BIBLIOGRAPHIE

AERTS, T., « Two are better than one (Qohelet 4,10) », *Point Series* 14 (1990) p. 11-48.

AETIUS, *Opinions*, J.-P. DUMONT (éd.), *Les Présocratiques*, Coll. Bibliothèque de la Pléiade, Paris, 1988.

ALDERINI, G., « Qohelet 5,7-8 : note linguistiche ed esegetische », *BeO* 183 (1995) p. 13-32.

ALETTI, J.-N. — GILBERT, M. — SKA, J.-L. — VULPILLIÈRES, S. DE, *Vocabulaire raisonné de l'exégèse biblique : les mots, les approches, les auteurs*, Coll. Outils bibliques, Paris, Cerf, 2005.

ALEXANDER, P. S., « Profile Targum Qohelet », *Aramaic Studies* 9 (2011) p. 101-114.

ALEXANDER, P. S., « "Translation and Midrash completely fused together" ? The Form of the Targums to Canticles, Lamentations and Qohelet », *Aramaic Studies* 9 (2011) p. 83-99.

ALLENDAR, D. B. — LONGMAN III, T., *Bold Purpose : Exchanging Counterfeit Happiness for the real Meaning of Life*, Wheaton IL, 1998.

ALLGEIER, A., *Das Buch des Predigers oder Koheleth*, HSAT VII/2, Bonn, 1925.

ALSHICH, M., *The Book of Koheleth : in Pursuit of Perfection*, R. Shahar (Trad.), Jerusalem, 1992.

ANAT, M. A., « The Lament on the Death of Humanity in the Scroll of Qohelet », *Beth Mikra* 15 (1970) p. 375-380 [Text in Hebrew].

ANAXIMANDRE, *Fragments et témoignages*, CONCHE, M. (éd./trad.), Paris, 1991.

ANAYA LUENGO, P. R., *El hombre, destinatario de los dones de Dios en el Qohélet*, Salamanca, Universidad Pontificia de Salamanca, 2007.

ANDERSON, D., *Ecclesiastes : the Mid-Life Crisis*, Neptune NJ, 1987.

ANDERSON, G., *A Time to mourn, a Time to dance : the Expression of Grief and Joy in israelite Religion*, Pennsylvania PA, University Park, 1991.

ANDERSON, P., « Credible Promises : Ecclesiastes 11,3-6 », *CurTM* 20 (1993) p. 265-267.

ANDERSON, W. H. U., « A Critique of the standard Interpretations of the Joy Statements in Qohelet », *JNSL* 27 (2001) p. 57-75.

ANDERSON, W. H. U., « Historical Criticism and the Value of Qoheleth's pessimistic Theology for postmodern Christianity through a canonical Approach », *OTE* 13 (2000) p. 143-155.

ANDERSON, W. H. U., « Ironic Correlations and Scepticism in the Joy Statements of Qoheleth », *SJOT* 14 (2000) p. 67-100.

ANDERSON, W. H. U., « Philosophical Considerations in a Genre Analysis of Qoheleth », *VT* 48 (1998) p. 289-300.

ANDERSON, W. H. U., *Qoheleth and its pessimistic Theology : hermeneutical Struggles in Wisdom Literature*, Lewiston ME, 1997.

ANDERSON, W. H. U., « The poetic Inclusio of Qoheleth in Relation to 1,2 and 12,8 », *SJOT* 12 (1998) p. 203-213.

ANDERSON, W. H. U., « The Problematics of the Sitz im Leben of Qoheleth », *OTE* 12 (1999) p. 233-248.

ANDERSON, W. H. U., « What is Scepticism and can it be found in the Hebrew Bible », *SJOT* 13 (1999) p. 225-257.

ANDREWS, S. R., « Ecclesiastes 7,1-19 », *Int* 55 (2001) p. 299-301.

APPEL, K.-O., *Discussion et responsabilitė*, Paris, Cerf, 1996-1998.

APPEL, K.-O., *Éthique de la discussion*, Paris, Cerf, 1994.

APPEL, K.-O., *Sur le problème d'une fondation rationnelle de l'éthique à l'âge de la science : l'a priori de la communauté communicationnelle et les fondements de l'éthique*, R. Lellouche — I. Mittmann (trad.), Lille, Presses Universitaires de Lille, 1987.

ARANDA, M. G., *El comentario de Abraham Ibn Ezra al Libro del Ecclesiastés. Introducción, traducción y edición crítica*, Madrid, 1994.

ARISTOPHANE, *Les Nuées*, VAN DAELE (éd./trad.), CUF, Paris, 1934.

ARISTOTE, *Éthique à Nicomaque* I, J. TRICOT (éd./trad.), Paris, 2007.

ARISTOTE, *Métaphysique*, J. TRICOT (éd./trad.), Paris, 1991.

ARISTOTE, *Météorologiques* II, P. LOUIS (éd./trad.), CUF, Paris, 1982.

ARISTOTE, *Περὶ τὰ ζῷα ἱστορίαι*, P. LOUIS (éd./trad.), *Histoire des animaux* II, Livres V-VII, Coll. Budé, Paris, 1964.

ARISTOTE, *Physique* I – IV, P. PELLEGRIN (éd./trad.), Paris, 2000.

ARISTOTE, *Topiques*, J. BRUNSCHWIG (éd./trad.), CUF, Paris, 1967.

ARNIM, J. (éd.), *S.V.F.*, vol. I, II, Leipzig, 1903.

ARRIEN, *διατριβαί*, V. COURDAVEAUX (éd.), *Les entretiens d'Epictète recueillis par Arrien*, Paris, Librairie Académique Perrin, 1908.

ASENSO, V. M., *Libri sapienziali e altri scritti*, Introduzione allo studio della Bibbia 5, Brescia, Paideia, 1997.

ASTOUR, M. C., « Two ugaritic Serpent Charms », *JNES* 27 (1968) p. 13-36.

ASURMENDI, J. M., *Du non-sens. L'Ecclésiaste*, Paris, Cerf, 2012.

ASURMENDI, J. M., « Power in Qohelet and the Prophets », N. CALDUCH-BENAGES (éd.), *Wisdom for Life. Essays Offered to Honor Prof. Maurice Gilbert, SJ on the Occasion of His Eightieth Birthday*, Berlin — Boston MA, De Gruyter, 2014, p. [132]-144.

ATKINSON, T., « Contemplation as an Alternative to Curiosity : St Bonaventure on Ecclesiastes 1,3-11 », *SJT* 68 (2015) p. 16-33.

ATKINSON, T., *Singing at the Winepress : Ecclesiastes and the Ethics of Work*, London, Bloomsbury T&T Clark, 2015.

AUFFRET, P., « ''Rien du tout de nouveau sous le soleil''. Étude stucturelle de Qoh 1,4-11 », *Folia Orientalia* 26 (1989) p. 145-166.

AUNE, D. E. « On the Origins of the ''Council of Javneh'' Myth », *JBL* 110 (1991) p. 491-493.

AZIZE, J., « Considering the Book of Qohelet Afresh », *Ancient Near Eastern Studies* 37 (2000) p. 183-214.

AZIZE, J., « The Genre of Qohelet », *DavarLogos* 2 (2003) p. 123-138.

BACHELARD, G., *Essai sur la connaissance approchée*, Paris, Vrin, 2006.

BACHELARD, G., *La formation de l'esprit scientifique*, Paris, Vrin, 2004.

BACHELARD, G., *La philosophie du non. Essai d'une philosophie du nouvel esprit scientifique*, Paris, PUF, 1940.

BACHELARD, G., *La poétique de l'espace*, Paris, PUF, 1957.

BACHELARD, G., *Le nouvel esprit scientifique*, Paris, Vrin, 2003.

BACKHAUS, F. J., *''Denn Zeit und Zufall trifft sie alle''. Studien zur Komposition und zum Gottesbild im Buch Qohelet*, BBB 83, Frankfurt am Main, 1993.

BACKHAUS, F. J., *Es gibt nichts Besseres für den Menschen (Koh. 3, 22). Studien zur Komposition und zur Weisheitskritik im Buch Kohelet*, BBB 121, Bonn — Bodenheim am Rhein, 1998.

BACKHAUS, F. J., « Kohelet und die ''Diatribe'' Hermeneutische und methodologische Überlegungen zu einem noch ausstehenden Stilvergleich », *BZ* 42 (1998) p. 248-256.

BACKHAUS, F. J., « Kohelet und die Ironie. Vom Umgang mit Widersprüchen durch die Kunst der Ironie », *BN* 101 (2000) p. 29-55.

BACKHAUS, F. J., « Qohelet und der Sogenannte Tun-Ergehen-Zusammenhang », *BN* 89 (1997) p. 30-61.

BACKHAUS, F. J., « Qohelet und Sirach », *BN* 69 (1993) p. 32-55.

BADIOU, A., *L'être et l'événement*, Coll. L'ordre philosophique, Paris, Seuil, 1988.

BÄHLER, U., *Gaston Paris et la philologie romane*, Genève, Droz, 2004.

BAILLY, A., *Dictionnaire grec-français. À l'usage des élèves des lycées et des collèges*, Paris, Hachette, [8]1919.

BAKON, S., « Koheleth », *JBQ* 26 (1998) p. 168-176.

BALTZER, K., « Women and War in Qohelet 7,23-8,1a », *HTR* 80 (1987) p. 127-132.

BANZHAF, R. F., « Proverbs, Ecclesiastes, and Modern Religious Education », *Religion in Life* 37.3 (1968) p. 364-381.

BARANIAK, M., « The Sun or the Wind ? (cf. Qoh 1,6a). The Greek Readind [sic] of the Hebrew Text of Qoheleth in the Perspective of Rhetorical

Analysis », R. MEYNET — J. ONISZCZUK *et al.* (éd.), *Atti del quarto convegno della RBS : International Studies on Biblical & Semitic Rhetoric*, Roma, Gregorian & Biblical Press, 2015, p. [93]-117.

BARANOWSKI, K. J., « The Article in the Book of Qohelet », G. GEIGER (éd.), *Ἐν πάσῃ γραμματικῇ καὶ σοφίᾳ. Saggi di linguistica ebraica in onore di Alviero Niccacci, ofm*, SBF Analecta 78, Milano — Jerusalem, Edizioni Terra Santa — Franciscan Printing Press, 2011, p. 31-51.

BARBOUR, J., *The Story of Israel in the Book of Qohelet : Ecclesiastes as cultural Memory*, OTM, Oxford, Oxford University Press, 2012.

BARNES, J., « L'Ecclésiaste et le scepticisme grec », *RTP*, 131 (1999) p. 103-114.

BARR, J., *Biblical Words for Time*, SBT 33, London, 1962, ²1969.

BARR, J., *The Semantics of Biblical Language*, New York NY, Oxford University Press, 1961.

BARSOTTI, D., *Meditazione sul libro di Qohèlet*, Brescia, 1979.

BARTHÉLEMY, D., *Critique textuelle de l'Ancien Testament Tome 5 : Job, Proverbes, Qohélet et Cantique des Cantiques*, Fribourg — Göttingen, Academic Press — Vandenhoeck & Ruprecht, 2015.

BARTHOLOMEW, C. G., « Qoheleth in the Canon ? Current Trends in the Interpretation of Ecclesiastes », *Themelios* 24 (1999) p. 4-20.

BARTHOLOMEW, C. G., *Reading Ecclesiastes : Old Testament Exegesis and Hermeneutical Theory*, AnBib 139, Rome, 1998.

BARTON, G. A., *A critical and exegetical Commentary on the Book of Ecclesiastes*, New York NY, 1908.

BARTON, G. A., *The Book of Ecclesiastes*, ICC, Edinburgh, 1908.

BARTON, G. A., « The Text and Interpretation of Ecclesiastes 5,19 », *JBL* 27 (1908) p. 65-66.

BARTON, J., *Reading the Old Testament : Method in Biblcial Study*, Louisville KY, 1997.

BARUCQ, A., *Ecclésiaste*, Paris, 1968.

BAUDRY, J., *Le problème de l'origine et de l'éternité du monde dans la philosophie grecque de Platon à l'ère chrétienne*, Coll. Études Anciennes, Paris, Les Belles Lettres, 1931.

BAUKS, M. — NIHAN, C. (éd.), *Manuel d'exégèse de l'Ancien Testament*, Genève, Labor et Fides, 2008.

BAUM, A., *Worte der Skepsis. Lieder der Liebe*, SKK-AT 21, Stuttgart, 1971.

BAUMGARTEN, A. J. — MENDELSON, A. — SANDERS, E. P. (éd.), *Aspects of Judaism in the Greco-Roman Period*, vol. 2, Philadelphia PA, Fortress Press, 1981.

BAUMGARTEN, M., « On the Song of Songs », *Judaism* 44 (1995) p. 36-92.

BAUMGARTNER, W. *et al.*, *HALAT*, vol. 1, Leiden, 1967.

BEA, A., *Liber Ecclesiastae Qui Ab Hebraeis Appellatur Qohelet*, SPIB 100, Rome, 1950.

BEAUCAMP, E., *Les sages d'Israël ou le fruit d'une fidélité*, Québec, 1968.
BEAUCHAMP, P., « Entendre Qohelet », *Christus* 16 (1969) p. 339-351.
BECKER, J., *Gottesfurcht im Alten Testament*, Anbib 25, Rome, 1965.
BEETS, N., *Life and Character of J. H. Van Der Palm*, J. P. WESTERVELT (Trad.), New York NY, Hurd — Houghton, 1865.
BELCHER, R. P., *Divine Retribution in Ecclesiastes. An Analysis of the Deed-Consequence Relationship with Implications for the Interpretation of the Book*, Ph. D. Diss., Westminster Theological Seminary, 2000.
BELLIA, G. — PASSARO, A., « Il libro del Qohelet e il suo contesto storico-anropologico », IDEM (éd.), *Il libro del Qohelet. Tradizione, redazione, teologia*, Milano, Paoline, 2001, p. 171-216.
BELLIA, G. — PASSARO, A., « Proverbi e Qohelet. Eredita e Prospettive di Ricerca », *Theológos* 19 (2001) p. 115-132.
BELLIA, G. — PASSARO, A., « Qohelet, ovvero la factica di conoscere », IDEM (éd.), *Il libro del Qohelet. Tradizione, redazione, teologia*, Milano, Paoline, 2001, p. 357-390.
BERGANT, D., *Job, Ecclesiastes*, OTM, Wilmington DE, 1982.
BERGER, B. L., « Qohelet and the Exigencies of the Absurd », *Biblical Interpretation* 9 (2001) p. 141-179.
BERGEZ, D. — GÉRAUD, V. — ROBRIEUX, J.-J., *Vocabulaire de l'Analyse Littéraire*, Coll. Cursus, Paris, Dunod — Armand Colin, 1994, [3]2016.
BERGSON, H., *L'intuition philosophique*, Paris, PUF, 2011.
BERLEJUNG, A. — VAN HECKE, P. (éd.), *The Language of Qohelet in Its Context. Essays in Honour of Prof. A. Schoors on the Occasion of his Seventieth Birthday*, OLA 164, Leuven — Paris — Dudley MA, Peeters, 2007.
BERTRAM, G., « Hebräischer und griechischer Qohelet : ein Beitrag zur Theologie der hellenistischen Bibel », *ZAW* 64 (1952) p. 26-49.
BIANCHI, F., « C'e una teologia della prova in Qohelet ? Osservazioni filologiche e bibliche su Qo 3,18 », R. Fabris (éd.), *Initium sapientiae : Scritti in onore de Fanco Festorazzi nei suo 70 compleanno*, RivB.Sup 36, Bologna, 2000, p. 163-78.
BIANCHI, F., « ''Essi non hanno chi li consoli'' (Qoh 4,1) », *RivB* 40 (1992) p. 299-307.
BIANCHI, F., « The Language of Qohelet. A Bibliographical Survey », *ZAW* 105 (1993) p. 210-223.
BIANCHI, F., « ''Un fantasma al banchetto della sapienza ?'' Qohelet e il libro dei Proverbi a confronto », G. Bellia — A. Passano (éd.), *IL libro del Qohelet. Tradizione, redazione, teologia*, Milano, Paoline, 2001, p. 40-68.
BICKELL, G., *Der Prediger über den Wert des Daseins*, Innsbruck, 1884.
BICKERMAN, E. J., *Four Strange Books of the Bible : Jonah, Daniel, Koheleth, Esther*, New York NY, 1967.

BLAND, R. M., *The Arabic Commentary of Yephet Ben Ali on the Book of Ecclesiastes, Chapters 1-6*, Ph. D. Diss., University of California, Berkeley CA, 1966.

BLANK, S. H., *Ecclesiastes*, G. A. Buttrick (éd.), *Interpreter's Dictionary of the Bible*, vol. 2, Nashville TN, 1962, p. 7-13.

BLENKINSOPP, J., « Ecclesiastes 3,1-15, Another Interpretation », *JSOT* 66 (1995) p. 55-64.

BLIEFFERT, H.-J., *Weltanschauung und Gottesglaube im Buch Kohelet*, Rostock, 1938.

BLUMENTHAL, E., « The Process in Qohelet (An Overview of the Book) », *Beth Mikra* 33 (1987/88) p. 397-401.

BODA, M. J. — LONGMAN III, T. — RATA, C. G. (éd.), *The Words of the Wise are like Goads : Engaging Qohelet in the 21st Century*, Winona Lake IN, Eisenbrauns, 2013.

BOHLEN, R., *Kohelet Im Kontext Hellenistischer Kultur*, L. Schwienhorst-Schönberger (éd.), *Das Buch Kohelet : Studien zur Struktur, Geschicht, Rezeption und Theologie*, Berlin — New York NY, 1997, p. 249-273.

BOLIN, T., *Ecclesiastes and the Riddle of Authorship*, New York NY, Routledge, 2017.

BOLIN, T. M., « Rivalry and Resignation : Girard and Qoheleth on the Divine-Human Relationship », *Bib* 86 (2005) p. 245-259.

BOMAN, T., *Hebrew thought compared with Greek*, J. MOREAU (Trad.), Philadelphia PA, 1960.

BONHÖFFER, A., *Epiktet und das Neue Testament*, RGVV 10, Giessen, 1911.

BONORA, A., « Esperienza e timor di Dio in Qohelet », *TIS* 6 (1981) p. 178.

BONORA, A., *Il libro di Qoèlet*, Roma, 1992.

BORGEAUD, P., *Exercices d'histoire des religions. Comparaisons, rites, mythes et émotions*, D. BARBU — P. MATTHEY (éd.), Jerusalem Studies in Religion and Culture 20, Leiden — Boston MA, Brill, 2016.

BOTTÉRO, J., « L'Ecclésiaste et le problème du mal », *Naissance de Dieu. La Bible et l'historien*, Paris, 1986, p. 234-255.

BOYER, A., *Introduction à la lecture de K. Popper*, Paris, Presses de l'ENS, 1994.

BOZANICH, R., « Donne and Ecclesiastes », *PMLA* 90 (1975) p. 270-276.

BRADLEY, G. G., *Lectures on Ecclesiastes*, London, 1885.

BRAGUE, R., *Du temps chez Platon et Aristote*, Paris, 1982.

BRAUN, R., *Kohelet und die frühhellenistische Popularphilosophie*, BZAW 130, Berlin, 1973.

BRÉHIER, É., *Chrysippe et l'ancien stoïcisme*, Paris, 1910, ^{2}1951.

BRÉHIER, É., *Histoire de la philosophie* I, II, III, Paris 1927-1932.

BRENNER, A., « M Text Authority in Biblical Love Lyrics : the Case of Qoheleth 3,1-9 and its textual relatives », A. BRENNER — F. VAN DIJK-

HEMMES (éd.), *On Gendering Texts. Female and Male Voices in the Hebrew Bible*, Leiden, 1993, p. 130-155.

BRESCIANI, E. (éd.), *Letteratura e poesia dell'antico Egitto. Cultura e società attraverso i testi*, Torino, 1969, [2]1999.

BRIDGES, C., *A Commentary on Ecclesiastes*, Edinburgh — Carlisle PA, Banner of Truth, 1961, 1998, [1]1860.

BRIN, G., *The Concept of Time in the Bible and the Dead Sea Scrolls*, Leiden, 2001.

BRISSON, E. C., « Ecclesiastes 3,1-8 », *Int* 55 (2001) p. 292-295.

BROCH, Y. I., *Koheleth. The Book of Ecclesiastes in Hebrew and English with A Talmudic-Midrashic Commentary*, New York NY, 1982.

BROWN, F. — DRIVER, S. R. — BRIGGS, C. A. (éd.), *A Hebrew and English Lexicon of the Old Testament : with an appendix containing the Biblical Aramaic*, Peabody MA, 1996, p. 592-594.

BROWN, W. P., *Ecclesiastes*, Interpretation. A Bible Commentary for Teaching and Preaching, Louisville KY, 2000.

BUBER, M., *Je et tu,* Paris, Aubier, 1969.

BUCK, F., *Ecclesiastes*, NCCHS, New York NY, 1969.

BUEHLMANN, A., « Qohéleth », T. RÖMER — J.-D. MACCHI — C. NIHAN (éd.), *Introduction à l'Ancien Testament*, Genève, 2004, p. 544-552.

BUHLMAN, A., « The Difficulty of Thinking in Greek and Speaking in Hebrew (Qoheleth 3,18 ; 4,13-16 ; 5,8) », *JSOT* 90 (2000) p. 101-108.

BÜHLMANN, W., *Vom rechten Reden und Schweigen. Studien zu Proverbien 10-31*, OBO 12, Fribourg CH — Göttingen, 1976.

BULTMANN, R., *Der Stil der paulinischen Predigt und die kynisch-stoische Diatribe*, FRLANT 13, Göttingen, 1910, [2]1984.

BUNDVAD, M., « At Play in potential Space : Reading King Qohelet's Building Experiment with psychoanalytic Spatial Theory », J. JARICK (éd.), *Perspectives on Israelite Wisdom : Proceedings of the Oxford Old Testament Seminar*, London — New Delhi — New York NY, Bloomsbury, 2016, p. [254]-273.

BUNDVAD, M., *Time in the Book of Ecclesiastes*, OTRM, Oxford — New York NY, Oxford University Press, 2015.

BURROWS, M., « Kuhn and Koheleth », *JBL* 46.1-2 (1927) p. 90-97.

BUZY, D., *L'Ecclésiaste traduit et commenté*, L. PIROT — A. CLAMER (éd.), *La Sainte Bible*, vol. 6, Paris, Letouzey & Ané, 1946.

BYARGEON, R. W., « The Significance of Ambiguity in Ecclesiastes 2,24-26 », A. Schoors (éd.), *Qohelet in the Context of Wisdom*, BETL 136, Leuven, Leuven University Press, 1998, p. 367-372.

CAMERON, G. G., « Persepolis Treasury Tablets Old and New », *JNES* 17 (1958) p. 169-177.

CAMERON, G. G. — GERSHEVITCH, I., « New Tablets from the Persepolis Treasury », *JNES* 24 (1965) p. 167-192.

CAMPBELL, A., *Opening the Bible*, Adelaide, ATF Press, 2014.
CAMPBELL, J. L., *The Book of Ecclesiastes and Eighteenth Century Literature*, Ph. D. Diss., University of Virginia VA, 1975.
CANCIK, H., *Untersuchungen zu Senecas epistulae morales*, Spudasmata 18, Hildesheim, 1976.
CANEDAY, A. B., « Qoheleth : enigmatic Pessimist or godly Sage ? », *GTJ* 7 (1986) p. 46-56.
CAPELLE, W., *Epiktet, Teles und Musonius*, Zürich, 1948.
CAPELLE, W. — MARROU, H. I., « Diatribe », *Reallexikon für Antike und Christentum* 3 (1957) p. 990-1009.
CARASIK, M., « Exegetical Implications of the Masoretic Cantillation Marks in Ecclesiastes », *Hebrew Studies* 42 (2001) p. 145-165.
CARASIK, M., « Qohelet's Twists and Turns », *JSOT* 28 (2003) p. 192-209.
CARASIK, M., « Transcending the Boundary of Death : Ecclesiastes through a Nabokovian Lens », *Biblical Interpretation* 14 (2006) p. 425-443.
CARNY, P., « Theodicy in the Book of Qohelet », H. G. REVENTLOW — Y. HOFFMAN (éd.), *Justice and Righteousness. Biblical Themes and their Influence*, LHBOTS [JSOT.SS] 137, Sheffield UK, 1992.
CARPENTER, E., « עשה », *The New Dictionary of Old Testament Theology and Exegesis*, vol. III, Grand Rapis MI, 1997, p. 546-552.
CAUJOLLE-ZASLAWSKY, F., « Le style stoïcien et la ''paremphasis'' », J. BRUNSCHWIG (éd.), *Les Stoïciens et leur logique*, Paris, 1978, p. 180-199.
CHANGO, P.-M. F., « La mention littéraire de Ḥălôm en Qo 4,17-5,6 entre Judaïsme et Hellénisme : un modèle d'ouverture autogérée en contexte de mutation de mutualité interculturelle », *Théologie Africaine, Église et Sociétés*, N°5 (2014), p. 199-225.
CHANGO, P.-M. F., *Qohélet et Chrysippe au sujet du temps. Εὐκαιρία, αἰών et les lexèmes את et עלם en Qo 3,1-15*, CahRB 81, Paris, Gabalda, 2013.
CHANGWON, S., *Reading Romans as a Diatribe*, Studies in Biblical Literature 59, New York NY, 2004.
CHEYNE, T. K., *Job and Solomon, or the Wisdom of the Old Testament*, London, 1887.
CHOPINEAU, J., הבל *en hébreu biblique : contribution à l'étude des rapports entre sémantique et exégèse de l'Ancien Testament*, Ph. D. Diss., University of Strasbourg, 1971.
CHOPINEAU, J., « L'image de Qohélet dans l'exégèse contemporaine », *RHPR* 59 (1979) p. 595-603.
CHOPINEAU, J., « Qohelet's Modernity », *Theology Digest* 29 (1981) p. 117-118.
CHOPINEAU, J., « Une image de l'homme : sur Ecclésiaste 1,2 », *ETR* 53 (1978) p. 366-370.
CHOURAQUI, A., *Les cinq rouleaux*, Paris, 1975.

CHRISTIANSON, E. S., *A Time to Tell : Narrative Strategies in Ecclesiastes*, LHBOTS [JSOT.SS] 280, Sheffield UK, 1996, [2]1998).

CHRISTIANSON, E. S., « Ecclesiastes in premodern Readings : before 1500 C. E. », M. J. BODA — T. LONGMAN III — C. G. RATA (éd.), *The Words of the Wise are like Goads : engaging Qohelet in the 21st Century*, Winona Lake IN, Eisenbrauns, 2013, p. 3-36.

CHRISTIANSON, E. S., *Ecclesiastes through the Centuries*, BBC, Malden MA, Blackwell Pub., 2007.

CHRISTIANSON, E. S., « Qohelet and the Existential Legacy of the Holocaust », *The Heythrop Journal* 38 (1997) p. 35-50.

CHRISTIANSON, E. S., « Qoheleth and the/His Self among the Deconstructed », A. Schoors (éd.), *Qohelet in the Context of Wisdom*, BETL 136, Leuven, Leuven University Press, 1998, p. 425-423.

CHRYSIPPE, *Oeuvre philosophique*, 2 vol., R. DUFOUR (éd./trad.), Paris, Les Belles Lettres, 2004, Fragments 4-5.

CICERO, M. T., *Ad Atticum*, J. V. LECLERC (éd./trad.), *Oeuvres de Cicéron*, Paris, 1821-1825.

CICERO, M. T., *De fato*, A. YON (éd./trad.), *Œuvres philosophiques. Traité du destin*, Paris, 1953.

CICERO, M. T., *De finibus bonorum et malorum*, M. GUYAU (trad.) *Œuvres philosophiques de Cicéron : Des suprêmes biens et des suprêmes maux*, Paris, 1875.

CICERO, M. T., *De natura deorum* II, C. AUVRAY-ASSAYAS (éd./trad.), *La nature des dieux*, Coll. La roue à livres, Paris, Les Belles Lettres, 2002).

CLEMENS, D. M., « The Law of Sin and Death : Ecclesiastes and Genesis 1-3 », *Themelios* 19 (1994) p. 5-8.

CLINES, D. J. A., « The Wisdom Books », S. Bigger (éd.), *Creating the Old Testament : The Emergence of the Hebrew Bible Society*, Oxford, 1989, p. 269-291.

COHEN, *The five Megilloth. Hebrew Text, English Translation and Commentary*, vol. 2, Hindhead, Surrey UK, 1946, London — Bouremouth, [2]1952, London — New York NY, [3]1990.

COLLINS, J. J., *Proverbs, Ecclesiastes*, Atlanta GA, 1980.

COLLINS, J. J., *The Bible after Babel : Historical Criticism in a Post-modern Age*, Grand Rapids MI — Cambridge UK, 2005.

CONDAMIN, P., « Etudes sur l'Ecclésiaste », *RB* VIII, 4 (1899) p. 493-509.

CONDAMIN, P., « Etudes sur l'Ecclésiaste », *RB* IX, 1 (1900) p. 30-44.

CONDAMIN, P., « Etudes sur l'Ecclésiaste », *RB* IX, 3 (1900) p. 354-377.

COOK, F. C., *Job, Psalms, Proverbs, Ecclesiastes, Song of Solomon*, New York NY, 1874.

COOK, J., « Aspects of the Relationship between the Septuagint Versions of Kohelet and Proverbs », A. Schoors (éd.), *Qohelet in the Context of Wisdom*, BETL 136, Leuven, Leuven University Press, 1998, p. 481-492.

COOK, J. — STIPP, H.-J. (éd.), *Text-Critical and Hermeneutical Studies in the Septuagint*, Leiden — Boston MA, Brill, 2012.

COPPENS, J., « La Structure de l'Écclésiate », M. Gilbert (éd.), *La Sagesse de l'Ancien Testament*, BETL 51, Gembloux — Leuven, Duculot — Leuven University Press, 1979, ²1989, p. 288-292.

CORLEY, J., « Qoheleth and Sirach : a Comparison », N. CALDUCH-BENAGES (éd.), *Wisdom for Life. Essays Offered to Honor Prof. Maurice Gilbert, SJ on the Occasion of His Eightieth Birthday*, Berlin — Boston MA, De Gruyter, 2014, p. [145]-155.

CORNELIUS, I., « Paradise Motifs in the "Eschatology" of the Minor Prophets and the Iconography of the ANE », *JNSL* 14 (1988) p. 41-55.

CORNELIUS, I., « פרדס », *The new Dictionary of Old Testament Theology and Exegesis*, vol. III, Grand Rapis MI, 1997, p. 676.

COTTON, J., *A Brief Exposition with Practical Observations upon the Book of Ecclesiastes*, London, 1654.

COX, S., *The Book of Ecclesiastes*, The Expositor's Bible, New York NY, 1887, ²1890.

CRENSHAW, J. L., « A Rhetoric of Indecision : Reflections on God as Judge in Qoheleth », S. C. JONES — C. R. YODER (éd.), *When the Morning Stars Sang*, Boston MA — Berlin, De Gruyter, 2018, p. [177]-188.

CRENSHAW, J. L., « Book of Ecclesiastes », *ABD* II, New York NY, 1992, p. 275.

CRENSHAW, J. L., *Ecclesiastes. A Commentary*, OTL, Philadelphia PA — London, 1987, ²1988.

CRENSHAW, J. L., « In Search of divine Presence. Some Remarks preliminary to a Theology of Wisdom », *Review & Expositor* 74 (1977) p 353-369.

CRENSHAW, J. L., « Qohelet and Scriptural Authority », H. HÖTZINGER — I. KALIMI — T. NICKLAS — G. G. XERAVITS (éd.), *Scriptural Authority in Early Judaism and Ancient Christianity*, Berlin — Boston MA, De Gruyter, 2013, p. 17-41.

CRENSHAW, J. L., « Qoheleth in Current Research », *HAR* 7 (1983) p.41-56.

CRENSHAW, J. L., « Qoheleth in Historical Context », *Bib* 88 (2007) p. 285-299.

CRENSHAW, J. L., « Qoheleth's Hatred of Life : A Passing Phase or an Enduring Sentiment ? », N. CALDUCH-BENAGES (éd.), *Wisdom for Life. Essays Offered to Honor Prof. Maurice Gilbert, SJ on the Occasion of His Eightieth Birthday*, Berlin — Boston MA, De Gruyter, 2014, p. [119]-131.

CRENSHAW, J. L., « Qoheleth's Understanding of Intellectual Inquiry », A. Schoors (éd.), *Qohelet in the Context of Wisdom*, BETL 136, Leuven, Leuven University Press, 1998, p. 204-224.

CRENSHAW, J. L., « The Birth of Skepticism in Ancient Israel », J. L. Crenshaw — S. Sandmel (éd.), *Divine Helmsman : Studies on God's*

Control of Human Events, Presented to Lou H Silberman, New York NY, 1980, p. 1-19.

CRENSHAW, J. L., « The Eternal Gospel (Eccl 3,11) », J. L. Crenshaw — J. T. Willis (éd.), *Essays in Old Testament Ethics*, New York NY, 1974, p. 23-55.

CRENSHAW, J. L., « The Shadow of Death in Qoheleth », J. G. Gammie (éd.), *Israelite Wisdom : Theological and Literary Essays in Honor of Samuel Terrien*, Missoula MT, 1978, p. 205-216.

CRENSHAW, J. L., *Urgent Advice and probing Questions : collected Writings on Old Testament Wisdom*, Macon GA, 1995.

CRENSHAW, J. L., « Youth and Old Age in Qoheleth », *HAR* 10 (1986) p. 1-13.

D'ALARIO, V., « Between Misogyny and Valorization : Perspectives on Women in Qoheleth », C. M. MAIER — N. CALDUCH-BENAGES (éd.), *The Writings and later Wisdom Books*, Atlanta GA, 2014, p. 93-107.

D'ALARIO, V., *Il libro del Qohelet. Struttura letteraria e retorica*, Bologna, 1992, ^{2}1993.

D'ALARIO, V., « Liberté de Dieu ou destin ? Un autre dilemme dans l'interprétation du Qohelet », A. SCHOORS (éd.), *Qohelet in the Context of Wisdom*, BETL 136, Leuven, Leuven University Press, 1998, p. 457-463.

D'ALARIO, V., « Struttura e teologia del libro del Qohelet », G. BELLIA — A. PASSARO (éd.), *Il libro del Qohelet. Tradizione, redazione, teologia*, Milano, Paoline, 2001, p. 260-274.

DAHOOD, M. J., « Canaanite-Phoenician Influence in Qoheleth », *Bib* 33 (1952) p. 30-52 et 191-221.

DAHOOD, M. J., « Canaanite Words in Qoheleth 10,20 », *Bib* 46 (1965) p. 210-212.

DAHOOD, M. J., « Language of Qoheleth », *CBQ* 14 (1952) p. 227-232.

DAHOOD, M. J., « Northwest Semitic Philology and Three Biblical Texts », *JNSL* 2 (1972) p. 17-22.

DAHOOD, M. J., « Phoenician Background of Qoheleth », *Bib* 47 (1966) p. 264-282.

DAHOOD, M. J., *Proverbs and Northwest Semitic Philology*, SPIB 113, Roma, 1963.

DAHOOD, M. J., « Qoheleth and Northwest Semitic Philology », *Bib* 43 (1962) p. 349-365.

DAHOOD, M. J., « Qoheleth and Recent Discoveries », *Bib* 39 (1958) p. 302-318.

DAHOOD, M. J., « Scriptio Defectiva in Qoheleth 4,10a », *Bib* 49 (1968) p. 243.

DAHOOD, M. J., « The Independent Personal Pronoun in the Oblique Case in Hebrew », *CBQ* 32 (1970) p. 86-90.

DAHOOD, M. J., « The Phoenician Contribution to Biblical Wisdom Literature », W. A. Ward (éd.), *The Role of the Phoenicians in the Interaction of Mediterranean Civilizations*, Beirut, 1968, p. 123-48.

DAHOOD, M. J., « Three Parallel Pairs in Ecclesiastes 10,18. A Reply to Professor Gordis », *Jewish Quarterly Review* 62 (1971) p. 84-87.

DAHOOD, M. — T. PENAR, « Ugaritic-Hebrew Parallel Pairs », L. R. FISHER (éd.), *Ras Shamra Parallels*, vol. I, AnOr 49, Rome, 1972.

DANKER, F. W., « The Pessimism of Ecclesiastes », *Concordia Theological Monthly* 22 (1951) p. 9-32.

DAVIDSON, R., *Ecclesiastes and Song of Solomon*, Edinburgh, 1986.

DAVIS, E. F., *Proverbs, Ecclesiastes, and the Song of Songs*, Westminster Bible Companion, Louisville KY, Westminster John Knox press, 2000.

DE AUSEJO, S., « El género literario del Eclesiastés », *EstBib* 7/4 (1948).

DE JONG, S., « Qohelet and the Ambitious Spirit of the Ptolemaic Period », *JSOT* 61 (1994) p. 92-107.

DEBEL, H., « More Transformations in Biblical Studies : Changing Tendencies in Reading the Book of Qohelet », *JNSL* 37 (2011) p. 1-25.

DEBEL, H. — VERBEKE, E., « The Greek Rendering of Hebrew Hapax Legomena in the Book of Qoheleth », M. K. H. PETERS (éd.), *XIV Congress of the IOSCS, Helsinki, 2010*, Atlanta GA, SBL press, 2013, p. 313-331.

DEBEL, H., « What about the Wicked ? A Survey of the textual and Interpretation Problems in Qoh 8,10a », H. AUSLOOS — B. LEMMELIJN — M. VERVENNE (éd.), *Florilegium Lovaniense : Studies in Septuagint and textual Criticism in Honour of Florentino García Martínez*, BETL 224, Leuven — Paris — Dudley MA, Peeters, 2008, p. 133-150.

DEBEL, H., « When it all falls apart. A Survey of the Interpretation Maze concerning the "final Poem" of the Book of Qohelet (Qoh 12,1-7) », *OTE* 23 (2010) p. 235-260.

DELITZSCH, F., *Commentary on the Song of Songs and Ecclesiastes*, M. G. EATON (trad.), Edinburgh, 1877.

DELITZSCH, F., *Hohelied und Koheleth*, BKAT IV, Leipzig, 1875.

DELL, K. J., « "A Time to dance" : Music, the Bible and the Book of Ecclesiastes », *Expository Times* 126 (2014) p. 114-121.

DELL, K. J., « Ecclesiastes as Wisdom : Consulting Early Interpreters », *VT* 44 (1994) p. 301-329.

DELL, K. J. — FORTI, T., « Janus Sayings : a Linking Device in Qohelet's Discourse », *ZAW* 128 (2016) p. [115]-128.

DELL, K. J., *Interpreting Ecclesiastes : Readers Old and New*, CrStHB 3, Winona Lake IN, Eisenbrauns, 2013.

DELL, K. J. — KYNES, W. (éd.), *Reading Ecclesiastes Intertextually*, LHBOTS [JSOT.SS] 587, Oxford — New York NY — New Delhi — Sydney — London, Bloomsbury T&T Clark, 2014.

DELLING, G., « καιρός », *TWNT* III, Stuttgart, 1966, ^{3}1968, p. 456-465.

DELSMAN, W. C., *Die Datierung des Buches Qoheleth. Eine sprachwissenschaftliche Analyse*, Nijmegen, Nijmegen University Press, 2000.

DEMOSTHÈNE, *Orationes*, W. RENNIE (éd./trad.), Oxford Classical Text, Oxford, 1931.

DEMOSTHÈNE, *Sur la couronne*, G. MATHIEU (éd./trad.), Paris, 2000.

DENNIS, T. J., « The Relationship between Gregory of Nyssa's Attack on Slavery in His Fourth Homily on Ecclesiastes and His Treatise De Hominis Opificio », E. A. Livingstone (éd.), *Studia Patristica*, Vol 17, Pt 3, Elmsford NY, 1982, p. 1065-1072.

DEVINE, M., *Ecclesiastes or the Confessions of an Adventurous Soul. A practical Application of the Book of Koheleth called "Ecclesiastes"*, London, 1916.

DEWEY, R., « Qoheleth and Job : Diverse Response to the Enigma of Evil », *Spirituality Today* 37 (1985) p. 314-325.

DHERBEY, G. R. (dir.) — J.-B. GOURINAT (éd.), *Les Stoïciens*, Paris, 2005.

DHORME, P., « L'Ecclésiaste ou Job », *RB* 32 (1923) p. 5-27.

DÍAZ, J. A., *En lucha con el Misterio. El alma judía ante los premios y castigos y la vida ultraterrena*, Santander, 1967.

DIELS, H., *Die Fragmente der Vorsokratiker* II, Berlin-Grunewald, 1903, ^{6}1951.

DI FONZO, L., *Ecclesiaste*, Torino — Roma, 1967.

DILLON, E. J., *The Sceptics of the Old Testament*, London, 1895.

DIOGÈNE LAËRCE, *Vies et doctrines des philosophes illustres,* Traduction française sous la direction de MARIE-ODILE GOULET-CAZÉ, Introductions, traductions et notes de J.-F. BALAUDÉ — L. BRISSON — J. BRUNSCHWIG — T. DORANDI — M.-O. GOULET-CAZÉ — R. GOULET — M. NARCY, Coll. La Pochothèque, Paris, Le Livre de Poche, 1999.

DI PALMA, G., « Il giudizio di Dio nel libro del Qohelet », *Asprenas* 40 (1993) p. 354-366.

DI PEDE, E., « Jérusalem, `Ebed-Melek et Baruch : enquête narrative sur le déplacement chronologique de Jr 45 », *RB* 111 (2004) p. 61-77.

DONALD, T., « Semantic Field of 'Folly' In Proverbs, Job, Psalms, and Ecclesiastes », *VT* 13/3 (1963) p. 285-292.

DONNER, H. — RÖLLIG, W., *Kanaanäische und aramäische Inschriften* I-III, Wiesbaden, 1962.

DOUGLAS, J. N., *A polemical Preacher of Joy. An anti-apocalyptic Genre for Qoheleth's Message of Joy*, Eugene OR, Pickwick Publications, 2014.

DORIVAL, G., « Grecs, romains, juifs, chrétiens en interaction », *RechSR* 101 (2013) p. 499-516.

DORIVAL, G., « Hellénisme et judaïsme », *La Méditerranée d'une rive à l'autre : culture classique et cultures périphériques. Actes du 17ème colloque de la Villa Kérylos à Beaulieu-sur-Mer les 20 & 21 octobre 2006*, Cahiers de la Villa Kérylos 18, Paris, Académie des Inscriptions et Belles-Lettres, 2007, p. 155-166.

DRIVER, G. R., « Abbreviations in the Massoretic Text », *Textus* 1 (1960) p. 112-131.

DRIVER, G. R., « Once Again Abbreviations », *Textus* 4 (1964) p. 76-94.

DRIVER, G. R., « Problems and Solutions », *VT* 4/3 (1954) p. 225-245.

DROYSEN, J. G., *Histoire de l'hellénisme* 2 vol., Paris, Jérôme Millon, [1833-1843] 2005.

DUBARLE, A. M., *Les sages d'Israël*, Paris, 1946.

DUBOIS, J.-M., *Le temps et l'instant selon Aristote*, Paris, 1967.

DUHOT, *La conception stoïcienne de la causalité*, Paris, 1989.

DUHOT, « Métamorphoses du logos. Du stoïcisme au Nouveau Testament », G. R. DHERBEY (dir.) — J.-B. GOURINAT (éd.), *Les Stoïciens*, Paris, 2005, p. 453-466.

DUMONT, J.-P., *Éléments d'histoire de la philosophie antique*, Coll. Réf., Paris, Nathan, 1993.

EATON, M. A., *Ecclesiastes*, Tyndale Old Testament Commentary, Downers Grove IL, 1983.

EICHHORN, D. M., *Musings of the old Professor. The Meaning of Koheles* (sic), New York NY, 1963.

EICHHORN, J. G., *Allgemeine Bibliothek der biblischen Literatur*, 10 vol., Leipzig, 1787-1801.

EICHHORN, J. G., *Einleitung in das Alte Testament*, 5 vol., Leipzig, 1780-1783.

EICHHORN, J. G., *Einleitung in die apokryphischen Bücher des Alten Testaments*, Göttingen, 1795.

ELIADE, M., *Traité d'histoire des Religions. Morphologie du sacré*, Paris, Payot, 1949.

ÉLIEN, C., *Histoire variée,* M. Dacier (trad.), Paris, Imprimerie d'Auguste Delalain, 1827.

ELLERMEIER, F., *Qoheleth I. Untersuchungen zum Buche Qoheleth*, Hertzberg am Harz, 1967.

ELLUL, J., *La raison d'être. Méditation sur l'Ecclésiaste*, Paris, 1987.

ELSTER, E., *Commentar über den Prediger Salomo*, Göttingen, 1855.

ÉPICTÈTE, *Manuel*, LÉTOQUART — CHRÉTIEN (éd./trad.), Coll. Les Classiques de la Philosophie, Paris, 2000.

EPICURUS, *Letter to Menoeceus, from Epicurus*, C. BAILEY (éd./trad.), Oxford, 1926.

ESCHYLE, *Agamemnon*, É. CHAMBRY (éd./trad.), Paris, 1946.

ESCHYLE, *Les Suppliantes*, É. CHAMBRY (éd./trad.), Coll. GF, Paris, 1964.

ESPOSITO, T., « Observations on God and the Wind (Qohelet 3,10-15) », *BN* 167 (2015) p. 79-97.

ÉTIEMBLE, R., *Comparaison n'est pas raison. La crise de la littérature comparée*, Essais 109, Paris, Gallimard, 1963.

EURINGER, S., *Der Masorahtext des Koheleth kritisch untersucht*, Leipzig, 1890.

EURIPIDE, *Alceste* I, L. MÉRIDIER (éd./trad.), Paris, 1956.

EURIPIDE, *Fragment*, F. JOUAN (éd./trad.), CUF, Paris, Les Belles Lettres, 2002.

EWALD, H., *Die poetischen Bücher des Alten Bundes erklärt*, IV Theil, Göttingen, 1837.

EYNIKEL E. — HAUSPIE, K., « The Use of καιρός and χρόνος in the Septuagint », *ETL* 73 (1997) p. 369-385.

FARMER, K. A., *Proverbs and Ecclesiastes*, Grand Rapids MI — Edinburgh, 1991.

FASSBERG, S. E., « The Shift from Qal to Piel in the Book of Qoheleth », G. GEIGER (éd.), *Ἐν πάσῃ γραμματικῇ καὶ σοφίᾳ. Saggi di linguistica ebraica in onore di Alviero Niccacci, ofm*, SBF Analecta 78, Milano — Jerusalem, Edizioni Terra Santa — Franciscan Printing Press, 2011, p. 123-127.

FELDMAN, L. H., « Hengel's Judaism and Hellenism in Retrospect », *JBL* 96 (1977), p. 371-382.

FELDMAN, L. H., *Judaism and Hellenism reconsidered, JSJS* 107, Leiden — Boston MA, Brill, 2006.

FESTUGIÈRE, A.-J., *La Révélation d'Hermès Trismégiste II. Le Dieu cosmique*, EtB [Ancienne Série 35/2], Paris, Gabalda, 1944, [2]1949, [3]1990.

FEYERABEND, P., *Contre la méthode*, Coll. Points Sciences, Paris, Seuil, 1988.

FINKELSTEIN, I. — SILBERMAN, N. A., *La Bible dévoilée : les nouvelles révélations de l'archéologie*, P. Ghirardi (trad.), Paris, Bayard, 2002.

FINKELSTEIN, I. — SILBERMAN, N. A., *Les rois sacrés de la Bible. À la recherche de David et Salomon. À la recherche de David et Salomon*, P. Ghirardi (trad.), Paris, Bayard, 2006.

FISCHER, A. A., « Beobachtungen Zur Komposition Von Kohelet 1,3-3,15 », *ZAW* 103 (1991) p. 72-86.

FISCHER, A. A., *Skepsis oder Furcht Gottes : Studien zur Komposition und Theologie des Buches Kohelet*, BZAW 247, Berlin — New York NY, 1997.

FISCHER, J. K., *Song of Songs, Ruth, Lamentations, Ecclesiastes, Esther*, Collegeville PA, 1986.

FISCHER, S., *Die Aufforderung zur Lebensfreude im Buch Kohelet und seine Rezeption der ägyptischen Harfnerlieder*, Frankfurt a.M., 1999.

FISCHER, S., « Egyptian Personal Piety and Israel's Wisdom Literature », *Acta Theologica* 21 (2001) p. 1-23.

FLESHER, P. V. M., « The Wisdom of the Sages : Rabbinic Rewriting of Qohelet », E. M. MEYERS — P. V. M. FLESHER (éd.), *Aramaic in postbiblical Judaism and early Christianity*, Winona Lake IN, Eisenbrauns, 2010, p. 269-279.

FOX, M. V., « Aging and Death in Qohelet 12 », *JSOT* 42 (1988) p. 55-77.

FOX, M. V., *A Time to tear down and a Time to build up. A Rereading of Ecclesiastes*, Grand Rapids MI, 1999.

FOX, M. V., *Ecclesiastes*, JPSTC, Philadelphia PA, Jewish Publication Society, 2004.

FOX, M. V., « Frame-Narrative and Composition in the Book of Qohelet », *HUCA* 48 (1977) p. 83-106.

FOX, M. V., « Qohelet 1,4 », *JSOT* 40 (1988) p. 109-109.

FOX, M. V., *Qohelet and his Contradictions*, LHBOTS [JSOT.SS] 71, Sheffield UK, 1987, ²1989.

FOX, M. V., « Qohelet's Epistemology », *HUCA* 58 (1987) p. 137-155.

FOX, M. V., « The Identification of Quotations in Biblical Literature », *ZAW* 92 (1980) p. 416-431.

FOX, M. V., *The inner Structure of Qohelet's Thought*, A. Schoors (éd.), *Qohelet in the Context of Wisdom*, BETL 136, Leuven, Leuven University Press, 1998, p. 225-238.

FOX, M. V., « The Meaning of הבל for Qoheleth », *JBL* 105 (1986) p. 409-427.

FOX, M. V., « Time in Qohelet's "Catalogue of Time" », *JNWSL* 24/1 (1998) p. 25-39.

FOX, M. V., « Wisdom in Qoheleth », L. G. Perdue — B. B. Scott — W. J. Wiseman (éd.), *Search of Wisdom : Essays in Memory of John G. Gammie*, Louisville KY, 1993, p. 115-131.

FOX, M. V., « Words for folly », *ZAH* 10 (1997) p. 1-12.

FOX, M. V., « Words for Wisdom », *ZAH* 6 (1993) p. 149-169.

FOX, M. V. — PORTEN, B., « Unsought Discoveries : Qohelet 7,23-8,1a », *Hebrew Studies* 19 (1978) p. 26-38.

FRANSEN, I., « Vanité des vanités, dit l'Ecclésiaste », *BiViChr* 75 (1967) p. 23.

FREDERICKS, D. C., *Coping With Transience : Ecclesiastes on Brevity in Life*, Biblical Seminar 18, Sheffield UK, 1993.

FRYE, N., *Le grand code. La Bible et la littérature,* C. Malamoud (trad.), Paris, 1982, ²1984.

FUERST, W. J., *The Books of Ruth, Esther, Ecclesiastes,The Song of Songs, Lamentation. The Five Scrolls*, Cambridge, 1975.

GAAB, J. F., *Beiträge zur Erklärung des sogenannten Hohenliedes, des Predigers und der Klagelieder*, Tübingen, 1795.

GABBA, E. (dir.), *Polybe,* Entretiens de la Fondation Hardt 20, Genève, 1974.

GALLET, B., « καιρός et "le" καιρός chez les historiens grecs de l'époque classique », *Revue des Études Anciennes* 109 (2007) p. 491-516.

GALLING, K., « Das Rätsel der Zeit im Urteil Kohelets (Koh 3, 1-15) », *ZThK* 58 (1961) 3-15.

GALLING, K., *Der Prediger*, Tübingen, 1969.

GAMMIE, J. G., « Stoicism and Anti-Stoicism in Qoheleth », *HAR* 9 (1985) p. 169-187.

GARRETT, D. A., *Proverbs, Ecclesiastes, Song of Song*, Nashville TN, 1993.

GARUTI, P., *Qohélet : l'ombre et le soleil. L'imaginaire civique du Livre de l'Ecclésiaste entre judaïsme, hellénisme et culture romaine*, CahRB 70, Pendé, Gabalda, 2008.

GARUTI, P., « Une route qui mène à Rome... ou dans les environs (Qo 4,13-16) », J. E. AGUILAR CHIU — K. J. O'MAHONY — R. MAURICE (éd.), *Bible et Terre Sainte. Mélanges Marcel Beaudry*, New York NY, Peter Lang, 2008, p. 105-118.

GEIER, M., *In Salomonis regis Israel Ecclesiasten commentarius succinctus, dilucidus, fontiumque : praecipue Ebraeorum mentem genuinam una cum usu evolvens*, Lipsiae, 1647.

GEMSER, B., « The Instruction of Onchseshonqy abnd Biblical Wisdom Literature », *VT Sup.* 7 (1960).

GENTRY, P. J., « The Aristarchian Signs in the textual Tradition of LXX Ecclesiastes », K. DE TROYER — T. M. LAW — M. LILJESTRÖM (éd.), *In the Footsteps of Sherlock Holmes*, CBET 72, Leuven — Paris — Walpole MA, Peeters, 2014, p. [463]-478.

GERLEMAN, G., « Die sperrende Grenze. Die Wurzel עולם im Hebräischen », *ZAW* 91 (1979) p. 338-349.

GESE, H., « Die Krisis der Weisheit bei Koheleth », *Les sagesses du Proche-Orient ancien.* Colloque de Strasbourg 17-19 mai 1962, Paris, PUF, 1963, p. 139-151.

GESE, H., « Zur Komposition des Koheletbuches », P. SCHÄFER (éd.), *Geschichte — Tradition — Reflexion. Festschrift für Martin Hengel zum 70 Geburstag, Band I. Judentum*, Tübingen, 1996, p. 71-85.

GESENIUS, W. — KAUTZSCH, E. — COWLEY, A. E., *Gesenius' Hebrew Grammar, as Edited by the Late E. Kautzsch, Professor of Theology in the University of Halle. Second English Edition, Revised in Accordance with the Twenty-Eighth German Edition (1909) by A. E. Cowley*, Oxford, 1910.

GIANTO, A., « The Theme of Enjoyment in Qohelet », *Bib* 73 (1992) p. 528-532.

GIBSON, I. L., *Textbook of Syrian Semitic Inscriptions* I-III, Oxford, 1971.

GILBERT, M., *Ben Sira : recueil d'études*, BETL 264, Leuven — Paris — Walpole MA, Peeters, 2014.

GILBERT, M., « Il concetto di tempo (עת) in Qohelet e Ben Sira », G. BELLIA — A. PASSARO (éd.), *IL libro del Qohelet. Tradizione, redazione, teologia*, Milano, Paoline, 2001, p. 69-89.

GILBERT, M., *La critique des dieux dans le livre de la Sagesse*, AnBib 53, Rome, 1973.

GILBERT, M. (éd.), *La sagesse de l'Ancien Testament*, BETL 51, Gembloux — Leuven, Duculot — Leuven University Press, 1979, [2]1989.

GILBERT, M., *La sagesse de Salomon. Recueil d'études*, Rome, 2011.

GILBERT, M., *L'antique sagesse d'Israël : études sur Proverbes, Job, Qohélet et leurs prolongements*, EtB.NS 68, Pendé, Gabalda, 2015.

GILBERT, M., « Le discours menaçant de la Sagesse en Proverbes 1,20-33 », D. Garrone — F. Israel (éd.), *Storia e Tradizioni di Israele*, Brescia, 1991, p. 99-119.

GILBERT, M., *Les cinq livres des sages*, Coll. Lire La Bible 129, Paris, Cerf, 2003.

GILBERT, M., « Les conditions du pouvoir. Le regard des sages sur la classe dirigeante (Pr 28-29) », *RTL* 38 (2007) p. 313-335.

GILBERT, M., *Les livres sapientiaux*, Coll. Mon ABC de la Bible, Paris, Cerf, 2017.

GILBERT, M., « L'étude des livres sapientiaux à l'Institut Biblique », J. N. Aletti — J. L. Ska (éd.), *Biblical Exegesis in Progress*, AnBib 176, Rome, 2009, p. 151-171.

GILBERT, M., « Proverbes bibliques et proverbes africains », J.-B. Matand Bulembat (éd.), *Sagesse humaine et sagesse divine dans la Bible*, Nairobi, 2007, p. 325-332.

GILBERT, M., « Qohélet et Ben Sira », A. SCHOORS (éd.), *Qohelet in the Context of Wisdom*, BETL 136, Leuven, Leuven University Press, 1998, p. 161-179.

GILBERT, M., « Qohélet ou la difficulté de vivre », *Études* 398 (2003/5) p. 639-649.

GILBERT, M., « Qu'en est-il de la Sagesse ? », J. Trublet (éd.), *La Sagesse biblique*, LeDiv 160, Paris, 1995, p. 19-60.

GILSON, E., *Linguistique et Philosophie*, Paris, Vrin, 1969.

GINSBERG, H. L., *Koheleth*, Tel Aviv — Jérusalem, 1961.

GINSBERG, H. L., *Studies in Koheleth*, Texts and Studies of the Jewish Theological Seminary of America 17, New York NY, 1952.

GINSBERG, H. L., « The Quintessence of Koheleth », *Biblical and Other Studies*, Cambridge MA, 1963, p. 50-70.

GINSBURG, C. D., *Coheleth, commonly called the Book of Ecclesiastes*, London, 1861.

GINSBURG, C. D., *Song of Songs and Coheleth Translated from Original Hebrew With a Commentary Historical and Critical*, London, 1857.

GLASSER, E., *Le procès du bonheur par Qohelet*, Paris, 1970.

GOLDMAN, Y. A. P., *Qoheleth*, A. SCHENKER *et al.* (éd.), *Megilloth*, BHQ 18, Stuttgart, 2004.

GOLDSCHMIDT, V., *Le Système stoïcien et l'idée de temps*, Paris, 1953.

GOLDSCHMIDT, V., « Temps historique et temps logique dans l'interprétation des systèmes philosophiques », *Questions platoniciennes*, Paris, 1970, p. 14-29.

GONÇALVÈS, F. J., « Enjeux et possibilités de la quête du sens historique originaire. Est-ce la même chose que le sens littéral ? », O.-T. VENARD (éd.), *Le sens littéral des Écritures*, Paris, 2009, p. 47-74.

GONZALEZ, P. P. F., *Les diatribes de Télès*, Histoire des doctrines de l'Antiquité classique 23, Paris, 1998.

GORDIS, R., *Koheleth — The man and His world. A Study of Ecclesiastes*, New York NY, 1951, [3]1968.

GORSSEN, L., « La cohérence de la conception de Dieu dans l'Ecclésiaste », *ETL* 46 (1970) p. 316-320.

GOULD, J. B., *The Philosophy of Chrysippus*, Albany NY, 1970.

GOULET, R., « Chrysippe de Soles », R. GOULET (éd.), *Dictionnaire des philosophes antiques* II, Paris, 1994, p. 329-361.

GOULET-CAZÉ, M.-O., « Le livre VI de Diogène Laërce : analyse de sa structure et réflexions méthodologiques », *ANRW* II, 36.6, p. 3880–4048.

GOULET-CAZÉ, M.-O., « Les Cyniques et la falsification de la monnaie », L. PAQUET (éd./trad.), *Les cyniques grecs. Fragments et témoignages*, Paris, 1992, p. 172-197.

GOURINAT, J.-B. « *Akrasia and Enkrateia in Ancient Stoicism : minor Vice and minor Virtue ?* », P. DESTRÉE — C. BOBONICH (éd.), *Akrasia in Greek Philosophy. From Socrates to Plotinus*, Philosophia Antiqua 106, Leiden, Brill, 2007, p. 215-248.

GOURINAT, J.-B., *Le stoïcisme*, Que sais-je ? 770, Paris, [3]2011.

GOURINAT, J.-B., « Prédiction du futur et action humaine dans le traité de Chrysippe sur le destin », G. R. DHERBEY (dir.) — J.-B. GOURINAT (éd.), *Les Stoïciens*, Paris, 2005, p. 247-277.

GRABBE, L. L., *Judaism from Cyrus to Hadrian* I-II, Minneapolis MN, 1992.

GRAMLICH, M. L., « Qoheleth : Poet-Philosopher of Every-Day Living », *BiTod* 84 (1976) p. 805-812.

GRÄTZ, H., *Koheleth oder der salomonische Prediger*, Leipzig, 1871.

GREENWOOD, K. R., « Debating Wisdom : the Role of Voice in Ecclesiastes », *CBQ* 74 (2012) p. 476-491.

GRÉGOIRE DE NYSSE, *Homélie sur l'Ecclésiate*, F. Vinel (trad.), SC 416, Paris, 1996.

GRELOT, P., *Dans les angoisses, l'espérance. Enquête biblique*, Paris, 1983.

GRIEVE, A. J., *Ecclesiastes*, Peake's Commentary on the Bible with supplement, London, 1936.

GRIMME, H., « Babel und Kohelet-Jojakim », *OLZ* 8 (1905) p. 432-438.

GUESPIN, L. — GIACOMO, M. — MARCELLESI, C. — DUBOIS, J. (éd.), *Le dictionnaire de linguistique et des sciences du langage*, Coll. Langue française, Paris, 2013.

GUIMIER, C., « La locution prépositive *quitte à* en français moderne : origine et emplois », *Modèles linguistiques* 64 (2011) p. 137-164.

GUILLEMETTE, P. — BRISEBOIS, M., *Introduction aux méthodes historico-critiques*, Héritage et projet 35, Montréal, Fides, 1987.

GUNTHER, J., « Der Zusammenhang in Koh 3,11-15 », *ZAW* 51 (1933) p. 80-85.

GUTHRIE, H., « The Book of Ecclesiastes », *The Interpreter's One Volume Commentary on the Bible*, New York NY, 1971, p. 321-326.

HADAS, M., *Hellenistic Culture : Fusion and Diffusion*, New York NY, 1959.

HADOT, P., *Exercices spirituels et philosophie antique*, Paris, 1981, [4]2002.

HADOT, P., « Face au ciel étoilé, j'ai vraiment éprouvé le sentiment brut de mon existence », *Philosophe Magazine* 21 (2008) p. 52-57. (Entretien dont les propos ont été recueillis par Martin Legros).

HADOT, P., *La citadelle intérieure : introduction aux « Pensées » de Marc-Aurèle*, Paris, 1992.

HADOT, P., *La philosophie comme manière de vivre : entretiens avec Jeannie Carlier et Arnold I. Davidson*, Paris, 2001.

HADOT, P., « L'apport du néo-platonisme à la philosophie de la nature en Occident », *Eranos-Jahrbuch* 37 (1968) p. 91-132.

HADOT, P., « La Terre vue d'en haut et le voyage cosmique. Le point de vue du poète, du philosophe et de l'historien », J. SCHNEIDER — M. LÉGER-ORINE (éd.), *Frontières et conquêtes spatiales*, Dordrecht — Boston — Londres, 1988, p. 31-40.

HADOT, P., « ''Le présent seul est notre bonheur''. La valeur de l'instant présent chez Goethe et dans la philosophie antique », *Diogène* 133 (1986) p. 56-81.

HADOT, P., *N'oublie pas de vivre : Goethe et la tradition des exercices spirituels*, Paris, 2008.

HADOT, P., *Qu'est-ce que la philosophie antique ?*, Coll. Folio, Paris, Gallimard, 1995.

HAHM, D. E., « Diogenes Laertius VII : on the Stoics », W. HAASE (éd.), *ANRW* II, 36, 6, Berlin — New York NY, 1992, p. 4076-4182.

HAHM, D. E., *The Origins of Stoic Cosmology*, Columbus OH, 1977.

HALBAUER, O., *De Diatribis Epicteti*, Leipzig, 1911.

HAUPT, P., *Das babylonische Nimrod-Epos*, 2 vol., Leipzig, 1884-1891.

HAUPT, P., *Koheleth oder Weltschmerz in der Bibel*, Leipzig, 1905.

HEGEL, G. W. F., *La phénoménologie de l'esprit*, Tome I, J. Hyppolite (trad.), Coll. Philosophie de l'esprit, Paris, Aubier-Montaigne, 1939.

HEGEL, G. W. F., *La phénoménologie de l'esprit*, Tome II, J. Hyppolite (trad.), Coll. Philosophie de l'esprit, Paris, Aubier-Montaigne, 1941.

HEINZE, R., « Bio bei Philo », *Rheinisches Museum* 47 (1892) p. 219-240.

HEINZE, R., *De Horatio Bionis imitatore*, Bonn, 1889.

HENGEL, M., *Judaism and Hellenism* I-II, Philadelphia PA, 1974.

HENGEL, M., *Judentum und Hellenismus : Studien zu ihrer Begegnung unter besonderer Berücksichtigung Palästinas bis zur Mitte des 2 Jh.s v.Chr.*, WUNT 10, Tübingen, 1969, ^{2}1973, ^{3}1988.

HENGEL, M., « The Interpenetration of Judaism and Hellenism in the pre-Maccabean Period », *The Cambridge History of Judaism* II, London — New York NY, 1989, p. 222-223.

HENNING, W. B., « The Book of Giants », *BSOAS* 11 (1943-1946) p. 52-74.

HENSHAW, T., *The Writings. The Third Division of the Old Testament Canon*, London, 1963.

HENZE, M., « Qoheleth and the Syriac Apocalypse of Baruch », *VT* 58 (2008) p. 28-43.

HÉRACLITE, *Fragment*, M. CONCHE (éd./trad.), Paris, 1986.

HERDER, J. G., *Briefe, das Studium der Theologie betreffend*, Weimar, 1780, Lettre XI.

HÉRODOTE, *Enquête*, A. BARGUET (éd./trad.), Coll. Folio, Paris, 1985, ^{2}1990.

HÉRODOTE, *Histoire*, P.-E. LEGRAND (éd./trad.), Les Belles-Lettres, Paris, 2002.

HERTZBERG, H. W., *Der Prediger*, KAT xvii, 4-5, Gutersloh, 1963.

HERZFELD, L., *Kohelet, übersetzt und erläutert*, Braunschweig, 1838.

HÉSIODE, *Théogonie,* P. MAZON (éd./trad.), CUF, Paris, 1928, ^{12}1986.

HIERONYMUS, « Commentarius in Ecclesiasten », M. ADRIAEN (éd.), *S. Hieronymi Presbyteri opera*, CChr.SL 72, Turnholti, 1959, p. 249-361.

HILL, D., *Greek Words and Hebrew Meaning*, Cambridge, 1967.

HIRZEL, R., *Der Dialog*, 2 vol., Leipzig, 1895.

HITZIG, F. — NOWACK, W., *Der Prediger Salomos erklärt*, KeHAT 7, Leipzig, 1847, ^{2}1883.

HOFFMANN, P., « La définition stoïcienne du temps dans le miroir du néoplatonisme (Plotin, Jamblique) », G. R. DHERBEY (dir.) — J.-B. GOURINAT (éd.), *Les Stoïciens*, Paris, 2005, p. 487-521.

HOMÈRE, *Iliade* VI, C. MORIOUSEF (éd./trad.), Paris, 2006.

HOMÈRE, *Odyssée* XI, M. WORONOFF (éd./trad.), Paris, 2010.

HORACE, *Satires* II, F. VILLENEUVE (éd./trad.), CUF, Paris, Les Belles Lettres, 1962.

HORTON, E., « Koheleth's Conception of Opposites as Compared to Samples Greek Philosophy and Near and Far Aester Wisdom Classics », *Numen* 19 (1972) p. 7-18.

HORWICH, P., (éd.), *World Changes : Thomas Kuhn and the Nature of Science*, Cambridge MA, MIT Press, 1993.

HOTTOIS, G., *Philosophies des sciences, philosophies des techniques*, Coll. du Collège de France, Paris, Odile Jacob, 2004.

HOYNINGEN-HUENE, P., *Reconstructing scientific Revolutions. Thomas S. Kuhn's Philosophy of Science*, Chicago IL — Londres, University of Chicago Press, 1993.

HUBBARD, D. A., *Ecclesiastes, Song of Solomon*, Communicator's Commentary, Dallas TX, 1991.

HUMBERT, P., *Recherches sur les sources égyptiennes de la littérature sapientiale d'Israël*, Neuchâtel, 1929.

INGENKAMP, H. G., *Untersuchungen zu den pseudo-platonischen Definitionen*, Wiesbaden, 1967.

INGRAM, D., *Ambiguity in Ecclesiastes*, New York NY, 2006.

INGRAM, D., « The Riddle of Qohelet and Qohelet the Riddler », *JSOT* 37 (2013) p. 485-509.

INWOOD, B. — GERSON, L. P. (éd./Trad.), *The Epicurus Reader : Selected Writings and Testimonia*, Indianapolis IN, Hackett Publishing Company, 1994.

ISAKSSON, B., *Studies in the Language of Qoheleth, with special Emphasis on the verbal System. Acta Universitatis Upsaliensis*, SSU 10, Stockholm — Uppsala, 1987.

IWRY, S, « A Striking Variant Reading in lQIs[a] », *Textus* 5 (1966) p. 32-43.

JAMBLIQUE, *Vie de Pythagore*, CUF, Paris, Les Belles Lettres, 1996.

JAPHET, S., « Freedom of Spirit : The Legacy of Qoheleth "for the Generations". A new Look at Qoheleth's Canonization », M. L. GROSSMAN (éd.), *Built by Wisdom, established by Understanding*, Bethesda MD, University Press of Maryland, 2013, p. 227-240.

JAPHET, S. — SALTERS, R. B., *The Commentary of R. Samuel Ben Meir Rashbam on Qoheleth*, Jerusalem — Leiden, 1985.

JANZEN, G. J., « Qohelet on Life "under the Sun" », *CBQ* 70 (2008) p. 465-483.

JARICK, J., « The rhetorical Structure of Ecclesiastes », J. JARICK (éd.), *Perspectives on Israelite Wisdom : Proceedings of the Oxford Old Testament Seminar*, London — New York NY — New Delhi, Bloomsbury, 2016, p. [208]-231.

JASPER, F. N., « Ecclesiastes : a Note for our Time », *Int* 21 (1967) p. 264-269.

JASTROW, M., *A Dictionary of the Targumim, the Talmud Babli and Yerushalmi, and the Midrashic Literature*, London — New York NY, 1903.

JASTROW, M., *A gentle Cynic*, Philadelphia PA, 1919.

JENNI, E., « Das Wort עולם im Alten Testament », *ZAW* 64 (1952) p. 197-248.

JENNI, E., *Das Wort עולם im Alten Testament*, Berlin, 1953.

JENNI, E., « Das Wort עולם im Alten Testament », *ZAW* 65 (1953) p. 1-35.

JENNI, E., « עת », E. JENNI — C. WESTERMANN (éd.), *THAT* II, München — Zürich, 1976, c. 370-385.

JENNI, E., « Time », *The Interpreter's Dictionary of the Bible* 4 (1962) p. 642-649.

JÉRÔME, *Commentaire de l'Ecclésiaste*, J. P. MIGNE (éd.), *Patrologie Latine* XXIII, Paris, 1845.

JÉRÔME, *Commentaire de l'Ecclésiaste*, G. FRY (trad.), Paris, 2001.

JOHNSON, L. D., *Proverbs, Ecclesiastes, Song of Solomon*, Nashville TN, 1982.

JOHNSTON, R. K. « Confession of a Workaholic. A Reappraisal of Qoheleth », *CBQ* 38 (1976) p. 22.

JONES, B. W., « From Gilgamesh to Qoheleth », W. W. HALLO — B. W. JONES — G. L. MATTINGLEY (éd.), *The Bible in the Light of Cuneiform Literature : Scripture in Context* III, Lewiston NY, 1990, p. 349-379.

JONES, S. C., « Solomon's Table Talk : Martin Luther on the Authorship of Ecclesiastes », *SJO* 28 (2014) p. [81]-90.

JONES, S. C., « The Values and Limits of Qohelet's Sub-Celestial Economy », *VT* 64 (2014) p. 21-33.

JOÜON, P., « Notes de syntaxe hébraïque », *Bib* 2 (1921) p. 225-226.

JOÜON, P., « Notes philologiques sur le texte hébreu d'Ecclésiaste », *Bib* 11 (1930) p. 419-425.

JOÜON, P. — MURAOKA, T., *A Grammar of Biblical Hebrew*, SubBi 27, Roma, 2006.

KAISER, O., « Determination und Freiheit beim Kohelet/Prediger Salomo und in der Frühen Stoa », *NZSTh* 31 (1989) p. 251-270.

KAISER, O., « Die Botschaft der Buches Kohelet », *ETL* 71 (1995) p. 48-70.

KAISER, O., *Zwischen Athen und Jerusalem. Studien zur griechischen und biblischen Theologie, ihrer Eigenart und ihrem Verhältnis*, Berlin — New York NY, 2003.

KAISER, W. C. J., « Integrating Wisdom Theology into Old Testament Theology : Ecclesiastes 3,10-15 », W. C. J. KAISER — R. F. YOUNGBLOOD (éd.), *A Tribute to Gleason Archer*, Chicago IL, Moody Press, 1986, p. 66-75.

KAMANO, N., « Character and Cosmology : Rhetoric of Qoh 1,3-3,9 », A. SCHOORS (éd.), *Qohelet in the Context of Wisdom*, BETL 136, Leuven, Leuven University Press, 1998, p. 419-424.

KAMANO, N., *Cosmology and Character : Qoheleth's Pedagogy from a rhetorical-critical Perspective*, BZAW 312, Berlin — New York NY, 2002.

KAMENETZKY, A. S., « Die P'šita zu Koheleth, Textkritisch und ihrem Verhältnis zu dem massoretischen Text, der Septuaginta und den andern alten grieschischen Versionen », *ZAW* 24 (1904) p. 181-239.

KANT, E., *Critique de la raison pure*, A. Tremesaygues — B. Pacaud (trad.), Paris, P.U.F., [6]2001.

KANT, E., *Prolégomènes à toute métaphysique future qui pourra se présenter comme science*, L. Guillermit (trad.), Paris, Vrin, 1993.

KASHOW, R. C., « Traces of Ecclesiastes in the Gospel of John : an overlooked Background and a theological Dialectic », *Neotestamentica* 46 (2012) p. 229-243.

KAUTZSCH, E., *Die Aramaismen im Alten Testament*, Halle, 1902.

KEEL, O., *Das Hohelied*, ZBK 18, Zürich, 1986, ²1992.

KELLY, J. R., « Sources of Contention and the emerging Reality concerning Qohelet's Carpe Diem Advice », *Antiguo Oriente* 8 (2010) p. 117-134.

KEUTH, H., *The Philosophy of Karl Popper*, Cambridge University Press, 2005.

KIDNER, D., *The Message of Ecclesiastes*, Downers Grove IL, 1976, ²1984.

KIM, J., *Reanimating Qohelet's Contradictory Voices. Studies of Open-Ended Discourse on Wisdom in Ecclesiastes*, Biblical Interpretation Series 166, Leiden — Boston MA, Brill, 2018.

KISTER, M., « Interaction of Text and Vocabulary in rabbinic Literature and the Bible : a Case Study (Ecclesiastes Rabbah-Zuta 7,7) », *Lěšonénu* 79 (2017) p. [7]-43.

KLEIN, C., *Kohelet und die Weisheit Israels : eine Formgeschichtliche Studie*, BWANT 132, Stuttgart — Berlin, 1994.

KLEINERT, P., *Der Prediger Salomo*, Berlin, 1864.

KLEINERT, P., « Sind im Buche Koheleth ausserhebräische Einflüsse anzuerkennen ? », *TSK* (1883) p. 761-782.

KNOBEL, *Commentar über das Buch Koheleth*, Leipzig, 1836.

KOEHLER, L., *Der Prediger*, Berlin, 1963.

KOEHLER, L. — BAUMGARTNER, W., *Lexicon in Veteris Testamenti Libros*, Leiden, 1985.

KOEHLER, L. — BAUMGARTNER, W. — HARTMANN, B. — KUTSCHER, E. Y., *HALAT* I, Leiden, 1967.

KOEHLER, L. — BAUMGARTNER, W. — STAMM, J. J., *HALAT* II, Leiden, 1974.

KOEHLER, L. — BAUMGARTNER, W. — STAMM, J. J., *HALAT* III, Leiden, 1983.

KOEHLER, L. — BAUMGARTNER, W. — STAMM, J. J., *HALAT* IV, Leiden — New York NY — København — Köln, 1990.

KOEHLER, L. — BAUMGARTNER, W. — STAMM, J. J., *HALAT* V, Leiden — New York NY — Köln, 1996.

KÖNIG, F. E., *Historisch-comparative Syntax der hebräischen Sprache. Schlusstheil des Historisch-kritischen Lehrgebäudes des hebräischen*, Leipzig, 1897.

KRONHOLM, « עת », *TWAT* VI, Stuttgart — Berlin — Köln, 1989, c. 463-482.

KRÜGER, T., « Die Rezeption der Tora im Buch Kohelet », L. SCHWIENHORST-SCHÖNBERGER (éd.), *Das Buch Kohelet. Studien zur Struktur, Geschichte, Rezeption und Theologie*, BZAW 254, Berlin — New York NY, 1997.

KRÜGER, T, *Kohelet*, BKAT 19, Neukirchen-Vluyn, 2000.

KRÜGER, T., « Le livre de Qohéleth dans le contexte de la littérature juive des IIIᵉ et IIᵉ siècles avant Jésus-Christ », *RTP* 131 (1999) p. 135-145.

KUENEN, A., *Historisch-kritische Einleitung in die Bücher des Alten Testaments* III Teil, ii Stück, Leipzig, 1894.

KUGEL, J. L., *The Idea of Biblical Poetry. Parallelism and Its History*, New Haven CT, 1981.

KUHN, T. S., *La Révolution copernicienne*, A. Hayli (trad.), Coll. Le Phénomène Scientifique, Paris, Fayard, 1973.

KUHN, T. S., *La structure des révolutions scientifiques*, Paris, Flammarion, 1972.

KUHN, T. S., *La tension essentielle*, Paris, Gallimard, 1990.

KUHN, T. S., « Logic and Psychology of Discovery », P. A. Schilpp (éd.), *The Philosophy of Karl Popper*, The Library of Living Philosophers 14, La Salle IL, Open Court Publishing Co., 1974, p. 797-819.

KUHN, T. S., « Reflexions on my Critics », I. Lakatos — A. Musgrave (éd.), *Criticism and the Growth of Knowledge. Proceedings of the International Colloquium in the Philosophy of Science, London, 1965*, Cambridge, Cambridge University Press, 1970, p. 231–278.

KUHN, T. S., *The Road since Structure. Philosophical Essays, 1970-1993, with an autobiographical Interview*, Chicago IL, University of Chicago Press, 2000.

LABARRIÈRE, P.-J., *Le discours de l'altérité*, Paris, PUF, 1983.

LAKATOS, I., *Histoire et méthodologie des sciences*, Paris, PUF, 1996.

LAMPARTER, H., *Das Buch der Weisheit, Prediger und Sprüche*, Stuttgart, 1955.

LANDOLT, J.-F., « La colère et le repentir d'Élohim sont-ils des questions pertinentes pour le livre de Qohélet ? », J.-M. DURAND — L. MARTI — T. RÖMER (éd.), *Colères et repentirs divins*, Fribourg — Göttingen, Fribourg Academic Press — Vandenhoeck & Ruprecht, 2015, p. [271]-283.

LANDY, F., *Paradoxes of Paradise : Identity and Difference in the Song of Songs*, BLS 7, Sheffield UK, 1983.

LARCHER, C., *Le livre de la Sagesse ou la Sagesse de Salomon* III, Paris, 1985.

LATOUNDJI, D., « יתר », *The New Dictionary of Old Testament Theology and Exegesis* II, Grand Rapids MI, 1997, p. 571-577.

LAUHA, A., *Kohelet*, BKAT 19, Neukirchen-Vluyn, 1978.

LAURENT, F., *Les biens pour rien en Qohélet 5,9-6,6 ou la traversée d'un contraste*, BZAW 323, Berlin, 2002.

LAVOIE, J.-J., « Activité, sagesse et finitude humaine. Étude de Qohélet 1,12-18 », *LTP* 63 (2007) p. 109-117.

LAVOIE, J.-J., « Ambigüité et pouvoir politique en Qohélet 10,4-7 », *RivB* 61 (2013) p. 375-407.

LAVOIE, J.-J., « Avantage et limites de la sagesse : étude de Qohélet 7,11-12 », *EstBib* 71 (2013) p. 367-392.

LAVOIE, J.-J., « Étude de l'expression בית עולמו dans Qo 12,5 à la lumière des textes du Proche-Orient ancien », J.-C. PETIT — A. CHARRON — A.

MYRE, *« Où demeures-tu ? » (Jn 1,38). La maison depuis le monde biblique*, Québec, 1994, p. 213-226.

LAVOIE, J.-J., « *Habēl habālīm hakol hābel*. Histoire de l'interprétation d'une formule célèbre et enjeux culturels », *ScEs* 58 (2006) p. 219-249.

LAVOIE, J.-J., « Il y a un temps pour tout, mais tout est pour rien. Quelques observations à partir de Qohélet 3,1-9 », *RECAPO* 6 (1997) p. 28-49.

LAVOIE, J.-J., « Ironie et ambiguïtés en Qohélet 10,2-3 », *ScEs* 66 (2014) p. [59]-84.

LAVOIE, J.-J., *La pensée du Qohélet*, Héritage et Projet 49, Montréal, 1992.

LAVOIE, J.-J., « Le sage et l'insensé : étude de Qohélet 7,5-7 », *ReSR* 88 (2014) p. [1]-26.

LAVOIE, J.-J., « Où en sont les études sur le livre de Qohélet ? », *LTP* 69 (2013) p. 95-133.

LAVOIE, J.-J., « Qohélet 2,12 : un texte indéchiffrable ? », *LTP* 73 (2017) p. 229-254.

LAVOIE, J.-J., « Quelques réflexions sur le pluralisme inter- et intrareligieux à partir des études comparatives du livre de Qohélet. I : Le pluralisme interreligieux », *ScEs* 60 (2008) p. 229-257.

LAVOIE, J.-J., « Quelques réflexions sur le pluralisme inter- et intrareligieux à partir des études comparatives du livre de Qohélet. II. Le pluralisme intrareligieux », *ScEs* 61 (2009) p. 39-50.

LAVOIE, J.-J., « Sagesse, folie et bonheur en Qo 10,1 », *LTP* 16 (2008) p. 176-197.

LEE E. P., *The Vitality of Enjoyment in Qohelet's theological Rhetoric*, BZAW 353, Berlin — New York NY, 2005.

LEIBOWITZ, Y., « kohélet. ''Crains Dieu et observe ses commandements, car c'est là tout l'homme'' », IDEM, *Brèves leçons bibliques*, Paris, DDB, 1995, 276-282.

LELOUP, J.-Y., *L'ecclesiaste (le Qohélet). La sagesse de la lucidité*, Paris, Presses du Châtelet, 2016.

LEMAÎTRE, J.-C., « Une philosophie est-elle de son temps ou de tous les temps ? Le cas Schelling », *Klēsis — Revue philosophique* 11 (2009) p. 25-54.

LEUNG LAI, B. M., « Voice and Ideology in Ecclesiastes : Reading "Cross the Grains" », J. K. AITKEN — J. M. S. CLINES — C. M. MAIER (éd.), *Interested Readers : Essays on the Hebrew Bible in Honor of David J. A. Clines*, Atlanta GA, SBL Press, 2013, p. 265-278.

LEUPOLD, H. C., *Exposition of Ecclesiastes*, Grand Rapids MI, 1952, [2]1966.

LÉVI, I., *L'Ecclésiastique ou la Sagesse de Jésus, fils de Sira. Texte original hébreu édité, traduit et commenté* I-II, Paris, 1898, 1901.

LEVINAS, E., *Autrement qu'être ou au-delà de l'essence*, Coll. Biblioessais, Paris, Livre de poche, 1990.

LEVINAS, E., *Le temps et l'autre*, Paris, PUF, Quadrige, 1983.

LEVINE, L. I., *Judaism and Hellenism in antiquity : conflict or confluence ?*, Seattle WA, University of Washington Press, 1999.

LEVINE, E, « The Humor of Qohelet », *ZAW* 109 (1997) p. 71-83.

LEVI-STRAUSS, C., « Religions comparées des peuples », *Annuaire de l'École Pratique des Haute Études* 79 (1971-1972) p. 55-80.

LEVI-STRAUSS, C., « Religions comparées des peuples sans écriture », *Problèmes et méthodes d'histoire des religions. Mélanges publiés par la Section des Sciences religieuses à l'occasion du centenaire de l'École pratique des Hautes Études*, Paris, PUF, 1968, p. 1-7.

LIDZBARSKI, M., *Ephemeris für semitische Epigraphik*, vol. II, Leipzig — Giessen, 1900-1915.

LINAFELT, T. — DOBBS-ALLSOPP, F. W., « Poetic Line Structure in Qoheleth 3,1 », *VT* 60 (2010) p. 249-259.

LOADER, J. A., *Ecclesiastes. A practical Commentary*, Text and Interpretation, Grand Rapids MI, 1986.

LOADER, J. A., « Qohelet 3, 2-8 — A "sonnet" in the Old Testament », *ZAW* 81 (1969) p. 239-242.

LOEWE, R., « Jerome's Rendering of עולם », *HUCA* 22 (1949) p. 265-306.

LOEWENCLAU, I., « Kohelet und Sokrates : Versuch eines Vergleiches », *ZAW* 98 (1986) p. 327-338.

LOHFINK, N., « Das Koheletbuch : Strukturen und Struktur », L. SCHWIENHORST-SCHÖNBERGER (éd.), *Das Buch Kohelet. Studien zur Struktur, Geschichte, Rezeption und Theologie*, BZAW 254, Berlin — New York NY, 1997, p. 39-121.

LOHFINK, N., « Die Wiederkehr des immer Gleichen. Eine frühe Synthese zwischen griechischem und jüdischem Weltgefühl in Kohelet 1,4-11 », *AF* 53 (1985) p. 125-149.

LOHFINK, N., « Gegenwart und Ewigkeit. Die Zeit im Buch Kohelet », *Geist und Leben* 60 (1987) p. 7-8.

LOHFINK, N., « Ist Kohelets הבל-Aussage erkenntnistheroretisch gemeint ? », A. SCHOORS (éd.), *Qohelet in the Context of Wisdom*, BETL 136, Leuven, Leuven University Press, 1998, p. 45-55.

LOHFINK, N., *Kohelet*, NechtB, Würzburg, 1980.

LOHFINK, N., « Le temps dans le livre de Qohélet », *Christus* 32 (1985) p. 69-80.

LOHFINK, N., *Qoheleth. A Continental Commentary*, Translated by Sean McEvenue, Minneapolis MN, Fortress Press, 2003.

LOHFINK, N., « War Kohelet ein Frauenfeind ? Ein Versuch, die Logik und den Gegenstand von Koh 7,23-8,1a herauszufinden », M. GILBERT (éd.), *La sagesse de l'Ancien Testament*, BETL 51, Gembloux — Leuven, Duculot — Leuven University Press, 1979, [2]1989, p. 267-269.

LONG, G. A., « הלל », *The new Dictionary of Old Testament Theology and Exegesis*, vol. II, Grand Rapis MI, 1997, p. 151-152.

LONG, A. A. — SEDLEY, D. N. — BRUNSCHWIG, J. — PELLEGRIN, P., *Les philosophes hellénistiques* I, II, III, Paris, 1974, 1986, 1997.

LONGMAN III, T., *Ecclesiastes*, NICOT, Grand Rapids MI — Cambridge UK, 1998.

LONGMAN III, T., « The "Fear of God" in the Book of Ecclesiastes », *BBR* 25 (2015) p. 13-21.

LORETZ, O., « Altorientalische Und Kanaanäische Topoi im Buche Kohelet », *UF* 12 (1980) p. 267-278.

LORETZ, O., *Gotteswort und menschliche Erfahrung. Eine Auslegung der Bücher Jona, Rut, Hoheslied, Qohelet*, Fribourg CH, 1963.

LORETZ, O., *Qohelet und der Alte Orient. Untersuchungen zu Stil und theologischer Thematik des Buches Qohelet*, Freiburg DE, 1964.

LOZA, J., *Génesis 1-11*, Bilbao, 2005.

LUCRÈCE, *De natura rerum* II, J. KANY-TURPIN (éd./trad.), Coll. GF, Paris, 1998.

LYS, D., *L'Ecclésiaste ou que vaut la vie ? Traduction, Introduction générale, Commentaire de 1,1 à 4,3*, Paris, Letouzey & Ané, 1977.

LYS, D., « L'Être et le temps. Communication de Qohèlèth », M. GILBERT (éd.), *La sagesse de l'Ancien Testament*, BETL 51, Gembloux — Leuven, Duculot — Leuven University Press, 1979, ²1989, p. 249-258.

MAAS, J. — POST, J., « Qohéleth et le savoir de Dieu. La modalité du croire dans Qohéleth à partir de Qo 3,1-15 », *Sémiotique et Bible* 80 (1995) p. 37-44.

MACDONALD, D. B., *The Hebrew Literary Genius*, Princeton, 1933.

MACCOULL, L. S. B., « Ecclesiastes in Philoponus : The Coptic Dimension », *Muséon* 128 (2015) p. 273-294.

MAGGIONI, B., *Giobbe e Qohelet. La contestazione sapienziale nella Bibbia*, Assisi, Cittadella, 1982.

MAILLOT, A., *Qohélet ou l'Ecclésiaste ou la Contestation*, Paris, 1971, ²1987.

MAINVILLE, O., *La Bible au creuset de l'histoire. Guide d'exégèse historico-critique*, Coll. Sciences bibliques — Études/Instruments 2, Paris, Médiaspaul, 1995.

MANKOWSKI, P. V., *Akkadian Loanwords in Biblical Hebrew*, HSS 47, Winona Lake IN, Eisenbrauns, 2000, p. 65, n. 218.

MARC-AURÈLE, *Εἰς ἑαυτόν*, A. I. TRANNOY (éd./trad.), *Pensées*, CUF, Paris, Les Belles Lettres, 1925.

MARGOLIOUTH, D. S., *Book of Ecclesiastes*, C. ALDER — B. WILHELM *et al* (éd.), *Jewish Encyclopedia* V, New York NY, 1906.

MARGOLIOUTH, D. S., « The Prologue of Ecclesiastes », *Expositor* 8 (1911) p. 463-470.

MARTIN-ACHARD, R., « La signification du temps dans l'Ancien Testament », *RTP* III, 4 (1954) p. 137-140.

MARTÍNEZ, F. G., « The Book of Giants », *Qumran and Apocalyptic : Studies on the Aramaic Texts from Qumran*, STDJ 9, Leiden, 1992, p. 97-115.

MATHERON, A., *Individu et communauté chez Spinoza*, Coll. Le sens commun, Paris, Minuit, 1969.

MAUSSION, M., *Le mal, le bien et le jugement de Dieu dans le livre de Qohélet*, OBO 190, Fribourg CH — Göttingen, 2003.

MAZZINGHI, L., *Ho cercato e ho esplorato. Studi sul Qohelet*, Bologna, 2001.

MAZZINGHI, L., *Il Pentateuco sapienziale. Proverbi, Giobbe, Qohelet, Siracide, Sapienza. Caratteristiche letterarie e temi teologici*, Bologna, EDB, 2013.

MAZZINGHI, L., « Qohelet and Enochism. A critical Relationship », *Henoch* 24 (2002) p. 157-167.

MAZZINGHI, L., « Qohelet tra giudaismo ed ellenismo. Un'indagine a partire da Qo 7,15-18 », G. Bellia — A. Passaro (éd.), *IL libro del Qohelet. Tradizione, redazione, teologia*, Milano, Paoline, 2001, p. 90-116.

MAZZINGHI, L., « The divine Violence in the Book of Qoheleth », *Bib* 90 (2009) p. 545-558.

MCNEILE, A. H., *An Introduction to Ecclesiastes with notes and appendices*, Cambridge, 1904.

MÉLÈZE-MODRZEJEWSKI, J., *Un peuple de philosophes. Aux origines de la condition juive*, Paris, Fayard, 2011.

MELLERIN, L. (éd.), *La réception du livre de Qohélet (Ier-XIIIème s.)*, Paris, Cerf, 2016.

MENDELSSOHN, *Der Prediger Salomo mit einer kurzen und zureichenden Erklärung nach dem Wort-Verstand zum Nuzen der Studierenden von dem Verfasser des Phädon*, Anspach, 1771.

MESCHONNIC, H., *Les cinq rouleaux*, Paris, 1970.

MEYER, B. F. — SANDERS, E. P. (éd.), *Self-definition in the Greco-Roman World*, vol. 3, Philadelphia PA, Fortress Press, 1982.

MICHAUD, R., *Qohélet et l'hellénisme*, Paris, 1987.

MICHEL, D., *Qohelet*, EdF 258, Darmstadt, 1988.

MICHEL, D., *Untersuchungen zur Eigenart des Buches Qohelet*, BZAW 183, Berlin — New York NY, 1989.

MICHEL, D., « Zur Philosophie Kohelets. Eine Auslegung von Kohelet 7,1-10 », *Bibel und Kirche* 45 (1990) p. 24.

MICHEL, O., « φιλοσοφία, φιλόσοφος », G. FRIEDRICH (éd.) — G. W. BROMILEY (éd./trad.), *Theological Dictionary of the New Testament*, Vol. IX, φ-Ω, Grand Rapids MI, 1974, p. 172-188.

Midrash Qohelet III, 5.

MILLER, A., « Die Weisheit des Predigers », *Benediktin. Monatsschrift* 4 (1922) p. 113-120.

MILLS, M. E., *Reading Ecclesiastes. A Literary and Cultural Exegesis*, Burlington VT, Ashgate, 2003.

MITCHEL, H. G., « "Work" in Ecclesiastes », *JBL* 32 (1913) p. 128-129.

MONTAGNES, B., « La méthode historique. Succès et revers d'un manifeste », *Naissance de la méthode critique. Colloque du centenaire de l'École Biblique et Archéologique Française de Jérusalem*, Paris, Cerf, 1992, p. 67-88.

MOORE, T. M., *Ecclesiastes : Ancient Wisdom when all Else Fails. A New Translation & Interpretive Paraphrase*, Downers Grove IL, 2001.

MOPSIK, C., *L'Ecclésiaste et son double araméen*, Lagrasse, 1990.

MOREAU, J., *L'Espace et le temps selon Aristote*, Padova, 1965.

MORSE, B., « Introduction to a Dandy, Part I. The Assembler Reassembled », *BibInt* 22 (2014) p. 132-145.

MORSE, B., « Introduction to a Dandy, Part II. Qoheleth's Turn, with Duchamp at Monte Carlo », *BibInt* 22 (2014) p. 233-252.

MOYNIHAN, E. B., *Paradise as a Garden in Persia and Mughal India*, New York NY, 1979.

MUILENBURG, J., « The Biblical View of Time », *HTR* 54 (1961) p. 225-252.

MULDER, J. M., « Qoheleth's Division and also its Main Point », W. C. DELSMAN *et al.* (éd.), *Von Kanaan bis Kerala. Festschrift fur Prof. Mag. Dr. J. P. M. van der Ploeg O. P. zur Vollendung des siebzigsten Lebensjahres am 4. Juli 1979*, Neukirchen-Vluyn, 1982, p. 157-167.

MÜLLER, H.-P., « Der unheimliche Gast. Zum Denken Kohelets », *ZThK* 84 (1987) p. 449-455.

MÜLLER, H.-P., « Wie sprach Qohälät von Gott ? » *VT* 18 (1968) p. 512-516.

MÜLLER, H. V., *De Teletis elocutione*, Diss., Freiburg DE, 1891.

MULLER, R., *Les stoïciens*, Paris, 2006.

MURPHY, R. E., *Ecclesiastes*, WBC 23a, Dallas TX, 1992.

MURPHY, R. E., « Qoheleth's Quarrel with the Father », *From Faith to Faith. Essay in Honor of Donald G. Miller on his Seventieth Birthday*, Pittsburg, 1979, p. 239-250.

MURPHY, R. E., *The Tree of Life*, New York NY, 1990, [2]1996.

NADEAU, R., « La philosophie des sciences après Kuhn », *Philosophiques* 21 (1994) p. 159-189.

NEHER, A., *Notes sur Qohélet*, Paris, 1951, [2]1999.

NERIYA-COHEN, N., « Rashbam's Understanding of the Carpe Diem Passages in Qoheleth », *REJ* 175 (2016) p. 27-46.

NICCACCI, A., « Qohelet o la gioa come fatica e dono di Dio a chi lo teme », *LA* 52 (2002) p. 29-102.

NORDEN, E., *Die Antike Kunstprosa*, 2 vol., Leipzig, 1898, [4]1958.

NÖTSCHER, F., *Kohelet, Ecclesiastes oder Prediger*, EB 4, Würzburg, 1948.

NYCKEES, V., « Rien n'est sans raison : les bases d'une théorie continuiste de l'évolution sémantique », D. CANDEL — F. GAUDIN (éd.), *Aspects diachroniques du vocabulaire*, Presses Universitaires de Rouen et du Havre, 2006, p. 15-88.

O'CONNELL, R. H., « הלל », *The new Dictionary of Old Testament Theology and Exegesis*, vol. II, Grand Rapis MI, 1997, p. 152-153.
OGDEN, G. S., *Qoheleth*, Sheffield UK, 1987.
OGDEN, G. S., « Qoheleth's Use of the ''Nothing is better''-Form », *JBL* 98 (1979) p. 339-350.
OGDEN, G. S., « The ''better''-Proverb (Tôb-Sprüch), rhetorical Criticism, and Qoheleth », *JBL* 96 (1977) p. 489-505.
OGDEN, G. S. — ZOGBO, L., *A Handbook on Ecclesiastes*, New York NY, 1997.
O'KENNEDY, D. F., « הלל », *The new Dictionary of Old Testament Theology and Exegesis*, vol. II, Grand Rapis MI, 1997, p. 145-150.
OLENEVA, J., « Rabbinic Response to Qohelet's Contradictions : Concepts of Wisdom », *Judaica* 72 (2016) p. 253-275.
OLTRAMARE, A., *Les Origines de la Diatribe Romaine*, Genève — Lausanne, 1925, [2]1926.
O'NEIL, E. N. (éd./trad.), *Teles* [The Cynic Teacher], SBLTT II, Missoula MT, Scholars Press, 1977.
OVIDE, *Métamorphoses*, G. LAFAYE (éd./trad.), Coll. Folio, Paris, 1996.
PAHK, J. Y. S., *Il canto della gioia in Dio : l'itinerario sapienziale espresso dall'unità letteraria in Qohelet 8,16-9,10 e il parallelo di Gilgameš Me. iii*, Istituto universitario orientale, Dipartimento di Studi Asiatici, Series Minor 52, Napoli, 1996.
PAHK, J. Y. S., « Qohelet e le tradizini sapienziali del Vicino Oriente Antico », G. BELLIA — A. PASSARO (éd.), *IL libro del Qohelet. Tradizione redazione teologia*, Milano, 2001, p. 117-143.
PALM, A., *Qoheleth und die nacharistotelische Philosophie*, Mannheim, 1885.
PAQUET, L., (éd./trad.), *Les cyniques grecs. Fragments et témoignages*, Paris, 1992.
PARENTE, M. I., « La Notion d'incorporel chez les Stoïciens », G. R. DHERBEY (dir.) — J.-B. GOURINAT (éd.), *Les stoïciens*, Paris, 2005, p. 176-199.
PÉDECH, P., *La Méthode historique de Polybe*, Paris, 1964.
PEDERSEN, J., *Israel, its Life and Culture* I-II, London — Copenhagen, 1926, [2]1946.
PEDERSEN, J. « Scepticisme israélite », *RHPR* 10 (1930) p. 320-340.
PENNACCHINI, B., « Qohelet ovvero il libro degli assurdi », *Euntes Docete* 30 (1977) p. 491-510.
PERANI, M., « La concezione ebraica del tempo : appunti per una storia del problema », *RivB* 26 (1978) p. 401-421.
PERDUE, L. G., *Wisdom and Cult*, SBLDS 30, Missoula MT, 1977.
PERRY, T. A., *Dialogues with Koheleth : the Book of Ecclesiastes : Translation and Commentary*, University Park PA, Pennsylvania State University Press, 1993.

PERRY, T. A., *The Book of Ecclesiastes (Qohelet) and the Path to Joyous Living*, Cambridge, Cambridge University Press, 2015.

PETITJEAN, A., « Les conceptions vétérotestamentaires du temps. Acquisitions, crises et programme de la recherche », *RHPR* 56 (1976) p. 383-400.

PFEIFER, R. H., « The Pecular Skepticism of Ecclesiastes », *JBL* 53 (1934) p. 107.

PFLEIDERER, E., *Die Philosophie des Heraklit von Ephesus im Lichte der Mysterienidee*, Berlin, 1886.

PFLEIDERER, O., *The Philosophy of Religion on the Basis of its History*, Translated from the German of the 2d and ed., by Alexander Stewart and Allan Menzies, London, 1886-1888.

PHILON, *De vita Mosis* I, R. ARNALDEZ — C. MONDÉSERT — J. POUILLOUX — P. SAVINEL (éd./trad.), OPA 22, Paris, 1967.

PIDOUX, G., « À propos de la notion biblique du temps », *RTP* 2 (1952) p. 120-125.

PINÇON, B., « "Au jour de bonheur, accueille le bonheur" (Qo 7,14) : réhabilitation d'une parole de bonheur méconnue du livre de Qohélet », *RivB* 57 (2009) p. 311-325.

PINÇON, B., « Le Dieu de Qohélet », *ReSR* 85 (2011) p. 411-425.

PINÇON, B., *L'énigme du bonheur : étude sur le sujet du bien dans le livre de Qohélet*, Leiden, 2008.

PINÇON, B., *Qohélet : le parti pris de la vie,* Coll. Lire La Bible 169, Paris, Cerf — Médiapaul, 2011.

B. PINÇON, « Qohélet, un sage devant la crise : le point de vue d'un bibliste », L. MELLERIN (éd.), *La réception du livre de Qohélet (Ier-XIIIème s.)*, Paris, Cerf, 2016, p. [35]-47.

PINÇON, B., « Quoi de nouveau sous le soleil ? L'épreuve du temps chez le sage Qohélet », *BN* 165 (2015) p. [43]-53.

PINÇON, B., « Temps et contretemps dans le livre de Qohélet », *EstBib* 75 (2017) p. 171-184.

PINKER, A., « A new Approach to Qohelet 11,1 », *OTE* 22 (2009) p. 618-645.

PINKER, A., « A new Interpretation of Qohelet 10,10 », *OTE* 24 (2011) p. 173-191.

PINKER, A., « A Reconstruction of Qohelet 10,15 », *BN* 149 (2011) p. 65-83.

PINKER, A., « A Reevaluation of the Kesil's Image in the Book of Qohelet », *SJOT* 25 (2011) p. 49-74.

PINKER, A., « Aspects of Demeanour in Qohelet 8,1 », *OTE* 26 (2013) p. 401-424.

PINKER, A., « Ecclesiastes. Part I : Authorship », *JBQ* 41 (2013) p. 81-88.

PINKER, A., « Ecclesiastes. Part II : Themes », *JBQ* 41 (2013) p. 163-170.

PINKER, A., « Experimenting with Entertainment in Qohelet 2,1-3 », *ABR* 58 (2010) p. 17-35.

PINKER, A., « How should we understand Ecclesiastes 2,26 ? », *JBQ* 38 (2010) p. 219-229.

PINKER, A., « Intertextuality in Qohelet 1,15 ; 3,2-8.14 ; 5,3-5a.17-18 ; 7,29 ; 11,9 ; and 12,1a », *The Polish Journal of Biblical Research*, vol. 11, N° 1-2 (21-22), (2012) p. [39]-64.

PINKER, A., « Meteorological Views in Qohelet 1,6-7 », *OTE* 25 (2012) p. 383-405.

PINKER, A., « On Cattle and Cowboys in Kohelet 5,9b », *ZAW* 123 (2011) p. 263-273.

PINKER, A., « On Sweetness and Light in Qohelet 11,7 », *RB* 117 (2010) p. 248-261.

PINKER, A., « On the Meaning of זעקת מושל in Qohelet 9,17b », *BBR* 22 (2012) p. 493-503.

PINKER, A., « Qohelet 2,12b », *BZ* 53 (2009) p. 94-105.

PINKER, A., « Qohelet 3,14-15 », *BZ* 54 (2010) p. 253-271.

PINKER, A., « Qohelet 3,18 : a Test ? », *SJOT* 23 (2009) p. 282-296.

PINKER, A., « Qohelet 4,13-16 », *SJOT* 22 (2008) p. 176-194.

PINKER, A., « Qohelet 6,9 : it looks better than it tastes », *JJS* 60 (2009) p. 214-225.

PINKER, A., « Qohelet 9,3b-7 : a Polemic against Necromancy », *JJS* 63 (2012) p. 218-237.

PINKER, A., « Qohelet and his Fears », *JSem* 21 (2012) p. 269-294.

PINKER, A., « Qohelet's nuanced View on Matrimony : a new Interpretation of Qohelet 11,9-12,1a within its pedagogical Milieu », *ABR* 59 (2011) p. 13-30.

PINKER, A., « Qohelet's Views on Women — Misogyny or standard Perceptions ? An Analysis of Qohelet 7,23-29 and 9,9 », *SJOT* 26 (2012) p. 157-191.

PINKER, A., « The Advantage of a Country in Ecclesiastes 5,8 », *JBQ* 37 (2009) p. 211-222.

PINKER, A., « The Epilogue in the Book of Qohelet », *SJOT* 29 (2015) p. [204]-232.

PINKER, A., « The Oppressed in Qohelet 4,1 », *VT* 61 (2011) p. 393-405.

PINKER, A., « The Principle of Irreversibility in Kohelet 1,15 and 7,13 », *ZAW* 120 (2008) p. 387-403.

PINKER, A., « The Structure and Meaning of Qohelet 8,5-7 », *BN* 153 (2012) p. 63-88.

PIOTTI, F., « La descrizione degli elementi naturali in Qo 1,4-7. Problemi esegetici e linguistici », *BeO* 222 (2004) p. 207-248.

PIOTTI, F., « Osservazioni su alcuni paralleli extrabiblici nell'"allegoria della vecchiaia" (Qohelet 12,1-7) », *BeO* 111-112 (1977) p. 119-128.

PIOTTI, F., « Osservazioni su alcuni problemi esegetici nel libro dell'Ecclesiaste : Studio I », *BeO* 116-117 (1978) p. 169-181.

PIOTTI, F., « Osservazioni su alcuni problemi esegetici nel libro dell'Ecclesiaste (Studio II) : il canto degli stolti (Qoh. 7,5) », *BeO* 120 (1979) p. 129-140.

PIOTTI, F., « Osservazioni su alcuni problemi esegetici nel libro dell'Ecclesiaste : Studio III », *BeO* 126 (1980) p. 243-255.

PIOTTI, F., « Osservazioni su alcuni usi linguistici dell'Ecclesiaste », *BeO* 110 (1977) p. 49-56.

PIOTTI, F., « Osservazioni sul metodo di ricerca di Qohelet », *BeO* 229 (2006) p. 129-168.

PIOTTI, F., « Percezione del "disordine" e "timore di Dio" in Qohelet (I). Distorsione (תוע) e abominio (הבעות) nei testi normativi, profetici e sapienzali », *BeO* 239 (2009) p. 3-32.

PIOTTI, F., « Percezione del "disordine" e "timore di Dio" in Qohelet (II). Aspetti della distorsione (תוע) in Qohelet », *BeO* 240-241 (2009) p. 101-131.

PIOTTI, F., « Percezione del "disordine" e "timore di Dio" in Qohelet (III). Il credo di Qohelet tra disordine percepito e timore di Dio », *BeO* 243 (2010) p. 3-33.

PIOTTI, F., *Qohelet : la ricerca del senso della vita*, Antico e Nuovo Testamento 18, Brescia, Morcelliana, 2012.

PIWONKA, M. P., *Lucilius und Kallimachos*, Frankfurt, 1949.

PLATON, *Gorgias*, Coll. GF, Paris, 1993.

PLATON, *La République*, É. CHAMBRY (éd./trad.), *Œuvres complètes de Platon* VI, VII/1 et VII/2, Coll. Budé, Paris, 1933.

PLATON, *Phèdre*, Coll. GF, Paris, 1989.

PLATON, *Philèbe*, J.-F. PRADEAU (éd./trad.), Coll. GF, Paris, 2002.

PLATON, *Timée*, É. Chambry (éd./trad.), Coll. GF, Paris, [5]2001.

PLUMPTRE, E. H., *Ecclesiastes, or the Preacher*, Cambridge, 1881.

PLUTARQUE, *Vies. Lucullus* VII, R. FLACELIÈRE — É. CHAMBRY (éd./trad.), Paris, 1972.

PODECHARD, E., *L'Ecclésiaste*, Paris, 1912.

POLK, T., « The Wisdom of Irony : a Study of *Hebel* and its Relation to Joy and Fear of God in Ecclesiastes », *StuBT* 6 (1976) p. 3-17.

POLYBE, *Histoires*, 10 vol., P. Pédech (éd.), Les Belles Lettres, Paris, 1961-1990.

POPPER, K., *Conjectures et réfutations. La croissance du savoir scientifique*, Michelle-Irène — M. B. de Launay (trad.), Paris, Payot, 1994,

POPPER, K., *La connaissance objective*, Paris, PUF, 1978.

Popper, K., *La quête inachevée*, Paris, Calmann-Lévy, 1981.

POPPER, K., *La logique de la découverte scientifique*, N. Thyseen-Rutten — P. Devaux (trad.), Paris, Payot, 1973.

POPPER, K., « Normal Science and its Dangers », I. Lakatos — A. Musgrave (éd.), *Criticism and the Growth of Knowledge. Proceedings of the International Colloquium in the Philosophy of Science, London, 1965*, Cambridge, Cambridge University Press, 1970, p. 51–58.

POPPER, K., « Replies to my Critics », P. A. Schilpp (éd.), *The Philosophy of Karl Popper*, The Library of Living Philosophers 14, La Salle IL, Open Court Publishing Co., 1974, p. 961-1197.

PRAECHTER, K. — ÜBERWEG, F., *Grundriss der Geschichte der Philosophie*. Erster Band : *Die Philosophie des Altertums*, Berlin, 1926.

PREUSS, H. D., « עולם », *TWAT* V, Stuttgart — Berlin — Köln — Mainz 1986, c. 1144-1159.

PROCLUS DE LYCIE, *Commentaires sur le premier livre des Éléments d'Euclide*, P. VER EECKE (éd./trad.), Coll. des Travaux de l'Académie Internationale d'Histoire des Sciences I, vol. 1, Bruges, 1948.

PROULX, M., *À la recherche du bonheur. Une lecture du livre de Qohélet*, Montréal, Novalis, 2015.

PSEUDO-APOLLODORE, *Bibliothèque* II, J.-C. CARRIÈRE — B. MASSONIE (éd./trad.), Paris, 1991.

PSEUDO-PLUTARQUE, *Stromates*, J.-P. DUMONT (éd.), *Les Présocratiques*, Bibliothèque de la Pléiade, Paris, 1988.

PUECH, É., « Les songes des fils de Šemiḥazah dans le livre des Géants à Qumrân », *CRAIL* (2000) p. 7-25.

PUECH, É., « Livre des Geants », *DJD* 31, Oxford, 2001, p. 9-115.

PUECH, É., « Qohelet a Qumran », G. BELLIA — A. PASSARO (éd.), *Il libro del Qohelet. Tradizione, redazione, teologia*, Milano, Paoline, 2001, p. 144-170.

PURY, A. DE, « Qohéleth et le canon des *Ketubim* », *RTP* 131 (1999) p. 163-198.

QIMRON, E., *Hebrew of the Dead Sea Scrolls*, HSS 29, Atlanta GA, 1986.

QUEZADA DEL RÍO, J., « Qohélet para la posmodernidad », IDEM (éd.), *Reflexiones bíblicas para un mundo en crisis*, México, 2010, p. 133-154.

RAD, G., *Israël et la Sagesse*, Genève, 1971.

RAD, G., *Weisheit in Israel*, Neukirchen-Vluyn, 1970.

RAHN, H., *Morphologie der antiken Literatur*, Darmstadt, 1969.

RAMOND, S., « Y a-t-il de l'ironie dans le livre de Qohélet ? », *VT* 60 (2010) p. 621-640.

RANKIN, O. S., *The Book of Ecclesiastes*, The Interpreter's Bible 5, Nashville TN, 1956.

RANSTON, H., *Ecclesiastes and the Early Greek Wisdom Literature*, London, 1925.

RANSTON, H., « Koheleth and the Early Greeks », *JTS* 24 (1923) p. 160-169.

RANSTON, H., *The Old Testament Wisdom Books and Their Teaching*, Londres, The Epworth Press, 1930.

RASTIER, F., « De la sémantique cognitive à la sémantique diachronique : les valeurs et l'évolution des classes lexicales », J. FRANÇOIS (éd.), *Théories contemporaines du changement sémantique*, MSL Nouvelle Série IX, Louvain, Peeters, 2000, p. 135-164.

RAVASI, G., *Il libro più originale e ''scandaloso'' dell'Antico Testamento*, Milano, 1988, [4]2004.

REARDON, B. P., *Courants littéraires grecs* des *IIe* et *IIIe siècles après J.-C.*, Paris, Les Belles Lettres, 1971.

REESE, J. M., *Hellenistic Influence on the Book of Wisdom and its Consequences*, AnBib 41, Rome, 1970.

REEVES, J. C., « Giants, Book of », *Encyclopedia of the Dead Sea Scrolls* 1, London, 2000, p. 309-311.

REEVES, J. C., *Jewish Lore in Manichaean Cosmogony : Studies in the Book of Giants Traditions*, HUCM 14, Cincinnati OH, 1992.

REINES, C. W., « Beauty in the Bible and the Talmud », *Judaism* 24 (1975) p. 100-107.

REINES, C. W., « Koheleth on Wisdom and Wealth », *JJS* 5 (1954) p. 80-90.

RENAN, E., *L'Ecclésiaste traduit de l'hébreu avec une étude sur l'âge et le caractère du livre*, Paris, 1882.

RICŒUR, P., *La Métaphore vive*, Paris, Seuil, 1975.

RICŒUR, P., *Philosophie de la volonté. 1. Le Volontaire et l'Involontaire*, Coll. Philosophie de l'Esprit, Paris, Aubier, 1949.

RICŒUR, P., *Soi-même comme un autre,* Paris, Seuil, 1990.

RINDGE, M. S., « Mortality and Enjoyment : the Interplay of Death and Possessions in Qohelet », *CBQ* 73 (2011) p. 265-280.

RINGGREN, H., « יפה », *TWAT* III, Stuttgart — Berlin — Köln — Mainz 1982, c. 788-789.

RIVAUD, A., *Histoire de la philosophie*, Tome I, Paris, 1948.

RODRIGUEZ OCHOA, J. M., « Estudio de la dimensión temporal en Prov., Job y Qoh. », *EstBib* 22 (1963) p. 60-61.

ROSE, M., « La mort est invincible, l'amour l'est plus encore : de Qohélet à Paul », *RTP* 145 (2013) p. 39-54.

ROSE, M., *Rien de nouveau*, OBO 168, Fribourg CH — Göttingen, 1999.

ROUSSEAU, F., « Structure de Qohélet 1,4-11 et plan du livre », *VT* 31 (1981) p. 207.

RUDMAN, D., *Determinism in the Book of Ecclesiastes*, LHBOTS [JSOT.SS] 316, Sheffield UK, 2001.

RÜETSCHI, R., *Der Prediger*, HSAT, Freiburg im Breisgau DE, 1896.

RYDER, E. T., « Ecclesiaste », *Peake's Commentary on the Bible Completely Revised and Reset*, New York NY, 1963, p. 462-472.

RYLAARSDAM, J. C., *The Proverbs. Ecclesiastes. The Song of Songs*, The Layman's Bible Commentary, Richmond VA, 1964.

SACCHI, P., *Ecclesiaste*, Roma, 1971.

SACCHI, P., « Il problema del tempo in Qohelet », *PSV* 36 (1997) p. 73-83.

SALYER, G. D., *Vain Rhetoric : private Insight and public Debate in the Book of Ecclesiastes*, LHBOTS [JSOT.SS] 327, Sheffield UK, 2001.

SAMET, N., « Qohelet 1,4 and the Structure of the Book's Prologue », *ZAW* 126 (2014) p. [92]-100.

SAMET, N., « The Gilgamesh Epic and the Book of Qohelet : a new Look », *Bib* 96 (2015) p. [375]-390.

SANDOVAL, T. J., « Reconfiguring Solomon in the royal Fiction of Ecclesiastes », G. J. BROOKE — A. FELDMAN (éd.), *On Prophets, Warriors, and Kings : former Prophets through the Eyes of their Interpreters*, Berlin — Boston MA, De Gruyter, 2016, p. [13]-39.

SARGENT, L. G., *Ecclesiastes and Other Studies*, Birmingham AL, 1965.

SARTRE, J.-P., *L'imaginaire*, Paris, Gallimard, 1940, 2002.

SASSE, H., « αἰών », *TWNT* I, Stuttgart, 1964, p. 197-209.

SAUR, M., « Ahnung, Erkenntnis und Furcht Gottes : Qohelet 3,10-15 im Kontext alttestamentlicher Anthropologien », *TZ* 73 (2017) p. [141]-155.

SAVIGNAC, J. DE, « La Sagesse du Qôhéléth et l'épopée de Gilgamesh », *VT* 28 (1978) p. 318-324.

SCARPELLI, P., « Intuition et langage chez Henri Bergson », C. STANCATI — D. CHIRICÒ — F. VERCILLO (éd.), *H. Bergson : esprit et langage*, Hayen, 2001, p. 70-77.

SCHEID, E. G., « Qoheleth : Criticism of Values », *BiTod* 25 (1987) p. 244-251.

SCHELLENBERG, A., *Erkenntnis als Problem : Qohelet und die alttestamentliche Diskussion um das menschliche Erkennen*, OBO 188, Fribourg CH — Göttingen, 2002.

SCHENKER, A., « Glossary of common Terms in the Massorah parva », A. SCHENKER *et al.* (éd.), *Megilloth*, BHQ 18, Stuttgart, 2004, p. XCVI-XCVII et 39.

SCHENKER, A. *et al.* (éd.), *Megilloth*, BHQ 18, Stuttgart, 2004.

SCHENKL, H., « Review of Halbauer's *Diatribis Epicteti* », *BpW* 35 (1915).

SCHILPP, P. A., (éd.), *The Philosophy of Karl Popper*, The Library of Living Philosophers 14, La Salle IL, Open Court Publishing Co., 1974.

SCHIPPER, B. U. — TEETER, A. D. (éd.), *Wisdom and Torah : the Reception of "Torah" in the Wisdom Literature of the Second Temple Period*, Leiden — Boston MA, Brill, 2013.

SCHMID, H. H., *Wesen und Geschichte der Weisheit*, BZAW 101, Berlin, 1966.

SCHMIDT, E. G., « Diatribe und Satire », *Wissenschaftliche Zeitschrift der Universität Rostock* 15 (1966) p. 507-515.

SCHNEIDER, H., *Die Sprüche Salomos. Das Buch des Predigers. Das Hohelied*, Fribourg CH, 1962.

SCHÖPFLIN, K., « Political Power and Ideology in Qohelet », *BN* 161 (2014) p. 19-36.

SCHOORS, A., *Ecclesiastes*, HCOT, Leuven — Paris — Walpole MA, Peeters, 2013.

SCHOORS, A., « God in Qoheleth », R. BRANDSCHEIDT — T. MENDE (éd.), *Schöpfungsplan und Heilsgeschichte. Festschrift für Ernst Haag zum 70. Geburtstag*, Trier, 2002, p. 251-270.

SCHOORS, A., « La structure littéraire de Qohéleth », *OLP* 13 (1982) p. 91-116.

SCHOORS, A., « Qoheleth : A Book in a Changing Society », *OTE* 9 (1996) p. 68-87.

SCHOORS, A., « The Ambiguity of Enjoyment in Qoheleth », T. BOIY — J. BRETSCHNEIDER — A. GODDEERIS *et al.* (éd.), *The Ancient Near East, a Life ! Festschrift Karel Van Lerberghe*, OLA 220, Leuven — Paris — Walpole MA, Peeters, 2012, p. [543]-556.

SCHOORS, A., *The Preacher Sought to Find Pleasing Words. A Study of the Language of Qoheleth. Part I. Grammar*, OLA 41, Leuven, Peeters, 1992.

SCHOORS, A., *The Preacher Sought to Find Pleasing Words. A Study of the Language of Qoheleth. Part II. Vocabulary*, OLA 143, Leuven — Paris — Dudley MA, Peeters, 2004.

SCHOORS, A., « Utterly absurd, said Qoheleth, utterly absurd : it is all absurd (Qoh 1,2) », H. AUSLOOS — B. LEMMELIJN (éd.), *A Pillar of Cloud to guide. Text-critical, Redactional, and Linguistic Perspectives on the Old Testament in Honour of Marc Vervenne*, BETL 269, Leuven — Paris — Walpole MA, Peeters, 2014, p. [537]-547.

SCHOORS, A., « Words typical of Qohelet », IDEM (éd.), *Qohelet in the Context of Wisdom*, BETL 136, Leuven, Leuven University Press, 1998, p. 26-36.

SCHÜRER, E., *The History of the Jewish People in the Age of Jesus Christ (175 B.C. - A.D. 135)* I, II, III, New English version revised and edited by GÉZA VERMÈS — FERGUS MILLAR, Edinburgh, [1885] 1973 - 1979.

SCHUBERT, M., *Schöpfungstheologie bei Kohelet*, BEATAJ 15, Frankfurt am Main — Bern — New York NY — Paris, 1989.

SCHULTZ, R. L., « A Sens of Timing : a neglected Aspect of Qoheleth's Wisdom », R. L. TROXEL — K. G. FRIEBEL — D. R. MAGARY (éd.), *Seeking out the Wisdom of the Ancients : Essays offered to honor Michael V. Fox on the Occasion of his sixty-fifth Birthday*, Winona Lake IN, 2005, p. 257-267.

SCHWABL, H., (éd.), *Grecs et Barbares*, Entretiens de la Fondation Hardt 8, Genève, 1962.

SCHWIENHORST-SCHÖNBERGER, L. (éd.), *Das Buch Kohelet. Studien zur Struktur, Geschichte, Rezeption und Theologie*, BZAW 254, Berlin — New York NY, 1997, [2]2013.

SCHWIENHORST-SCHÖNBERGER, L., « Gottes Antwort in der Freude. Zur Theologie göttlicher Gegenwart im Buch Kohelet », *Bibel und Kirche* 4 (1999) p. 156-163.

SCHWIENHORST-SCHÖNBERGER, L., *Kohelet*, HThKAT, Freiburg im Breisgau DE, 2004.

SCHWIENHORST-SCHÖNBERGER, L., *'' Nicht im Menschen gründet das Glück '' (Koh 2,24). Kohelet im Spannungsfeld jüdischer Weisheit und hellenistischer Philosophie*, HBS 2, Freiburg DE — Basel — Wien, 1994.

SCHWIENHORST-SCHÖNBERGER, L., « Vita Media. Koh 7,15-18 und die griechisch-hellenistische Philosophie », A. SCHOORS (éd.), *Qohelet in the Context of Wisdom*, BETL 136, Leuven, Leuven University Press, 1998, p. 182-203.

SCIPPA, V., *Qoèlet. L'« arcano progetto di Dio e la gioia della vita »*, Coll. Dabar-Logos-Parola, Padova, Messaggero, 2010.

SCOTT, R. B. Y., *Proverbs. Ecclesiastes*, AB 18, Garden City NY, 1965.

SEGAL, J.-B., *Aramaic Texts from North Saqqâra. With some Fragments in Phoenician (Texts from Excavations 6)*, London, 1983.

SEGAL, M. H., *A Grammar of Mishnaic Hebrew*, Oxford, 1927.

SEGAL, M. H., *Dikduk leshon hamishnah*, Tel-Aviv, 1936.

SEIDEL, J., *Vestigia diatribae qualia reperiuntur in aliquot Plutarchi scriptis moralibus*, Vratisloviae, 1906.

SEOW, C.-L., *Ecclesiastes. A New Translation with Introduction and Commentary*, AB 18C, New York NY, 1997.

SEOW, C.-L., « Linguistic Evidence and the Dating of Qohelet », *JBL* 115 (1996) p. 643-666.

SEXTUS EMPIRICUS, Πρὸς ματηματικούς // *Adversus mathematicos*, H. MUTSCHMANN (éd.), *Sexti Empirici opera. Vol. II : Adversus dogmaticos. Libros quinque (Adv. mathem. VII-XI) continens*, Leipzig, Teubner, 1914.

SHAFFER, A., « L'arrière-plan mésopotamien de Qo 4,9-12 », *Eretz-Israel* 8 (1967) p. 246-250.

SHAFFER, A., « Nouvelle information sur l'origine de "fil triple" », *Eretz-Israel* 9 (1969) p. 149-160.

SHIELDS, M. A., « What has Qohelet to do with Qumran ? », S. TZOREF — I. YOUNG (éd.), *Keter Shem Tov : Essays on the Dead Sea Scrolls in Memory of Alan Crown*, Piscataway NJ, Gorgias Press, 2013, p. 185-201.

SIEGFRIED, C. G., *Prediger und Hoheslied übersetzt und erklärt*, HAT II, 3/2, Göttingen, 1898.

SIMONDON, G., *L'individuation psychique et collective : à la lumière des notions de Forme, Information, Potentiel et Métastabilité*, Paris, Aubier, 2007.

SIMPLICIUS, *Commentaire sur la physique d'Aristote*, H. DIELS (éd.), *Aristotelis Physica commentaria*, CAG IX-X, Berlin, 1882-1895.

SNEED, M. R., « .V leahciM fo euqitirC a : htelehoQ ni "sselhtroW" sa הבל Fox's "absurd" Thesis », *JBL* 136 (2017) p. 879-894.

SNEED, M. R., *The Politics of Pessimism in Ecclesiastes : a Social-Science Perspective*, AIL 12, Atlanta GA, SBL Press, 2012.

SOGGIN, J. A., « Alcuni testi-chiave per l'antropologia dell'Antico Testamento : I testi della Genesi », G. DE GENNARO (éd.), *L'antropologia biblica*, Napoli, 1981, p. 45-70.

SOGGIN, J. A., « Alcuni testi-chiave per l'antropologia dell'Antico Testamento : Il salmo 8 », G. DE GENNARO (éd.), *L'antropologia biblica*, Napoli, 1981, p. 223-243.

SOGGIN, J. A. (éd.), *Genesis 1-11*, CSANT I/1, Genova, 1991.

SOLER, L., *Introduction à l'épistémologie*, Paris, Ellipses, 2000.

SPANGENBERG, I. J. J., « A Century of Wrestling with Qohelet. The Research History of the Book illustrated with a Discussion of Qo 4,17-5,6 », A. SCHOORS (éd.), *Qohelet in the Context of Wisdom*, BETL 136, Leuven, Leuven University Press, 1998, p. 61-91.

SPEISER, E. A. (trad.), « The Epic of Gilgamesh », Tablet X, iii, J. B. PRITCHARD (éd.), *ANET*, Princeton NJ, 1950, ^{3}1969, c. 90a.

SPICQ, C., *Lexique théologique du NT*, Paris — Fribourg, Cerf — Éditions universitaires de Fribourg, 1991.

SPICQ, C., *Note di Lessicografia Neotestamentaria*, Vol. II, F. L. VIERO (éd.), Brescia, Paideia Editrice, 1994.

SPICQ, C., *Notes de Lexicographie Néo-testamentaire,* supplément, OBO 22/3, Fribourg CH — Göttingen, 1982.

SPIECKERMANN, H., « Konzeption und Vorgeschichte des Stellvertretungsgedankens im Alten Testament », J. A. Emerton (éd.), *Congress Volume* : Cambridge 1995, VTSup LXVI, Leiden, 1997, p. 281-295.

SPIECKERMANN, H., « Suchen und Finden Kohelets kritische Reflexionen », *Bib* 79 (1998) p. 305-332.

SPOHN, G. L., *Der Prediger Salomo aus dem Hebräischen übersetzt und mit kritischen Anmerkungen begleitet*, Leipzig, 1785.

STÄHLIN, G., « ἡδονή, φιλήδονος », G. KITTEL (éd.) — G. W. BROMILEY (éd./trad.), *Theological Dictionary of the New Testament*, Vol. II, Δ-Η, Grand Rapids MI, 1974, p. 909-926.

STEINMAN, J., *Ainsi parlait Qohélet*, Paris, 1955.

STERN, E., *Archaeology of the Land of the Bible. Volume II. The Assyrian, Babylonian and Persian Periods 732-332 BCE*, ABRL, New York NY — London — Toronto — Sydney — Auckland, Doubleday, 2001.

STERN, E. — LEWINSON-GILBOA, A. — AVIRAM, J. (éd.), *The New Encyclopedia of Archaeological Excavations in the Holy Land* 5 vol., Israel Exploration Society & Carta — Biblical Archaeology Society, Jerusalem — Washington D.C., 1992-1993, 2008.

STEVENS, A., *Postérité de l'être : Simplicius interprète de Parménide*, Cahiers de Philosophie Ancienne 8, Bruxelles, 1990.

STIGLMAIR, A., « Weisheit und Jahweglaube im Buch Koheleth », *TThZ* 83 (1974) p. 354-364.

STOWERS, S. K., *The Diatribe and Paul's Letter to the Romans*, SBLDS 57, Chico CA, 1981.

STRANGE, M., *Job and Qohelet*, Collegeville PA, 1968.

STROBEL, A., *Das Buch Prediger (Kohelet)*, Die Welt der Bibel. Kleinkommentare zur Heiligen Schrift IX, Düsseldorf, 1967.

SUN, C., « Ecclesiastes among the Megilloth : Death as the interthematic Link », *BBR* 27 (2017) p. [185]-206.

TÁBET, M., *Introduzione alla lettura dei Libri Poetici e Sapienziali dell'Antico Testamento*, Roma, 2006.

TAKEUCHI, K., « Death and divine Judgement in Ecclesiastes », *Tyndale Bulletin* 67 (2016) p. [309]-316.

TERRIEN, S., *The Elusive Presence*, New York NY, 1978.

THÉOGNIS, *Elégies* I, J. CARRIÈRE (éd./trad.), CUF, Paris, 1975.

THROM, H., *Die Thesis : ein Beitrag zu ihrer Entstehung und Geschichte*, Rhet. Stud. 17, Paderborn, 1932.

THUCYDIDE, *La guerre du Péloponnèse*, L. BODIN — R. WEIL (éd./trad.), CUF, Paris, 1953-1972.

TOMASINO, A., « עת », W. A. VANGEMEREN (éd.), *The New International Dictionary of Old Testament Theology and Exegesis* III, Grand Rapids MI, 1997, p. 563-567.

TOURNAY, R. J. — SHAFFER, A. (éd./trad.), *L'épopée de Gilgamesh*, Paris, ^{2}1998.

TRÉDÉ, M., *Kairos. L'à-propos et l'occasion. Le mot et la notion, d'Homère à la fin du IVème siècle avant J.-C.*, Paris, 1992.

TREGELLES, S. P., *Gesenius' Hebrew and Chaldee Lexicon to the Old Testament Scriptures*, Grand Rapids MI, 1950.

TSEKOURAKIS, D., *Studies in the Terminology of Early Stoic Ethics*, Wiesbaden, 1974.

TURNER, M., *Ecclesiastes : An Earth Bible Commentary. Qoheleth's Eternal Earth*, London — Oxford — New York NY — New Delhi — Sydney, Bloomsbury T&T Clark, 2017.

TYLER, T., *Ecclesiastes*, London, 1874, ^{2}1899.

UBIGLI, L. R., « Qohelet di fronte all'apocalittica », *Hen* 5 (1983) p. 226-230.

USENER, H., *Epicurea*, Berlin, 1887.

VAIHINGER, J. G., *Der Prediger und das Hohelied, der Urscrift gemäss rythmisch übersetzt und erklärt*, Stuttgart, 1858.

VAJDA, G., *Deux commentaires Karaïtes sur l'Ecclesiaste*, EJM 85, Leiden, 1971.

VAN CANGH, J.-M., « Le jubilé biblique : un temps marqué ouvrant un temps neuf », *ScEs* 53 (2001) p. 63-92.

VAN CANGH, J.-M., « Temps et eschatologie dans l'Ancien Testament », J.-L. LEUBA (éd.), *Temps et eschatologie, données bibliques et problématiques contemporaines*, Paris, 1994, p. 17-38.

VAN DER PALM, J. H., *Ecclesiastes philologice et critice illustratus*, Leyden, 1784.

VAN IMSCHOOT, P., « L'action de l'esprit de Yahvé dans l'Ancien Testament », *RSPT* 23 (1934) p. 553-587.

VAN IMSCHOOT, P., « L'esprit de Yahvé, source de vie dans l'Ancien Testament », *RB* 44 (1935) p. 481-501.

VATTIONI, F., *Ecclesiastico : Testo ebraico con apparato critico e versioni greca, latina e siriaca*, Pubblicazioni del Seminario di Semitistica — Testi 1, Napoli, Istituto Universitario Orientale, 1968.

VATTIONI, F., « Niente di nuovo sotto il sole », *RivB* 7 (1959) p. 64-67.

VAUX, R. DE, *Les institutions de l'Ancien Testament* I-II, Paris, 1958, 1960.

VERBEKE, G., « Les Stoïciens et le progrès de l'histoire », *RPL* 62 (1964) p. 5-38.

VERMEYLEN, J., (éd.), *Cultures* et *théologies en Europe. Jalons pour un dialogue*, Coll. Théologies, Paris, Cerf, 1995.

VERMEYLEN, J., « Sagesse biblique et culture hellénistique : de Qohélet à Philon d'Alexandrie », C. VIALLE — J. MATTHEY — M.-H. ROBERT *et al.* (éd.), *Sagesse biblique et mission*, Paris, Cerf, 2016, p. [25]-48.

VERNANT, J.-P., *Mythe et pensée chez les Grecs* I-II, Paris, 1965.

VIALLE, C., « La pseudépigraphie dans le livre de Qohéleth : étude de l'attribution explicite à un certain Qohéleth et implicite à Salomon », *ETR* 91 (2016) p. 617-628.

VILCHEZ, J. L., *Sapienciales III, Eclesiastés o Qohelet*, Estella, 1994.

VINEL, F., *L'Ecclésiaste*, Coll. La Bible d'Alexandrie 18, Paris, 2002.

VOELTZEL, R., *Selon les Écritures. Dialectique biblique*, Les Presses de Taizé en France, 1965.

VOGEL, G. (éd.), *Annotationes in Vetus Testamentum*, Halae, 1875-1876.

VOGEL, D., « Koheleth and the Modern Temper », *Tradition* 2 (1959) p. 83-95.

WALLACH, B. P., *A History of the Diatribe from its Origin up to the First Century B.C. and a Study of the Influence of the Genre upon Lucretius*, Ph. D. Diss., Univ. of Illinois IL, 1974.

WATKINS, J. W. N., « Against ''Normal Science'' », I. Lakatos — A. Musgrave (éd.), *Criticism and the Growth of Knowledge. Proceedings of the International Colloquium in the Philosophy of Science, London, 1965*, Cambridge, Cambridge University Press, 1970, p. 25-37.

WATSON, W. G. E., *Classical Hebrew Poetry. A Guide to its Techniques*, LHBOTS [JSOT.SS] 26, Sheffield UK, 1986.

WEBER, E., *De Dione Cynicorum sectatore*, Leipziger Stud. 9, Leipzig, 1887.

WEBER, H., *De Senecae philosophi dicendi genere Bioneo*, Marburg, 1895.

WEBER, J. J., *Le livre de Job et de l'Ecclésiaste*, Paris — Rome, 1947.

WEEKS, S., *Ecclesiastes and Skepticism*, LHBOTS [JSOT.SS] 541, New York NY — London, Bloomsbury T&T Clark, 2012.

WEEKS, S., « "Fear God and keep his Commandments" : could Qohelet have said this ? », B. U. SCHIPPER — A. D. TEETER (éd.), *Wisdom and Torah : the Reception of "Torah" in the Wisdom Literature of the Second Temple Period*, Leiden — Boston MA, Brill, 2013, p. [101]-118.

WEEKS, S., « Notes on some Hebrew Words in Ecclesiastes », J. K. AITKEN — J. M. S. CLINES — C. M. MAIER (éd.), *Interested Readers : Essays on the Hebrew Bible in Honor of David J. A. Clines*, Atlanta GA, SBL Press, 2013, p. 373-384.

WEEKS, S., « Why is it so difficult to read Ecclesiastes ? », S. C. JONES — C. R. YODER (éd.), *"When the Morning Stars sang" Essays in Honor of Choon Leong Seow on the Occasion of his Sixty-Fifth Birthday*, BZAW 500, Berlin — Boston MA, De Gruyter, 2018, p. [163]-176.

WENDLAND, P., *Philo und die kynisch-stoische Diatribe*, Berlin, 1895.

WEST, M. L. (éd.), *Greek Lyric Poetry*, New York NY, 1993.

WILL, E. — ORRIEUX, C., *Ioudaïsmos-hellenismos. Essai sur le judaïsme judéen à l'époque hellénistique*, Nancy, 1986.

WHITLEY, C. F., *Koheleth. His Language and Thought*, Berlin, 1979.

WHYBRAY, R. N., « "A Time to be Born and a Time to Die". Some Observations on Ecclesiastes 3,2-8 », M. MORI — H. OGAWA — M. YOSHIKAWA (éd.), *Near Eastern Studies Dedicated to H. I. H. Prince Takahito Mikasa*, Bulletin of the Middle Eastern Culture Centre in Japan 5, Wiesbaden 1991, p. 469-483.

WHYBRAY, R. N., *Ecclesiastes*, The New Century Bible Commentary, Grand Rapids MI — London, 1989.

WHYBRAY, R. N., « Ecclesiastes 1,5-7 and the Wonders of Nature », *JSOT* 41 (1988) p. 105-112.

WHYBRAY, R. N., « Qoheleth, Preacher of Joy », *JSOT* 23 (1982) p. 87-98.

WHYBRAY, R. N., « The Identification and Use of Quotations in Ecclesiastes », J. A. Emerton (éd.), *Congress Volume* : Vienna 1980, VTSup 32, Leiden, 1981, p. 435-51.

WILAMOWITZ-MOELLENDORFF, U., *Antigonos von Karystos*, Berlin, 1881.

WILCH, J. R., *Time and Event*, Leiden, 1969.

WILDEBOER, D. G., *Der Prediger*, KHAT 17, Tübingen — Freiburg DE, 1898.

WILLIAMS, W. C., « יפה », *The new Dictionary of Old Testament Theology and Exegesis*, vol. II, Grand Rapis MI, 1997, p. 494-496.

WILLIAMS, J. G., « *Proverbs and Ecclesiastes* », R. ALTER — F. KERMODE (éd.), *The Literary Guide to the Bible*, Cambridge, 1987, p. 281-290.

WOLFF, H. W., *Anthropologie de l'Ancien Testament*, Genève, 1974.

WRIGHT, A. G., « Ecclesiastes 9,1-12 : an emphatic Statement of Themes », *CBQ* 77 (2015) p. 250-262.

WRIGHT, A. G., « Ecclesiastes (Qoheleth) », *NJBC*, Englewood Cliffs, 1990, p. 489-495.

WRIGHT, A. G., « "For everything there is a Season" : the Structure and Meaning of the fourteen Opposites (Ecclesiastes 3,2-8) », J. DORÉ *et al.* (éd.), *De la Torah au Messie. Études d'exégèse et d'herméneutique bibliques offertes à Henri Cazelles pour ses 25 années d'enseignement à l'Institut catholique de Paris*, Paris, 1981, p. 326-336.

WRIGHT, A. G., « The Riddle of the Sphinx : the Structure of the Book of Qoheleth », *CBQ* 30 (1968) p. 320-325.

WRIGHT, A. G., « The Riddle of the Sphinx Revisited : numerical Patterns in the Book of Qoheleth », *CBQ* 42 (1980) p. 38-39.

WRIGHT, C. H. H., *The Book of Koheleth*, London, 1883.

YOUNG, I., *Diversity in Pre-Exilic Hebrew*, FAT 5, Tubingen, 1993.

ZAPLETAL, V., *Das Buch Koheleth kritisch und metrisch untersucht, übersetzt und erklärt*, Fribourg CH, 1905, ^{2}1911.

ZIMMERLI, W., *Das Buch des Predigers Salomo*, ATD 16, Göttingen, 1980.

ZIMMERMANN, F., *The Inner World of Qohelet (with Translation and Commentary)*, New York NY, 1973.

ZIMMERN, H. — MÜLLER, M. W. — WEBER, O. — BUHL, F., *Wilhelm Gesenius' hebräisches und aramäisches Handwörterbuch über das Alte Testament*, Berlin — Göttingen — Heidelberg, 1962.

ZIRKEL, G., *Der Prediger Salomon, ein Lesebuch für den jungen Weltbürger, übersetzt und erklärt*, Würzburg, 1792.

ZIRKEL, G., *Untersuchungen über den Prediger : nebst kritischen und philologischen Bemerkungen*, Würzburg, 1792.

ZLOTOWITZ, M. — SCHERMAN, N., *Kohelet. A New Translation with a Commentary Anthologized from Talmudic, Midrashic and Rabbinic Sources*, New York NY, 1976.

ZÖCKLER, O., *Das Hohelied und der Prediger theologisch-homiletisch bearbeitet,* J. P. LANGE (éd.), *Theologisch-homiletisches Bibelwerk des Alten Testaments* XIII, Bielefeld — Leipzig, 1868.

ZUNDEL, M., *Je est un autre*, Québec, Anne Sigier, 1991.

TABLE DES MATIÈRES